運動生理学に基づく階段ボディメイク術

通勤中・買い物中に
ヒップアップ＆
シェイプアップ！！

体が生まれ変わる！
階段筋トレ

ヒップアップ・アーティスト
松尾 タカシ 監修

イラスト／マンガ
クリタミノリ

ナツメ社

第3章 「お尻」の働きを理解しよう

第4章 階段の「上り方」を覚えよう！

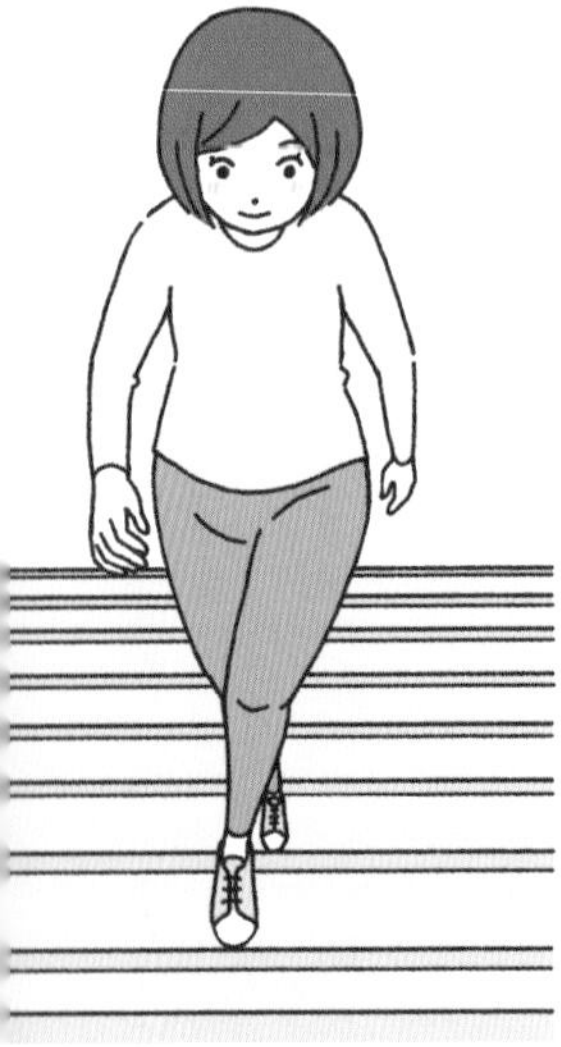

第5章 階段生活をはじめよう!

第6章
階段生活を極めよう!

※「階段筋トレ」は
ご自身の体力や体調に
合わせて行ってください

第7章
「階段上り」のための自宅エクササイズ

暮らしの中で
カラダを鍛え、
美しくなる。
今日からはじめる
「階段生活」

近頃、仕事に行く以外は
家で過ごす時間が増え、
運動不足のインドア生活。
それは当然、体型にも現れる。
ポリポリ…
POTATO
ダラ〜ン
イヤアアア…
また増えてる…。
体重よりも深刻なのが
クビレのない体型だ。
うう…
お尻が垂れてる…
そこでなまった体を
鍛え直すことを決意！
運動不足の解消に
乗り出したのだ。
やるしかないわ…

しかし、自分に合った運動を探してみるといろいろ問題が…。
う〜ん…
カタカタ…
ハァハァ…
走るのはキツい…
FITNESS GYM24H
ジム通いは面倒…
イタタタ…
体が硬くてヨガも無理…
……
途方に暮れて最後はプロのトレーナーに相談。
ヒップアップアーティスト!? この人にいろいろ聞いてみよう!!

相談したのはお尻専門のトレーナーである松尾タカシさん。トレーニングの基礎を丁寧に教えてもらった。
お尻を鍛えないとダメなんです
フムフム…
カキカキ
ズボラな私でも続けられるトレーニングはあるでしょうか？
だったらまずは階段で鍛えましょう。
階段…？

松尾さんはビルの階段で
いろいろな上《のぼ》り方を
実演しながら指導。
バリエーションの多さに
ビックリ!!
階段を上れば
トレーニングに
なるんだ!
通勤の途中で
実践できそう
スゴイ!!
家に帰ってさっそく教わった
階段上りトレーニングの
１週間のメニューを作成。
これでヨシ!
階段上りのフォームを
鏡を見ながら復習。
これで準備ＯＫ!!
束ねた雑誌
こうして通勤を利用した
階段トレーニング生活が
スタートした。
やるぞー!
目指せヒップアップ!
目指せ3kg減量!!
目指せ
メリハリボディ!!

第1章

「階段」の魅力を知ろう

街中のいたるところに設置されている「階段」は上《のぼ》るだけで理想のカラダに導くトレーニング効果を得ることができます。まずは「階段」について正しい基礎知識を身につけましょう。

運動やトレーニングを継続できない理由

運動を生活習慣にするには いくつものハードルがある

普通に日常生活を過ごしていると運動する機会は限られます。運動不足の生活が続くと体重が増えたり、筋力や体力の衰えを感じたり、体にさまざまな悪影響が現れます。ジョギングや筋トレなど運動不足を解消する手段はいくつもありますが、運動に関しては長続きしないという人も少なくありません。

ではなぜ運動やトレーニングは長続きしないのか。それには理由があります。まず多忙な人は運動時間の確保が難しいという問題があり、スポーツジムな

運動が続かない理由

- 多忙で時間がない
- 体力的に続かない
- 費用がかかる
- 継続意志が弱い
- 効果が感じられない

どの理由も心当たりがあるかも

どの場合は通う手間や費用面の負担も発生します。ほかにも体力的にきつくてやめる人もいれば、トレーニング効果が感じられずやめてしまう人もいます。そして、**運動の継続を阻む最大の敵が「めんどくさい」という感情です。**運動習慣のない人にとっては、運動すること自体に大きなハードルがあるのです。

運動の継続を阻む時間的問題、金銭的問題、体力的問題、めんどくさいという問題……これらをすべてクリアしているトレーニング方法があります。それはずばり「階段」を使ったトレーニングです。

ジョギングは道具もいらず手軽な運動といえるものの、体力的にはややハードであり強い意志がないと継続できない。

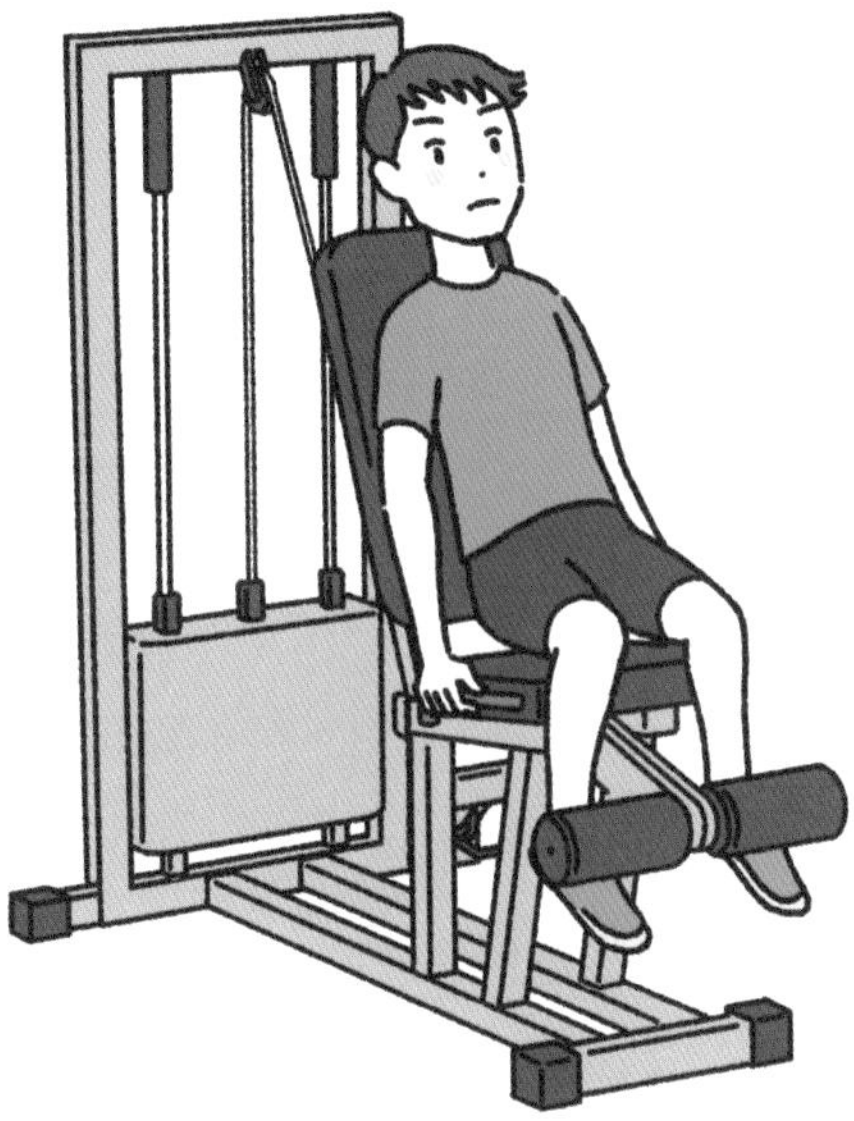

スポーツジムでの運動には施設に通う手間があり、多忙な人にとっては時間の確保が難しい。月会費や交通費など金銭面の負担も大きい。

「階段」はいつでも誰でも使える街中《まちなか》ジム

「階段を上《のぼ》る」動きは地味ながら片脚で体を持ち上げるハードな運動

「階段」を使ったトレーニングといっても、スポーツ選手がフィジカルトレーニングとして行うような階段ダッシュをするわけではありません。普通に「階段を上《のぼ》る」こと自体が効果的なトレーニングになるのです。階段を上る動き自体は地味ですが、実は片脚だけで体を持ち上げるハードな運動であり、階段を上るだけでも体力や筋力を養うことができます。運動機会の少ない日常生活において、階段を上る動きは最も負荷の高い運動といえるでしょう。

階段は走って上らなくても、普通に上るだけで筋トレと同様に体力や筋力を向上させるトレーニング効果を得られる。

日常生活で身近にある階段を「街中《まちなか》ジム」として活用しよう！

街の中にはいたるところに「階段」が設置されていて、いつでも誰でも利用することができます。階段は「階段上り」というトレーニングができる「街《まち》中《なか》ジム」。これほど便利で身近なジムを利用しない手はありません。日常生活において積極的に階段を上るだけで日々の運動量は飛躍的に高まります。運動初心者にも階段トレーニングは最適といえます。

「階段上り」は片脚で体を持ち上げるため見た目以上に運動負荷が高い。

階段を上るだけなら
運動初心者の
私にもできるね

街の中を移動している途中に階段が現れたら、積極的に上ることで絶好のトレーニングとなる。

「階段上《のぼ》り」は一生できる超効率的トレーニング

時間もお金も使わない唯一無二のトレーニング

運動やトレーニングを継続するためには、前述した通り多くのハードルがありますが、「階段トレーニング」であればすべての問題をクリアできます。

階段トレーニングというのは、目的地に向かう移動の途中で階段を上《のぼ》るだけなので、運動のために時間を割《さ》くものではありません。多忙な人でも家の外に出る機会があるなら実施は可能。それだけでなくスーツを着た男性でもスカートを履いた女性でも服装を着替えることなく準備時間ゼロで実施できます。

「階段トレーニング」が継続しやすい理由

- 運動のために時間を割《さ》く必要がない
- 費用が一切かからない
- 普段着や仕事着のまま実施できる
- 適度な負荷で無理なく鍛えられる
- 動きが簡単で効果を実感しやすい

これなら私でも
続けられそう！

さらに街中の階段はすべて無料で利用できるので金銭面の負担は一切なく、フィットネスウエアやトレーニング器具を購入する必要もありません。

体力に自信がないという人でも階段を上るだけなので問題なし。階段を上る動き自体もシンプルな運動なので運動が苦手な人であってもしっかり効果的なトレーニングを行うことができます。

時間もお金も使わず、誰でも無理なく鍛えることができる階段トレーニングは、一生続けられる唯一無二のトレーニングといえるかもしれません。

「階段トレーニング」は日常生活の移動に付随して行う運動なので多忙な人でも実施できる。スカートやパンプスでも実施可能。

オフィスビルや商業施設、学校校舎などの屋内では、階を移動するために階段を利用する機会が多い。

鉄道の駅構内にも階段が多く設置されている。通勤や通学で毎日階段を利用している人はおのずと効率のよいトレーニングができている。

移動中に
トレーニング
できるなんて
本当に効率的！

「階段上《のぼ》り」は短時間でもダイエットに効果的

短時間の「階段上《のぼ》り」を重ねることでトレーニング効果が得られる

「階段上《のぼ》り」はジョギングやウォーキングのようにある程度長い時間行う運動とは違い、短時間のトレーニングになります。たとえば50段の階段を上った場合、1段を1秒で上ったとしても所要時間はわずか1分弱。こうした1分前後の階段上り運動を1日の生活の中で何回も行うことによってトレーニング効果が得られるというわけです。5分間の階段上りはかなりハードですが、1分間の階段上りを1日の中で5回行うことは決してハードではありません。

加齢による筋肉量の減少

一般的に全身の筋肉量は20代をピークにして30歳前後から減り始める。特に太ももの筋肉は加齢とともにやせ細って衰えが早く表れる。筋肉量の減少は基礎代謝量の減少にもつながる。

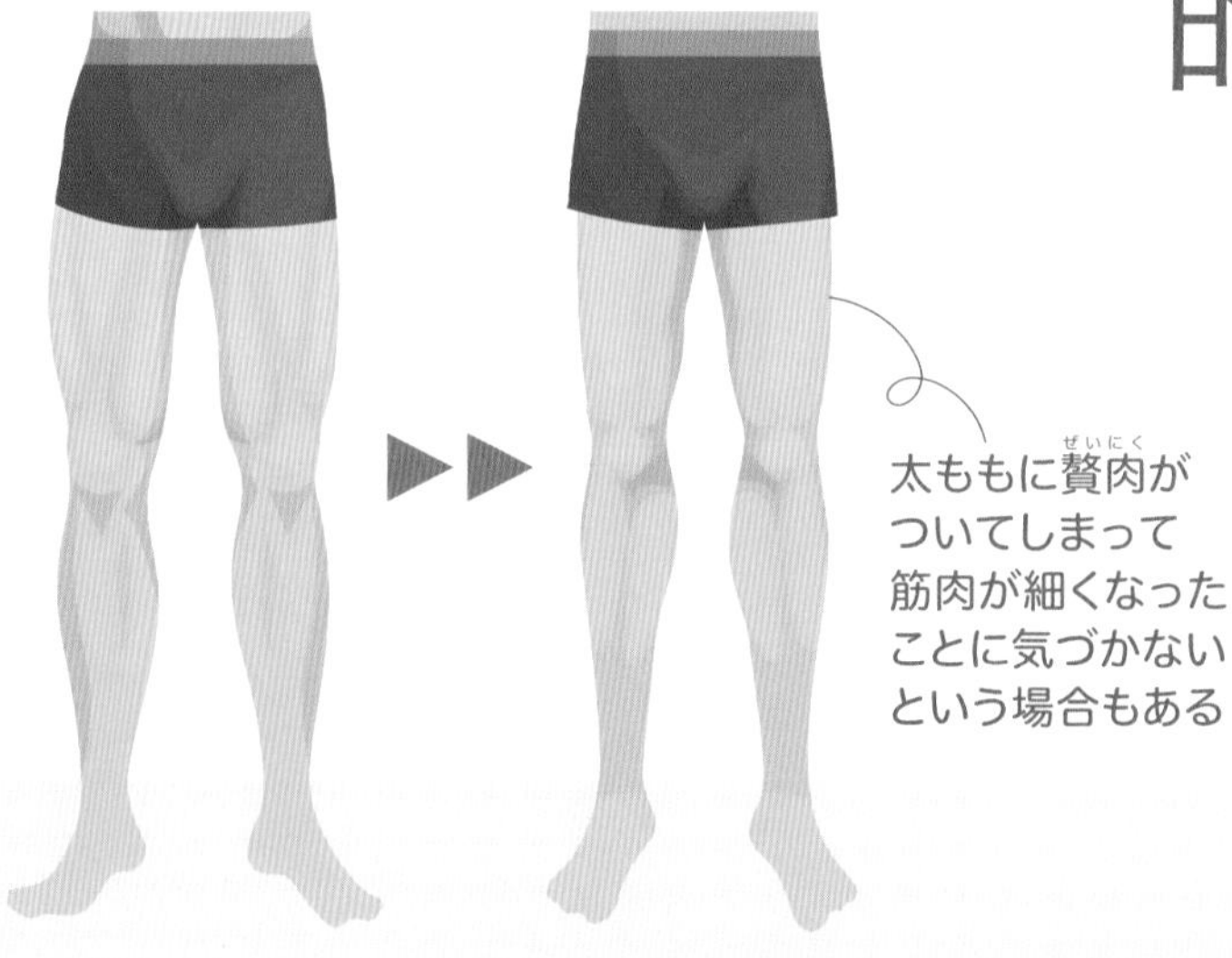

太ももに贅肉《ぜいにく》が
ついてしまって
筋肉が細くなった
ことに気づかない
という場合もある

「階段上り」で下半身を鍛えれば太りにくい体質になれる

人間の体は体温が下がらないようにみずから熱を生み出しています。こうした生命維持のための代謝活動を「基《き》礎《そ》代《たい》謝《しゃ》」とよびます。基礎代謝は24時間休むことなく行われ、一般的に1日で消費するエネルギーの約60％を基礎代謝が占めています。

人体の中で最も熱を生み出している器官が筋肉であり、体にある筋肉量は基礎代謝量に比例します。年齢とともに太りやすくなるのは筋肉量の減少による基礎代謝量の低下が関係しているのです。

また筋肉が減ったり筋力が衰えたりすると行動意欲の低下にもつながり、日常生活の中で消費されるエネルギー量はさらに減少してしまいます。

しかし、積極的に階段を上って下半身の筋肉を鍛えれば、筋肉量の低下を抑制するだけでなく、消費エネルギーを増やすこともできるため、「階段上り」はダイエット方法としてもかなり有効となります。

人間のエネルギー代謝活動

※各消費量の割合は成人の一般的な割合

基礎代謝量
約60％
体温維持や呼吸など生命の維持に必要な代謝活動。筋肉が代謝量の約6割を占め、肝臓、脳などとともに常時代謝を行っている。

身体活動代謝量
約30％
日常生活動作やスポーツなど、体を動かすことでエネルギー消費する代謝。運動量や運動負荷に比例して代謝量も増えていく。

食事誘発性熱産生
約10％
食物を消化吸収するための代謝。摂取カロリーからタンパク質で約30％、糖質で約6％、脂質で約4％のエネルギーを消費。

「階段上り」で消費エネルギー量がUP！

階段上りで下半身の筋肉を鍛えていけば加齢とともに減少する基礎代謝量の維持、さらには増加につながり、太りにくい体質になる。

エレベーターやエスカレーターの代わりに階段を上るだけで日々の代謝量は飛躍的に増える。下半身強化は活動量の増加にもつながる。

「階段」の種類を知ろう

階段は設置場所によって一段の高さや奥行が異なる

鉄道の駅構内からショッピングセンターなどの大型商業施設、オフィスビル、マンションまで、街の中にはいたるところに階段が設置されています。

階段のサイズは建築基準法などで定められた基準があり、一段の高さ（蹴《け》上《あ》げ）や奥行（踏《ふ》み面《づら》）は設置場所によって異なります。一段の高さ（段差）が大きい階段ほど階段上りの負荷はキツくなり、奥行が広い階段ほど踏み面にカカトまで乗せて多様な上り方が可能に（※第4～6章を参照）。階段は段数だけではなく、一段の高さや奥行もチェックするとより効果的な上り方ができるようになります。

●階段の種類と設置基準

施設の種類	蹴上げ（段差）	踏み面（奥行）
駅の階段	16㎝以下	30㎝以上
オフィスビルの階段	20㎝以下	24㎝以上
大型商業施設の階段	18㎝以下	26㎝以上
集合住宅の共用階段	20㎝以下	24㎝以上

※駅の階段は国土交通省のガイドラインに基づく　※集合住宅の共用階段は建築規模により別の基準もあり

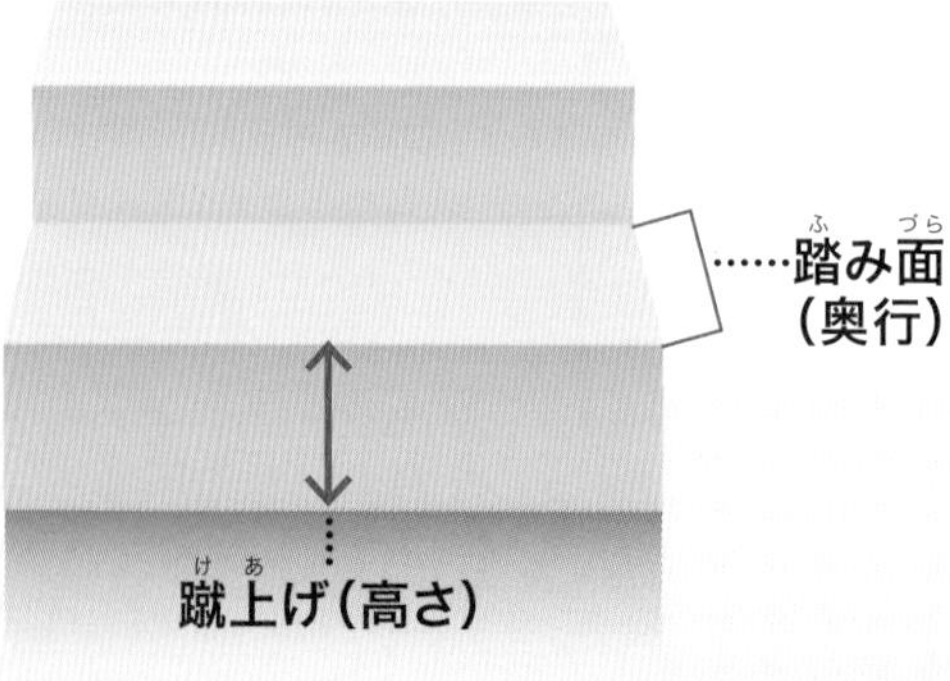

階段は蹴上げ（高さ）より踏み面（奥行）のほうが長くなっており、高さと奥行の寸法の差が小さいほど傾斜が急になる。

日常生活で利用する主な階段

くだり
Down
のぼり
Up

駅の階段

一段の標準サイズは高さ16㎝前後 ： 奥行34㎝前後。上りやすいように奥行が広く、段差が小さいのが特徴。

階段のサイズは
同じに見えて
全然違うのね

オフィスビルの階段

一段の標準サイズは高さ17㎝前後：奥行25㎝前後。奥行が狭く傾斜が急な階段が多い。

大型商業施設の階段

一段の標準サイズは高さ16㎝前後 ： 奥行32㎝前後。奥行が広めで上りやすくなっている。

集合住宅の共用階段

一段の標準サイズは高さ17㎝前後：奥行26㎝前後。奥行が狭くやや傾斜のある階段が多い。

坂道の階段

急勾配の公道に設置されている階段。階段のサイズは設置場所によってさまざま。公道の階段は各都道府県の条例で設置基準が定められている場合も。

ジムに通う代わりにできるだけ階段を使おう

エスカレーターやエレベーターがあるところには必ず階段もある

普通に日常生活を送っていると、長い階段を上《のぼ》る機会はそんなに多くありません。なぜならわざわざ長い階段を上らなくても済むようにエスカレーターやエレベーターが設置されているからです。

商業施設やマンションでも高齢化社会への対応などもあり、3階までしかない施設や建物であってもエレベーターまたはエスカレーターを設置しているケースが増えています。設置が普及しているのは、それだけ長い階段を上ることがハードな運動である

オフィスビルや商業ビルのエレベーターの近くにはだいたい階段も併設されている。（※高層のオフィスビルやタワーマンションでは防犯上、階段が使えない場合もある）

エレベーターがあるなら乗りたいよね

ことの裏返しといえるでしょう。ハードな運動であるからこそ有効なトレーニングになるわけです。

エスカレーターやエレベーターのあるところにはほとんどの場合、その近くに階段もあります。**「階段トレーニング」はできるだけエスカレーターやエレベーターを使わず、階段を利用することが基本となります。**日常生活において積極的に階段を上るだけで、十分なトレーニング効果を得ることができます。

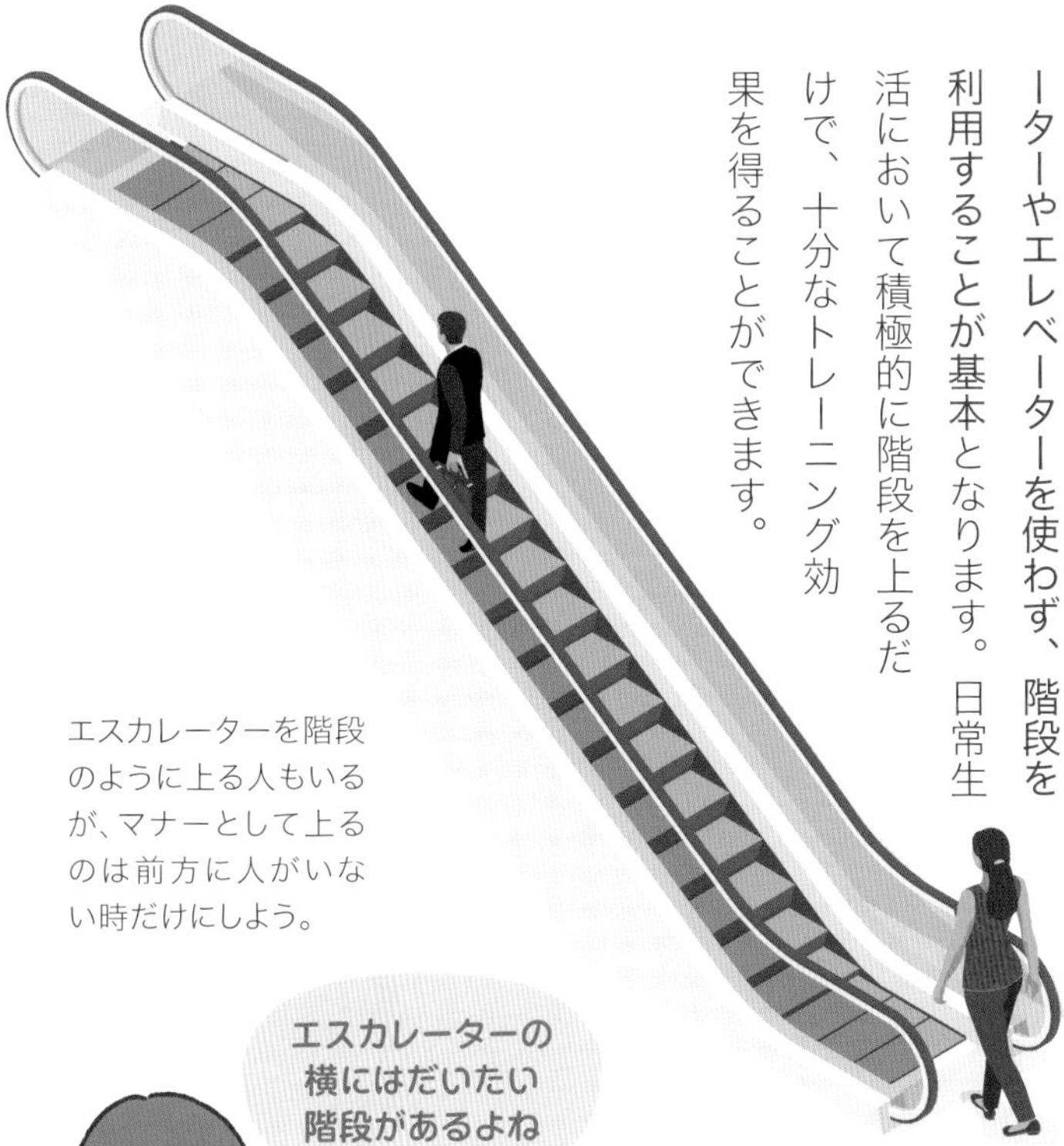

エスカレーターを階段のように上る人もいるが、マナーとして上るのは前方に人がいない時だけにしよう。

エスカレーターの横にはだいたい階段があるよね

エスカレーターの横（または近く）には階段も併設されているので、積極的に階段を上るとよい。

階段トレーニングを行う「メインの階段」を決めよう

メインの階段を決めることで計画的なトレーニングができる

トレーニングで効果を得るには継続する必要があり、継続するためには計画的に行う必要があります。目的に合ったトレーニングメニューを組み、計画的に行うことで求めている効果を得ることができます。

「階段トレーニング」を計画的に行うためには、「メインの階段」を決めることがポイント。利用する機会が多い階段をメインにすることで1週間のメニューを組むことが可能となり、トレーニング量（1日に何段上《のぼ》ったかなど）もある程度把握できます。

職場の階段

オフィスビルの4階以上に職場があるという人は、ビルの階段をメイン階段にすると計画的なトレーニングが実施しやすい。

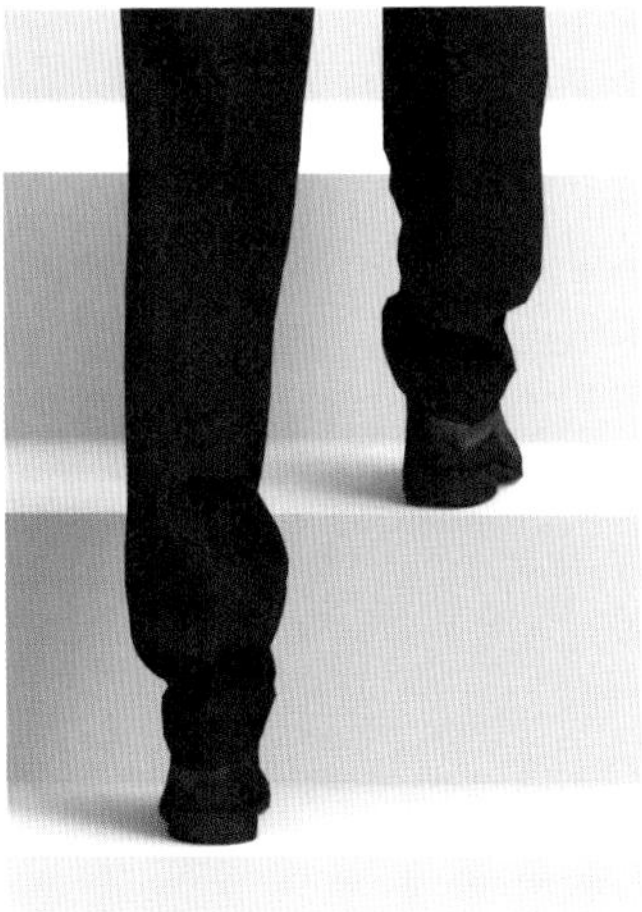

奥行（踏《ふ》み面《づら》）が広くカカトがはみ出さない階段のほうが、バリエーションに富んだ上り方を実践できる。

メイン階段の選び方

- **利用する機会が多い**
- **階段の段数が多い（※目安は40段以上）**
- **奥行（踏《ふ》み面《づら》）から靴がはみ出さない**

乗降駅の階段

電車で通勤や通学をしている人なら、毎日利用する乗降駅の階段をメイン階段にするとよい。（※地下鉄は駅の構造上、降車した駅でしか階段を上らない場合も多い）

居住マンションの階段

4階以上に住んでいる人は、居住マンションの階段をメイン階段にしよう。（※2階や3階までだと階段の段数が物足りない）

部屋が上の階の人は
毎日鍛えられるね

ロング階段に挑戦しよう

長い階段を上《のぼ》ることによって得られるさまざまな運動効果

「階段トレーニング」は1日の中で短時間の階段上《のぼ》り運動を何回も行うものですが、それに加えて段数が80段以上あるような長い階段を上ると、より多くの運動効果を得ることができます。筋肉は限界まで追い込むことによって成長が促進するため、一度に多くの段数を上るほうが筋肉をつけるには有効です。

さらに時間をかけて長い階段を上ると体力や筋持久力も向上するため、アクティブに動ける健康な体づくりには特に効果的。ロング階段を上るのは負荷が高いため、毎日行う必要はありません。週1～2回行う（※2日連続では実施しない）だけで十分です。

ロング階段を上る効果

- 筋肉をハードに追い込める
- 筋力とともに筋持久力も養える
- 体力や心肺機能も向上する
- エネルギーを一気に消費できる
- 心地よい達成感を味わえる

ロング階段なら週1回
上るだけでも効果的ね

街中にある主なロング階段（※80段以上）

駅の階段

ホームが多層構造の鉄道駅や乗り換え路線が多い地下鉄駅には長い階段が設置されている。

6階以上の階段

マンションやオフィスビルなどの階段はだいたい6階まで上ると80段を超える計算になる。

寺社の階段

参道において長い階段を上る神社やお寺もある。寺社の階段は長いうえに傾斜が急な場合も。

利用できないロング階段も

高層のオフィスビルやタワーマンションは防犯上の理由から階段は非常時しか使えない場合が多い。

らせん階段はトレーニングに不向き

マンションなどに設置されているらせん階段は、旋回して上る動きになり、左右の脚にかかる負荷が異なるため階段トレーニングには適さない。

階段を使えば移動時間も短縮することができる

利用者が少ない階段を使うことで待ち時間や人混みを回避できる

「階段トレーニング」は移動のついでに体を鍛える効率的なトレーニングですが、階段を使うことで移動時間の短縮にもつながります。一般的に階段を上《のぼ》る速度はエスカレーターの速度より速く、人混みで階段が渋滞することもありません。垂直に上昇するエレベーターの速さには敵《かな》いませんが、利用者が多くて待ち時間が長いエレベーターであれば、階段を上ったほうが早いケースもあるでしょう。さらに階段には密集を避けられるというメリットもあります。

階段は上る段数が増えるほど逆に利用率は低くなる。つまりトレーニングに適した階段ほど誰も利用しない。階段を上れば体を鍛えられて移動時間も短縮され、人混みも回避できる。

第2章

「階段」で鍛えられる筋肉について学ぼう

「階段」で鍛えることができる筋肉はひとつではありません。
お尻や脚のさまざまな筋肉を同時に効率よく強化できます。
各筋肉の働きを知ればトレーニング効果はさらに高まります。

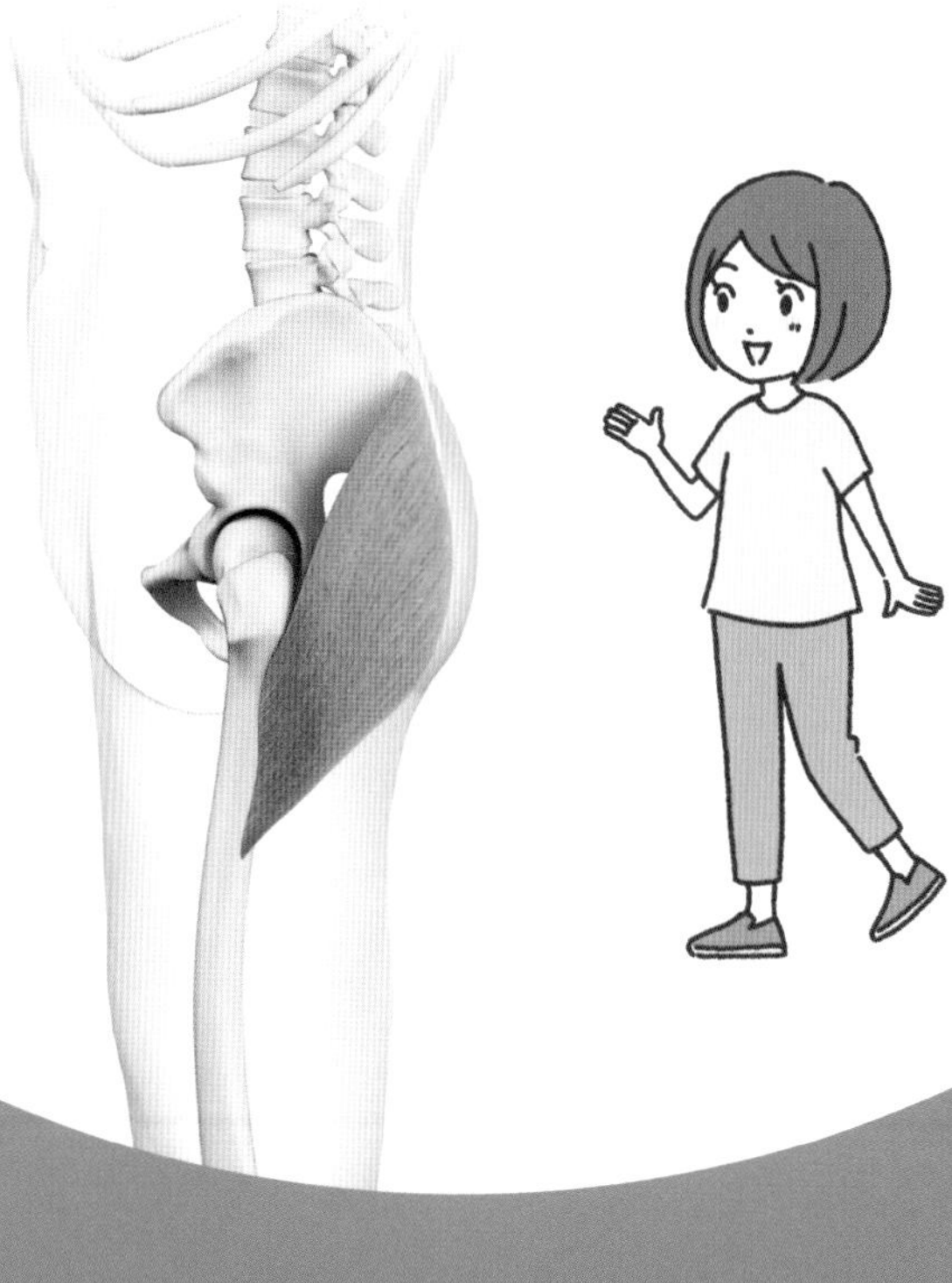

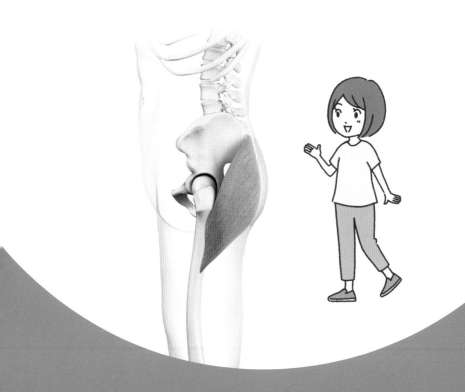

下半身の筋肉はすべて階段上《のぼ》りで鍛えられる

『階段上《のぼ》り』ではお尻と脚の筋肉を狙って鍛え分けすることも可能

「階段トレーニング」は階段を上《のぼ》るだけの単純な運動ですが、下半身の重要な筋肉をすべて鍛えることができます。さらに鍛えたい部位にターゲットを定めて負荷をかけることも可能です。階段トレーニングを正しく行うためには、まずターゲットとなる筋肉について知ることがポイント。各筋肉の位置や働きを理解することで思い通りのトレーニングが実施できます。体を支える下半身には大きな筋肉が集まっていて、全身の筋肉量の約70%を占めています。

ふくらはぎの筋肉

ふくらはぎには腓腹筋とヒラメ筋という2つの筋肉があり、この2つの筋肉が表と裏で重なることによりふくらはぎの膨らみを形成している。

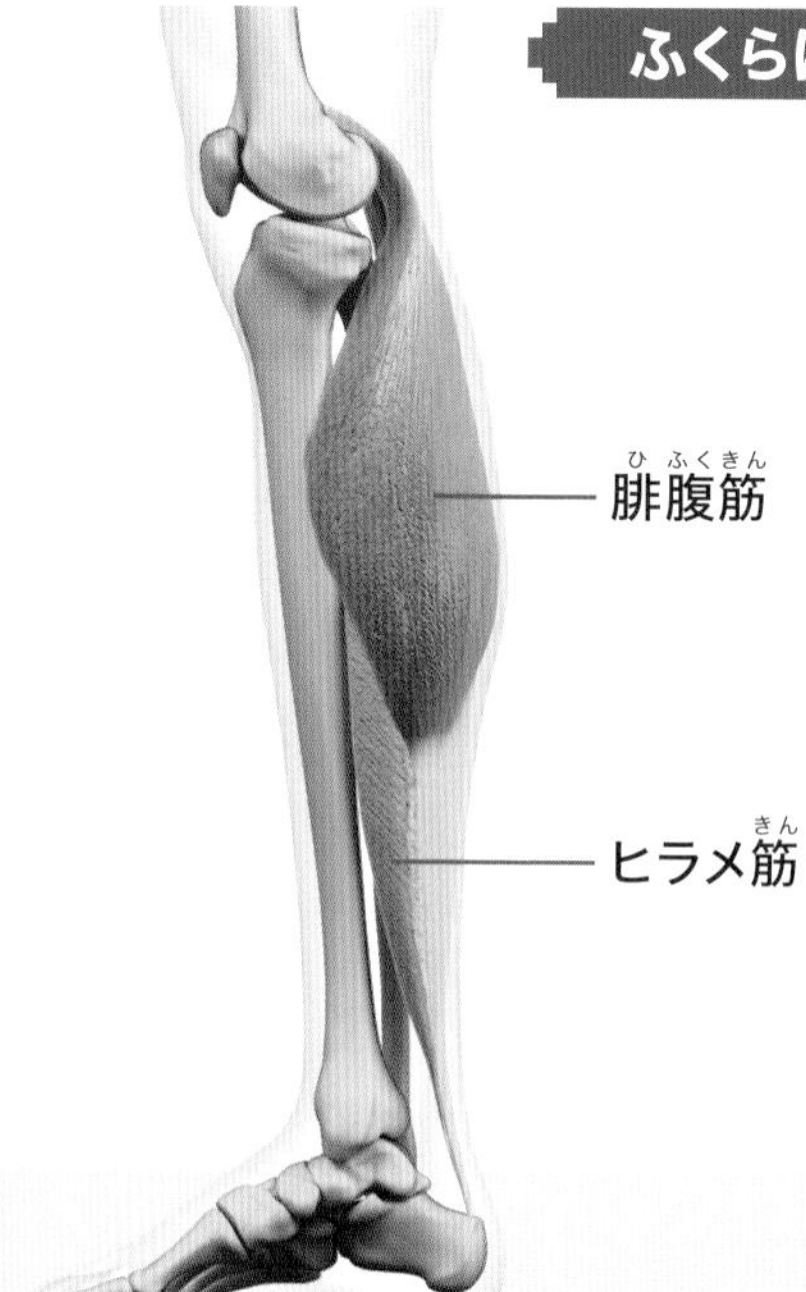

腓腹筋《ひふくきん》
ヒラメ筋《きん》

ふくらはぎの筋肉も階段で鍛えられるのね

骨盤前面と太もも前面の筋肉

骨盤の前面には腸腰筋という筋肉(複合筋)があり、異なる2つの筋肉で構成されている。太もも前面には大腿四頭筋という大きな筋肉(複合筋)があり、異なる4つの筋肉で構成されている。(※複合筋とは同じ働きをする筋肉の集合体)

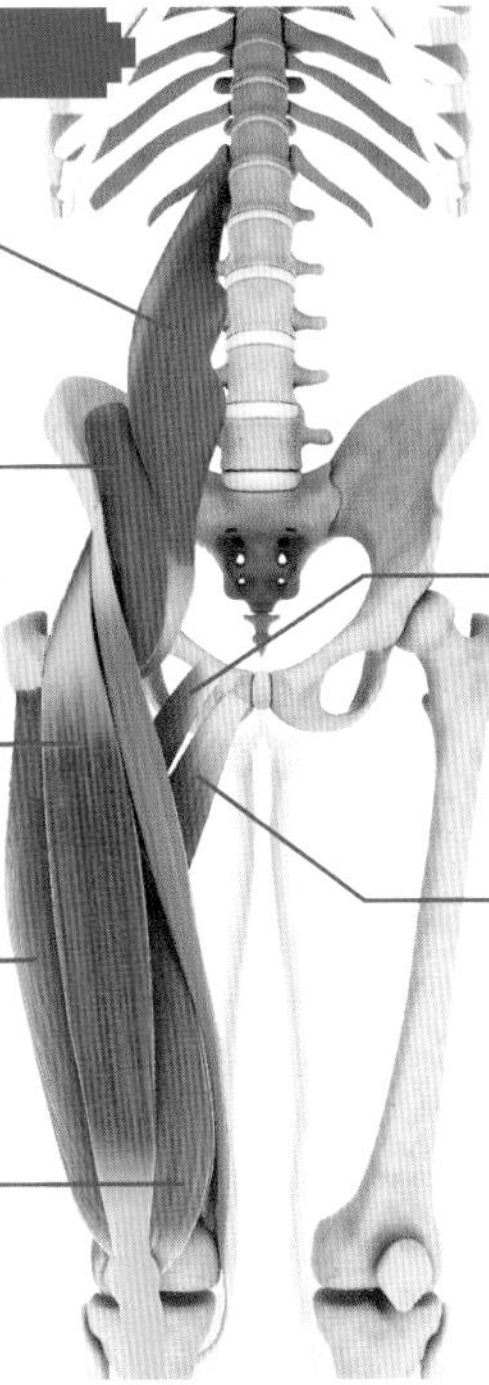
腸腰筋《ちょうようきん》
(大腰筋《だいようきん》)
腸腰筋《ちょうようきん》
(腸骨筋《ちょうこつきん》)
大腿四頭筋《だいたいしとうきん》
(大腿直筋《だいたいちょっきん》)
大腿四頭筋《だいたいしとうきん》
(外側広筋《がいそくこうきん》)
大腿四頭筋《だいたいしとうきん》
(内側広筋《ないそくこうきん》)
内転筋群《ないてんきんぐん》
(短内転筋《たんないてんきん》)
内転筋群《ないてんきんぐん》
(長内転筋《ちょうないてんきん》)

※腸腰筋には小腰筋《しょうようきん》という小さい筋肉もあるが働きが弱く、小腰筋がない人も多いので割愛

太ももには
いろんな筋肉が
集まってるんだね

お尻と太もも裏の筋肉

お尻には大殿筋と中殿筋という筋肉があり、深部には小殿筋《しょうでんきん》という筋肉もある。太もも裏にはハムストリングという筋肉(複合筋)があり、異なる3つの筋肉で構成されている。

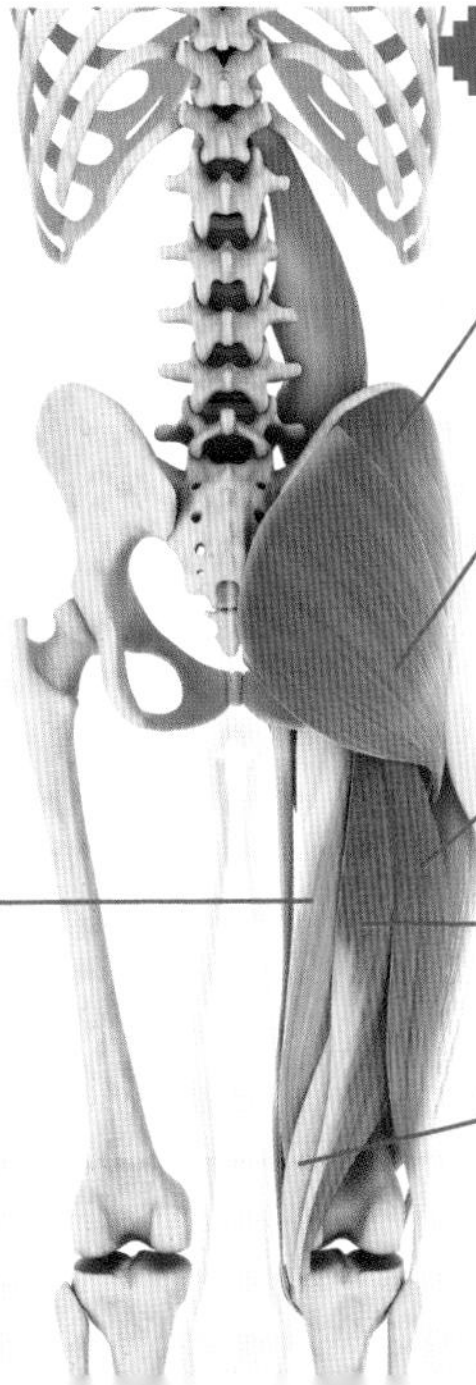
中殿筋《ちゅうでんきん》
大殿筋《だいでんきん》
ハムストリング
(大腿二頭筋《だいたいにとうきん》)
ハムストリング
(半腱様筋《はんけんようきん》)
ハムストリング
(半膜様筋《はんまくようきん》)
内転筋群《ないてんきんぐん》
(大内転筋《だいないてんきん》)

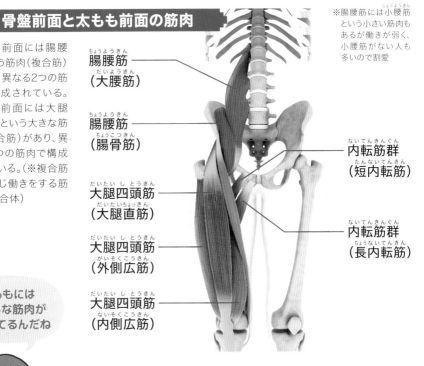

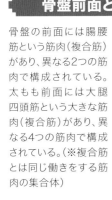

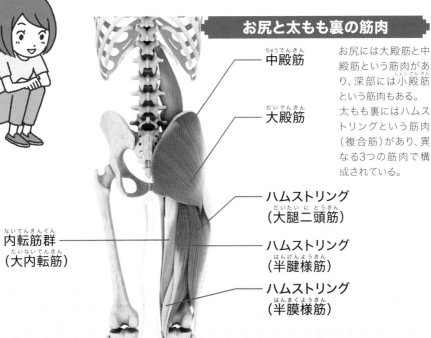

階段トレーニングで鍛えられる筋肉 1

お尻 大殿筋《だいでんきん》

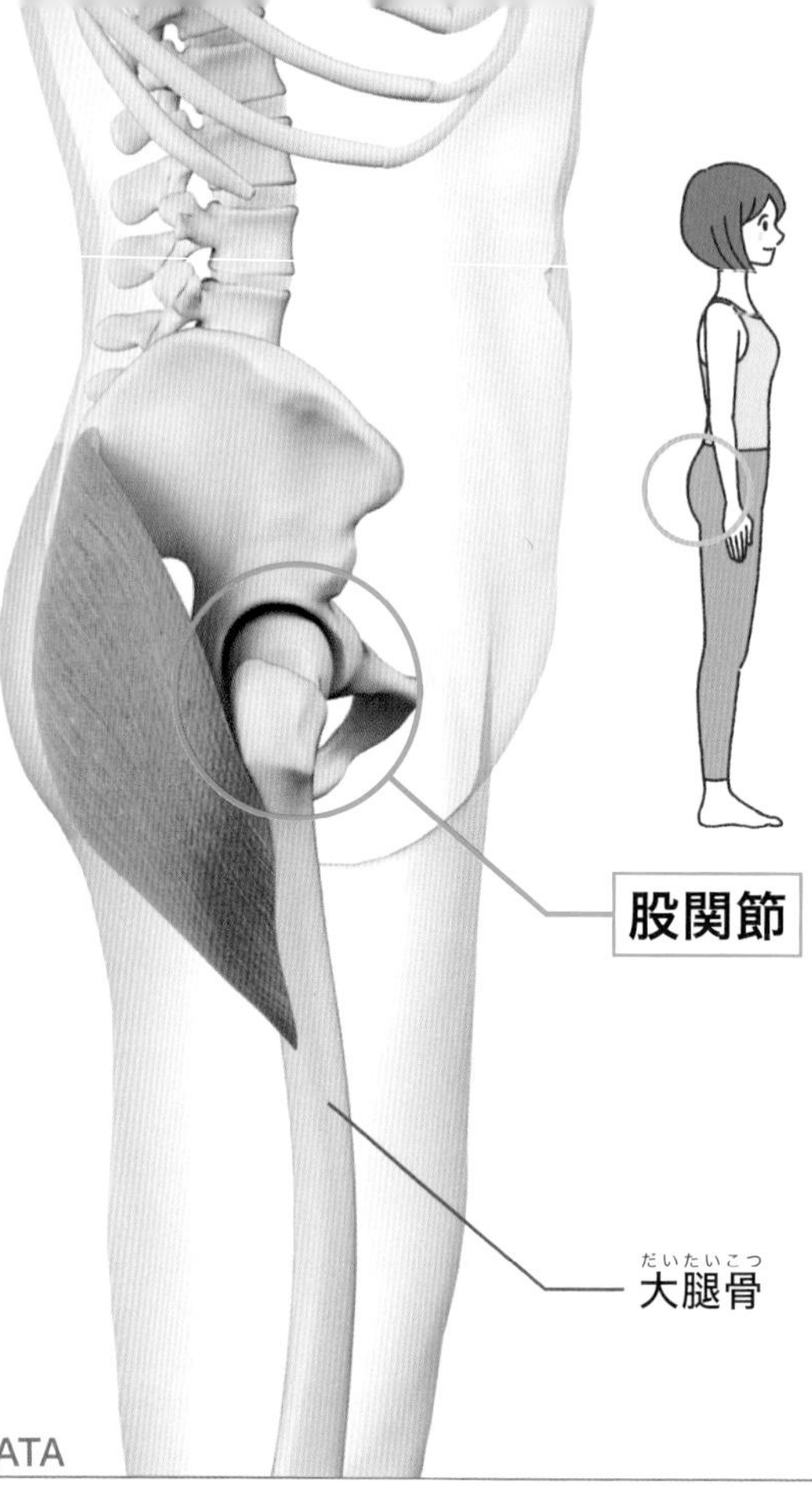

大殿筋DATA

起始《きし》（筋肉の両端①）	骨盤の後面（腸骨・仙骨・尾骨など）
停止（筋肉の両端②）	大腿骨（太ももの骨）の後面
またいでいる関節	股関節
主な働き（関節動作）	股関節の伸展（股関節を伸ばす動き）

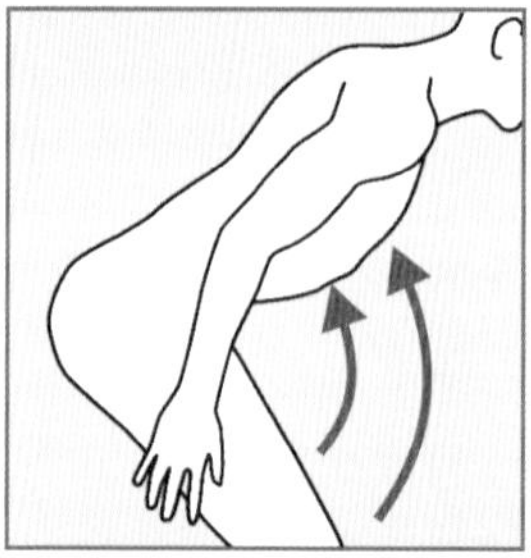

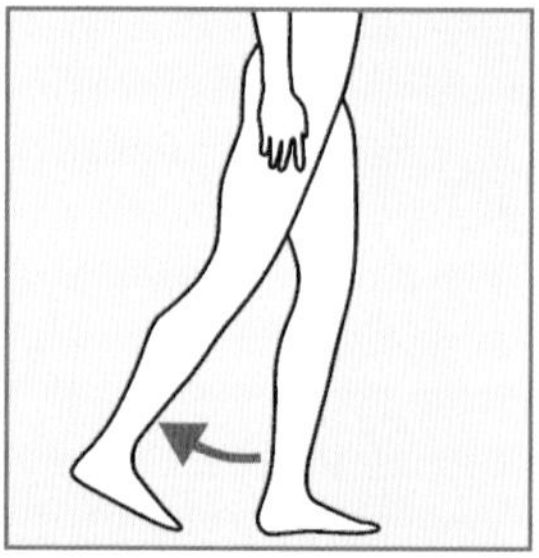

股関節伸展の働きだけではなく、大殿筋には股関節を外向きに捻る（股関節の外旋）働きもある。外旋動作の重要性については、3章のP.66〜67で解説。

股関節を伸ばす動きには「上体を起こす動き」と「脚を後方に振る動き」の2つがあり、上体（骨盤）を動かすか、脚（大腿骨）を動かすかの違いだけで、どちらも股関節を伸ばす動きとなる。

※筋肉の両端である「起始」と「停止」は骨との付着部のみを表記

股関節を伸ばすお尻の筋肉鍛えれば美しくヒップアップ！

「大殿筋《だいでんきん》」はお尻を形成している人体で最大の筋肉。股関節をまたいで骨盤の後面と大腿骨《だいたいこつ》（太ももの骨）をつないでいます。大殿筋には股関節を多方向に動かす働きがあり、その中でも最も重要となるのが股関節を伸ばす（股関節の伸展）働きです。

大殿筋による股関節を伸ばす動きには、骨盤を動かして「上体を起こす」動きと、大腿骨を動かして「脚を後方に振る」動きがあり、どちらの動きも「階段上《のぼ》り」において中心的な役割を果たします。（※大殿筋の重要性については第3章でも解説します）

股関節を伸ばす動きの代表的な動作例は、座った状態から立ち上がる動きです。股関節を伸ばす動きはヒザを伸ばす動き(ヒザ関節の伸展)と連動しますが、立ち上がる際に体重のかかっている比率がヒザ関節より股関節のほうが大きい場合、股関節を伸ばす動きが主体となって立ち上がる動作が行われます。

股関節を伸ばす動きの動作例（立ち上がる動き）

立ち上がる際に上体を倒してヒザが前方に出る動きを小さくするとカカト重心になって股関節に体重が乗る。

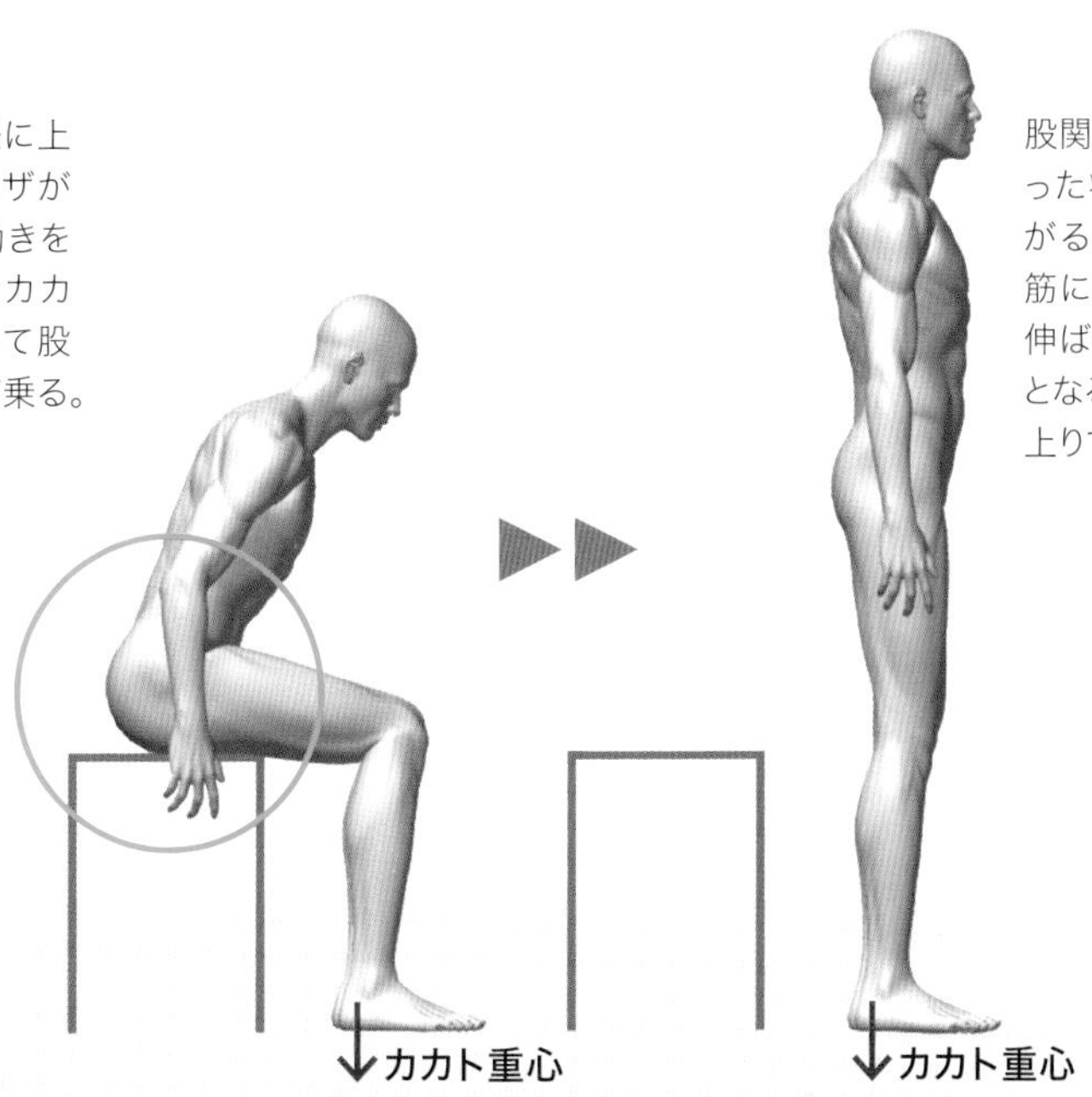

股関節に体重が乗った状態で立ち上がる動作は、大殿筋による股関節を伸ばす動きが主体となる。これは階段上りでも共通する。

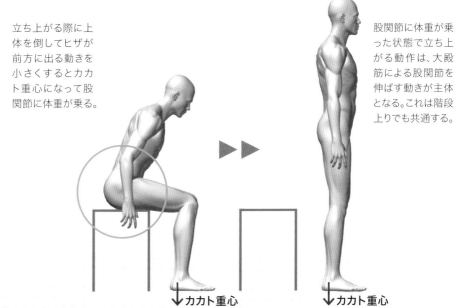

階段トレーニングで鍛えられる筋肉❷

太もも前面

大腿四頭筋《だいたいしとうきん》

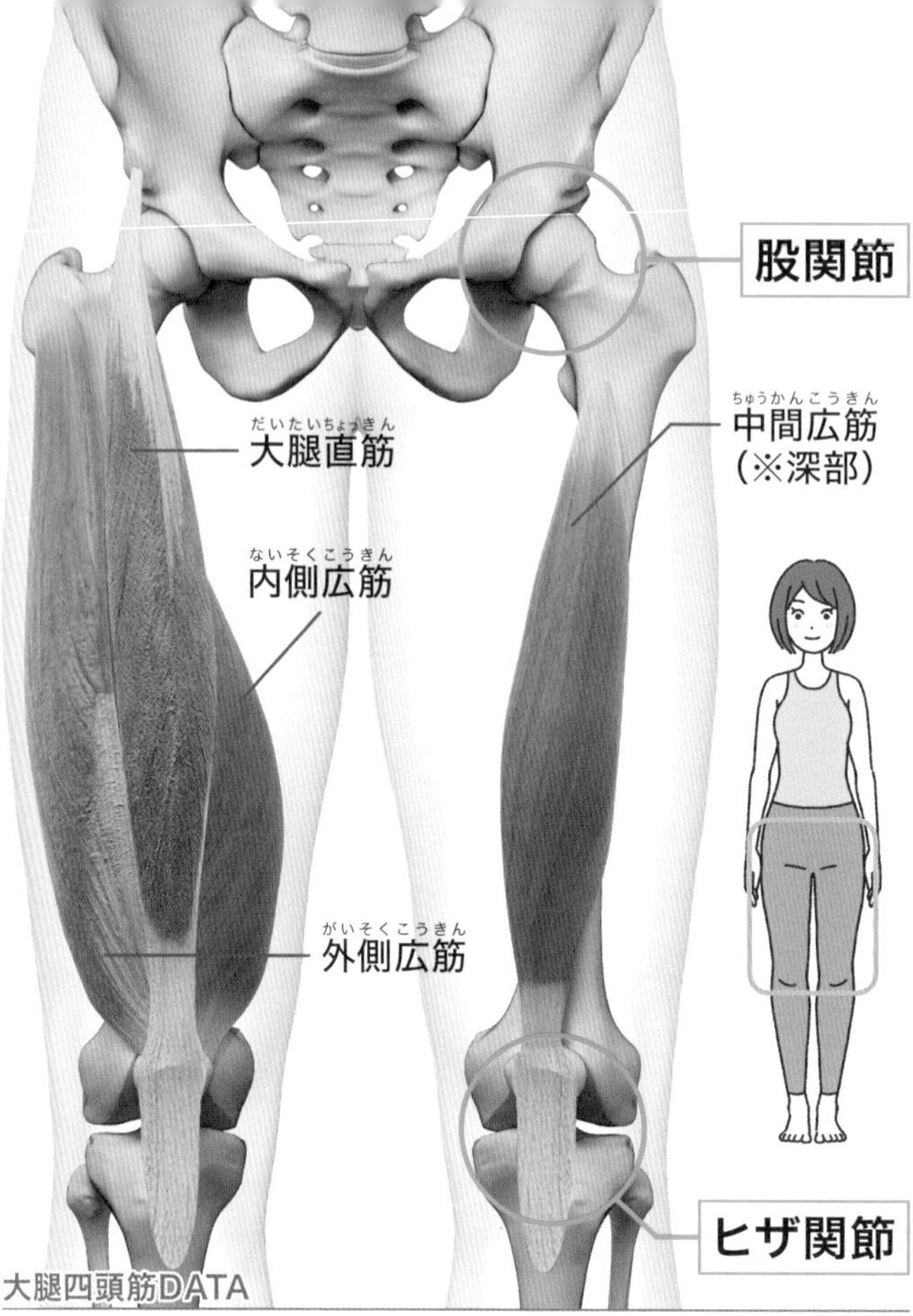

大腿四頭筋DATA

起始《きし》(筋肉の両端❶)	大腿骨(太ももの骨)の前面・側面 (※大腿直筋の長頭のみ骨盤前面)
停止(筋肉の両端❷)	脛骨の前面、膝蓋骨(ヒザの皿)
またいでいる関節	ヒザ関節、股関節(※大腿直筋のみ)
主な働き(関節動作)	ヒザ関節の伸展(ヒザを伸ばす動き)

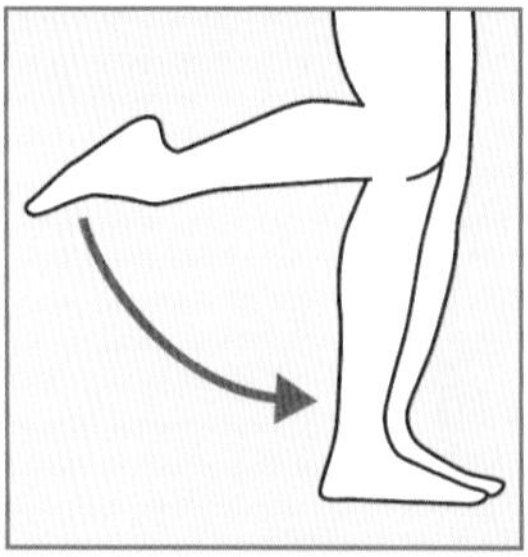

4つの筋肉がともにヒザ関節を伸ばす動きに働く。骨盤から起始する大腿直筋のみヒザ関節と股関節をまたいでいる二関節筋で、股関節の屈曲(股関節を曲げる動き)にも働く。

※筋肉の両端である「起始」と「停止」は骨との付着部のみを表記

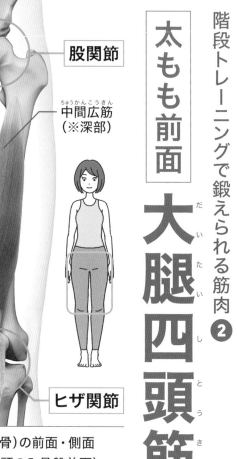

ヒザを伸ばす太もも前面の複合筋 メリハリのある脚線美をつくる筋肉

「大腿四頭筋《だいたいしとうきん》」は太もも前面の大きな筋肉で、大腿直筋《だいたいちょっきん》、外側広筋《がいそくこうきん》、内側広筋《ないそくこうきん》、中間広筋《ちゅうかんこうきん》という4つの筋肉からなる複合筋。ヒザ関節をまたいで大腿骨《だいたいこつ》（太ももの骨）と脛骨《けいこつ》をつないでいますが、大腿直筋のみ骨盤から起始《きし》して股関節もまたいでいます。

大腿四頭筋にはヒザを伸ばす（ヒザ関節の伸展）働きがあり、ヒザを伸ばして自分の体を持ち上げる動きは「階段上《のぼ》り」でも欠かせない動きとなります。大腿直筋のみ股関節を曲げる（股関節の屈曲）働きもあり、腸腰筋《ちょうようきん》（↓P.40）の働きに協力しています。

ヒザを伸ばす動きの代表的な動作例は、しゃがんで床から荷物を持ち上げる動きです。股関節を伸ばす動き（股関節の伸展）と連動しますが、持ち上げる際に体重のかかっている比率が股関節よりヒザ関節のほうが大きい場合、ヒザ関節を伸ばす動きが主体となって持ち上げる動作が行われます。

ヒザ関節を伸ばす動きの動作例（荷物を持ち上げる動き）

しゃがんで持ち上げる際にヒザがつま先より前方に出ていると、重心がつま先寄りになって股関節よりもヒザ関節に体重が乗る。

ヒザ関節に体重が乗った状態で立ち上がる動作は、大腿四頭筋によるヒザ関節を伸ばす動きが主体となる。これは階段上りでも共通。

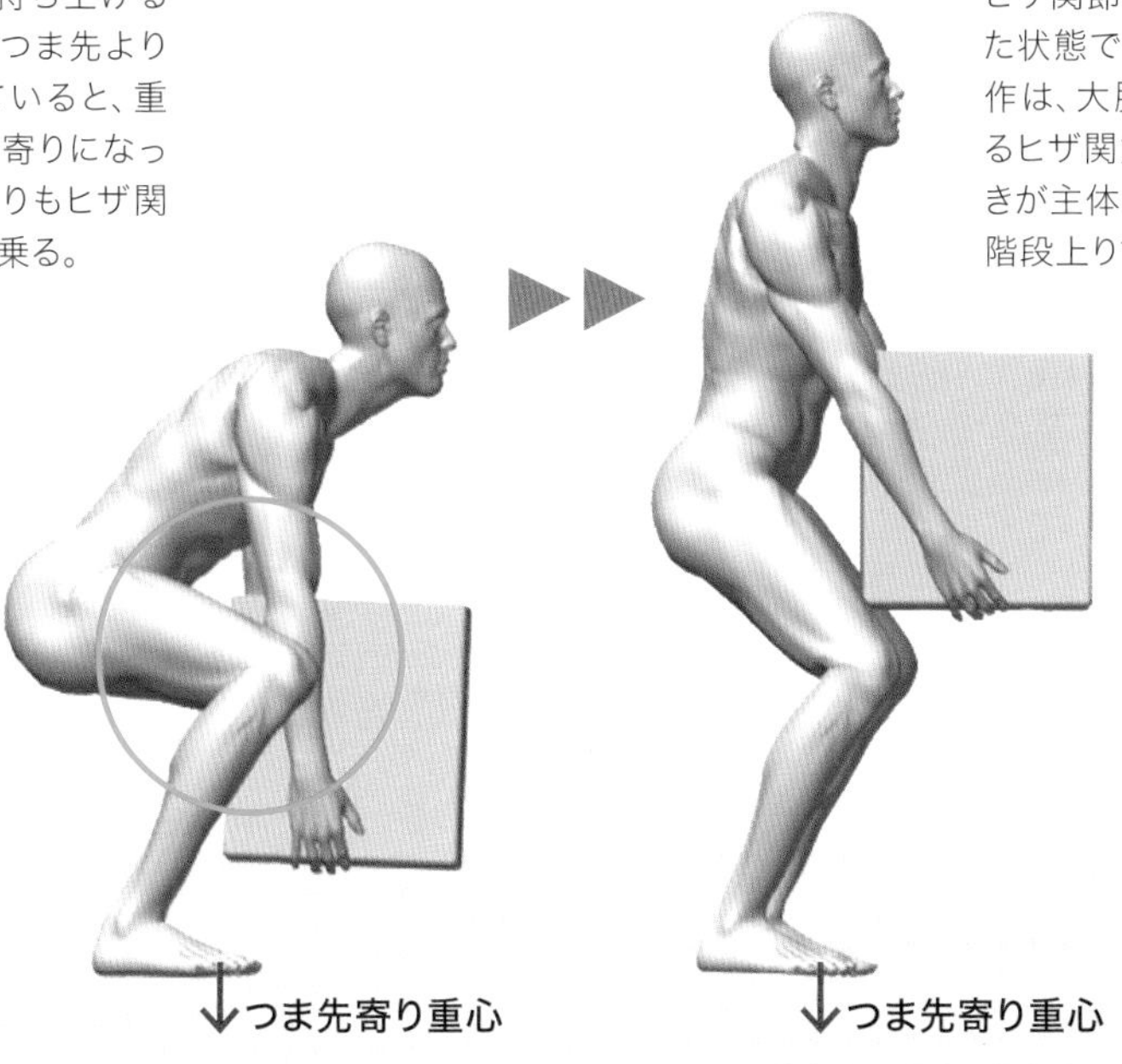

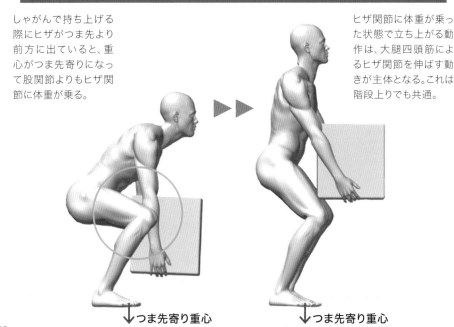

階段トレーニングで鍛えられる筋肉③

太もも内側

内転筋群《ないてんきんぐん》

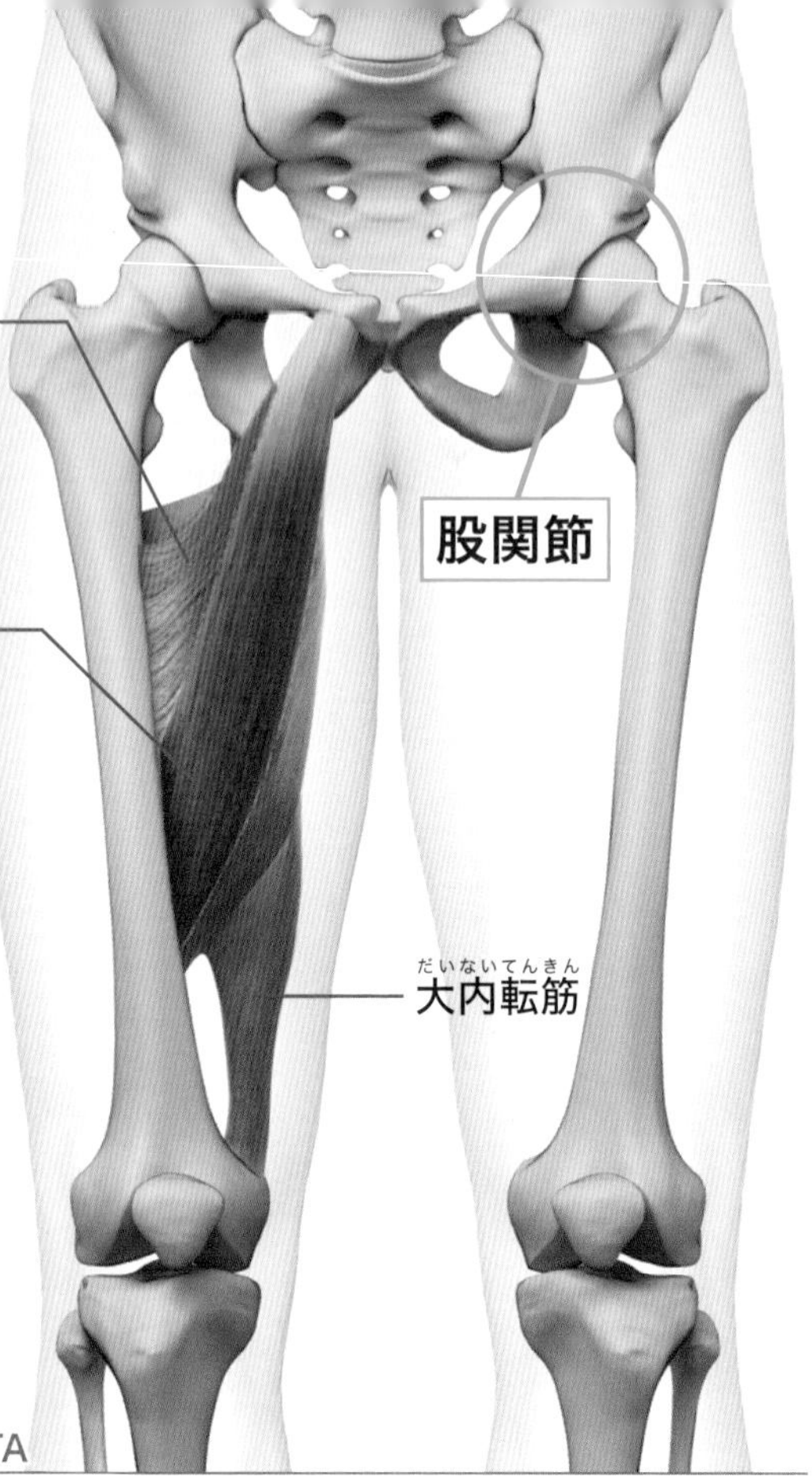

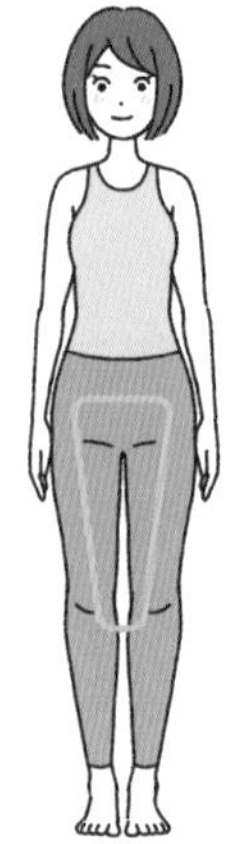

内転筋群DATA

起始《きし》(筋肉の両端①)	骨盤(恥骨)の下部 (※大内転筋の一部は坐骨からも起始)
停止(筋肉の両端②)	大腿骨(太ももの骨)の内側 (※大内転筋の一部は下部にも停止)
またいでいる関節	股関節
主な働き(関節動作)	股関節の内転(脚を内側に振る動き)

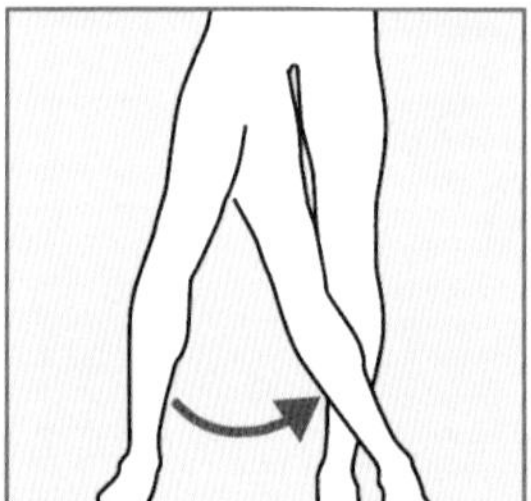

内転筋群はお尻の大殿筋とともに股関節から脚を内側に振る動き(股関節の内転)に働く。内転筋群の中で最もお尻側にある大内転筋は股関節を伸ばす動き(股関節の伸展)にも大殿筋に協力して働く。

※筋肉の両端である「起始」と「停止」は骨との付着部のみを表記

脚を内側に閉じる太もも内側の筋肉 鍛えれば内ももにも脚線美が生まれる

「内転筋群《ないてんきんぐん》」とは太ももの内側にある筋肉の総称。鍛えて引き締めると内ももにも脚線美のラインが形成されます。厳密には薄筋《はっきん》や恥骨筋《ちこつきん》なども内転筋群に含まれますが、階段トレーニングのターゲットとして、本書では内転筋群の中でも大きな長内転筋《ちょうないてんきん》、短内転筋《たんないてんきん》、大内転筋《だいないてんきん》の３つを内転筋群とします。

内転筋群は股関節をまたいで骨盤と大腿骨《だいたいこつ》（太もも骨）の内側をつないでいる筋肉。股関節から脚を内側に振る（股関節の内転）働きがあります。

「階段上《のぼ》り」のように片脚で体を持ち上げるような動きには、ヒザが外側へ向かないように股関節を内転させる動きも同時に働きます。つまり階段を上《のぼ》ると自然に内転筋群も一緒に鍛えられるというわけです。さらに、階段トレーニングでは両脚を内転させて股をギュッと締めることによって内転筋群への負荷を高める上り方もあります（↓P.88〜95）。

股関節を内転する動きの動作例（股を締める動き）

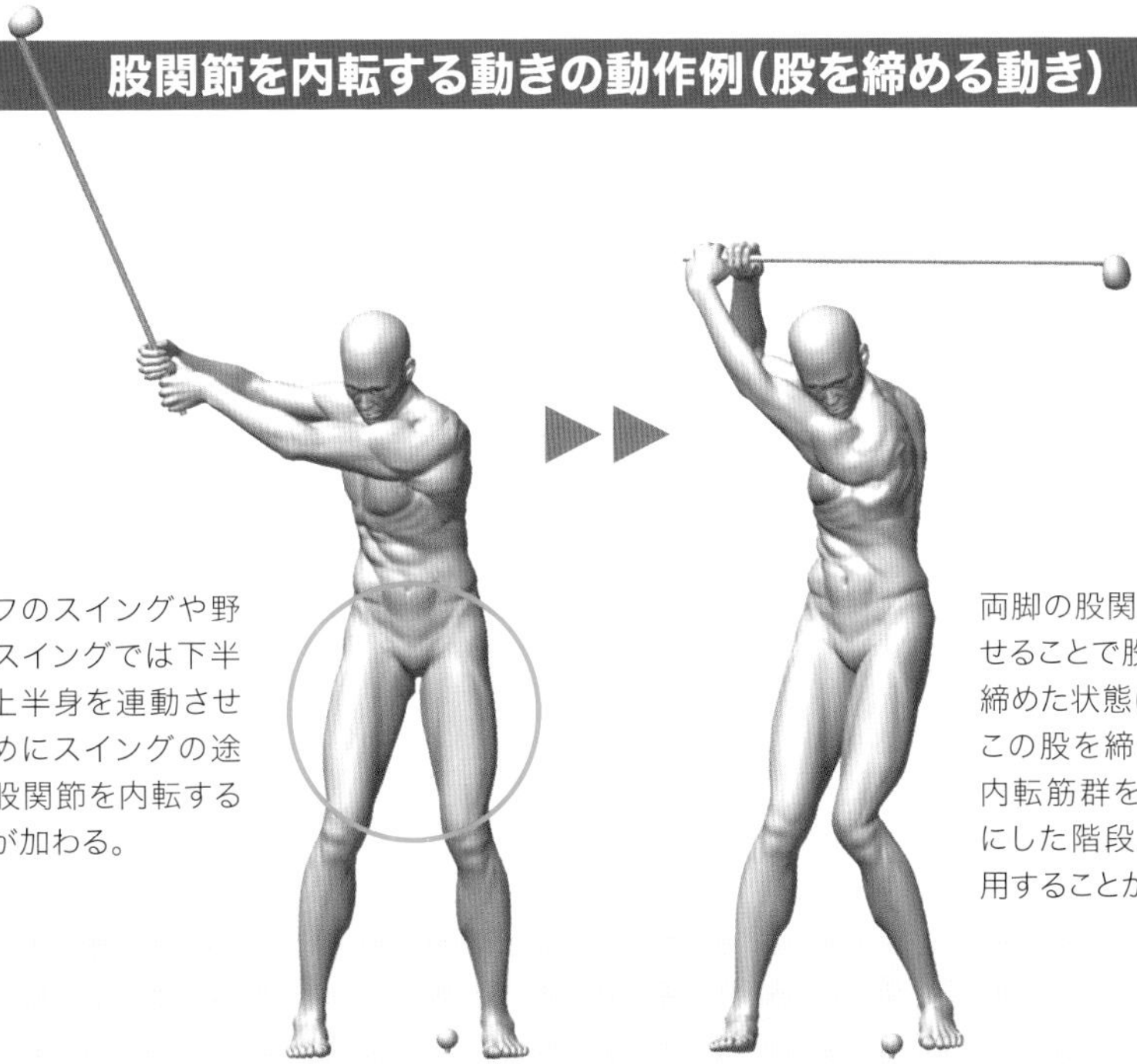

ゴルフのスイングや野球のスイングでは下半身と上半身を連動させるためにスイングの途中で股関節を内転する動きが加わる。

両脚の股関節を内転させることで股をギュッと締めた状態になる。
この股を締める動きは内転筋群をターゲットにした階段上りでも応用することができる。

階段トレーニングで鍛えられる筋肉④

太もも裏
ハムストリング

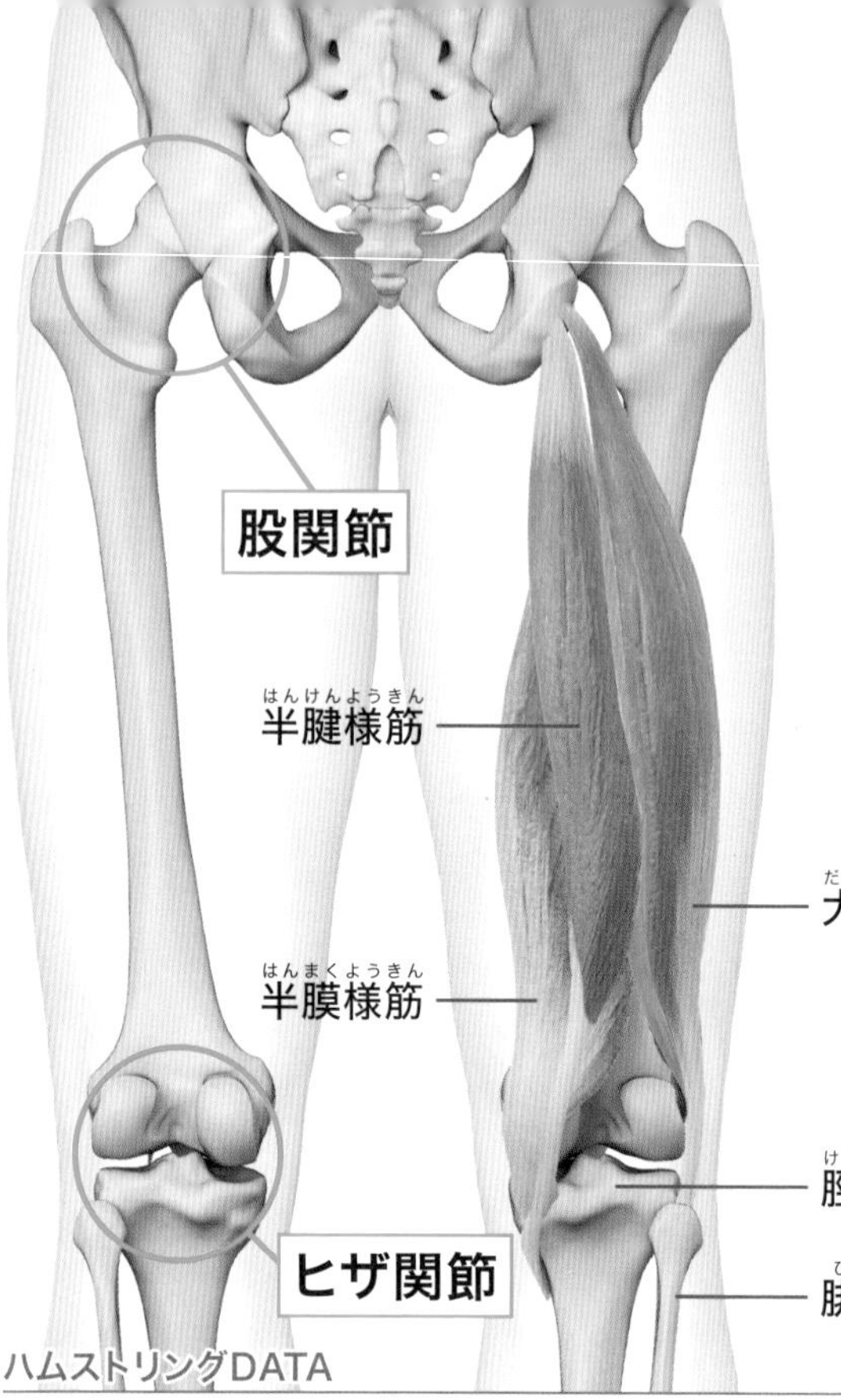

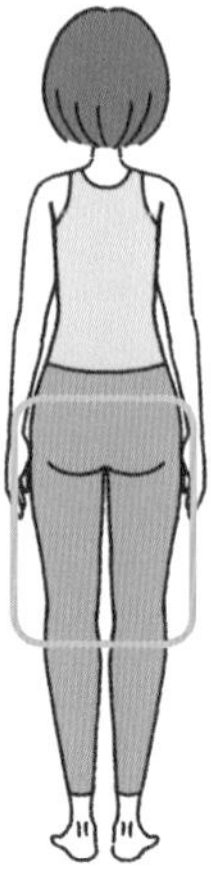

ハムストリングDATA

起始《きし》（筋肉の両端①） 骨盤の前面（坐骨）
（※大腿二頭筋の短頭は大腿骨からも起始）

停止（筋肉の両端②） 脛骨の内側、大腿二頭筋のみ腓骨

またいでいる関節 ヒザ関節、股関節

主な働き（関節動作）

ヒザ関節の屈曲
（ヒザを曲げる動き）

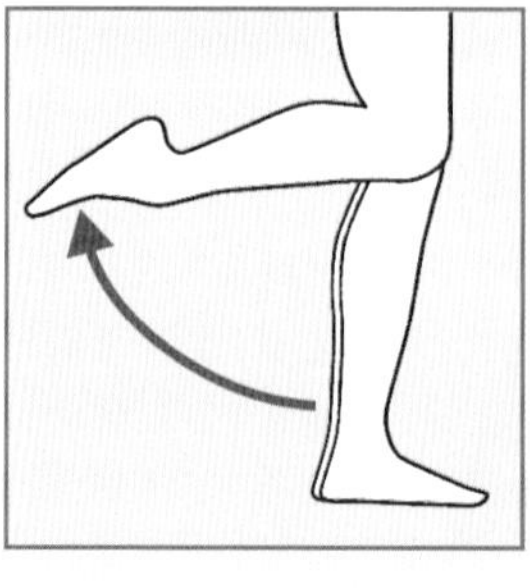

股関節の伸展
（脚を後方に振る動き）

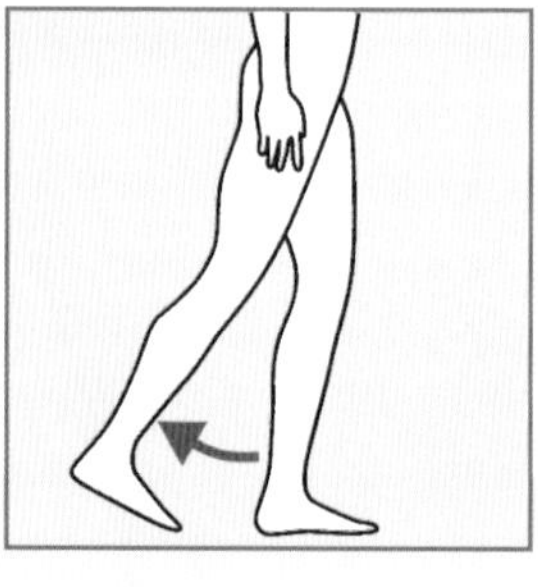

3つの筋肉がともにヒザ関節屈曲の動きに働く。大殿筋とともに股関節伸展の動きにも働き、特に大腿二頭筋の関与が大きい。

※筋肉の両端である「起始」と「停止」は骨との付着部のみを表記

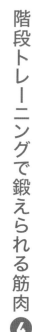

ヒザを曲げる太もも裏の複合筋鍛えることで美尻が際立つ！

「ハムストリング」とは太もも裏にある筋肉で、大腿二頭筋《だいたいにとうきん》、半腱様筋《はんけんようきん》、半膜様筋《はんまくようきん》という3つの筋肉からなる複合筋。股関節とヒザ関節をまたいで骨盤の後面と脛骨《けいこつ》・腓骨《ひこつ》をつないでいます。鍛えることでお尻から太もも裏にかけての脚線美が形成されます。

ハムストリングにはヒザを曲げる（ヒザ関節の屈曲）働きがあります。さらにお尻の大殿筋とともに股関節を伸ばす（股関節の伸展）働きもあるため、「階段トレーニング」で大殿筋を鍛えれば、ハムストリングもある程度は一緒に鍛えることができます。

ヒザを曲げる動きと股関節を伸ばす動きを同時に行うとハムストリングに強い負荷がかかります。その代表的な動作例が走る動作です。階段を上《のぼ》る動きでも一段とばしで上った場合などは、瞬間的にヒザを曲げる動きと股関節を伸ばす動きを同時に行うためハムストリングも強化できます（→P.86～87）。

ヒザ関節を曲げる動き＋股関節を伸ばす動きの動作例（ランニングで着地させた脚を後方に振る動き）

スピードの乗ったランニングで脚を伸ばして前方に着地させると、その脚を後方へ振る動きでハムストリングにかかる負荷が高くなる。

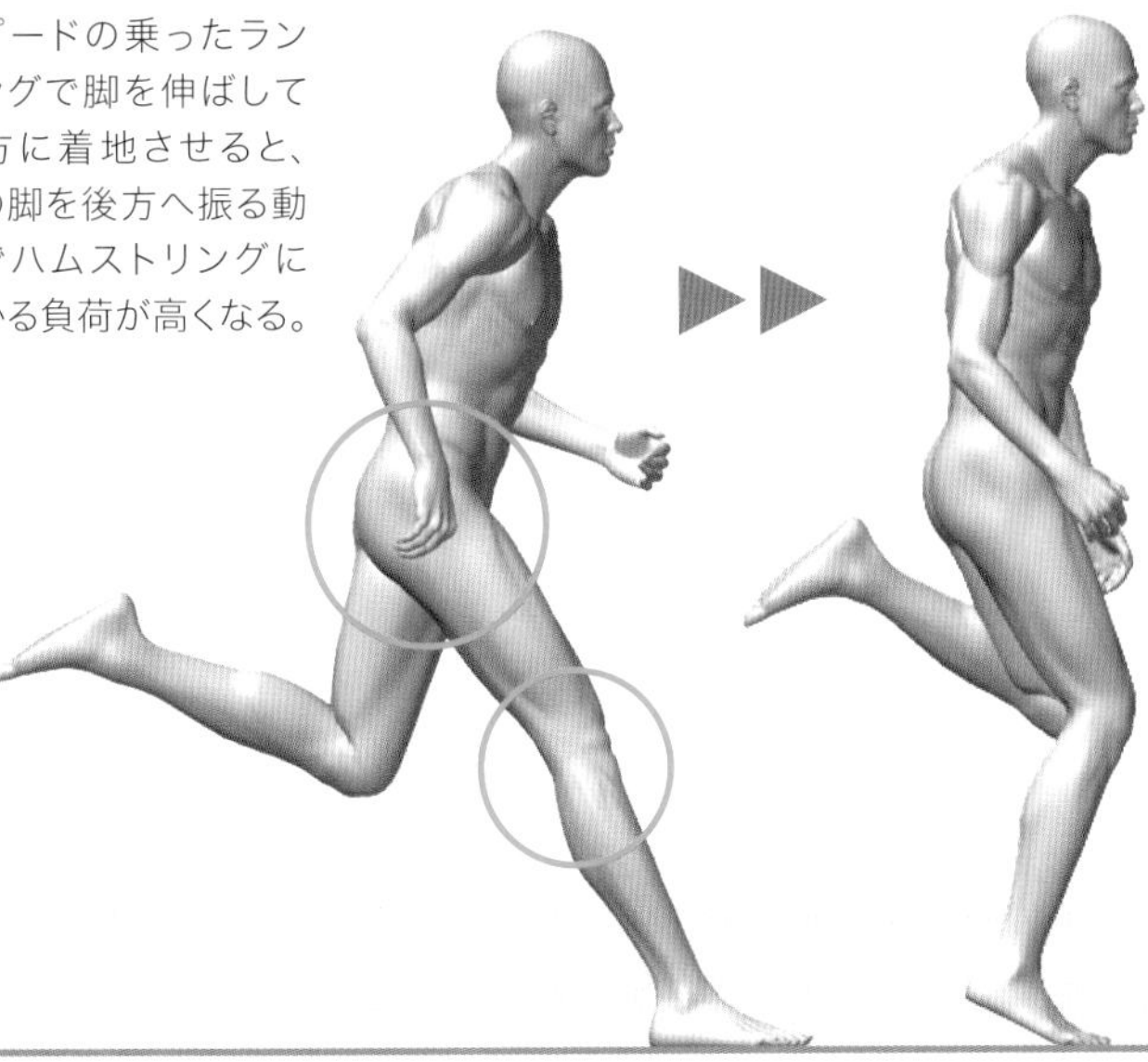

着地した脚を後方へ振る際、一気にヒザを曲げながら股関節を伸ばすためハムストリングに強い負荷がかかる。陸上の短距離選手がレース中にハムストリングを負傷するケースが多いのもそのため。

階段トレーニングで鍛えられる筋肉 5

骨盤前面

腸腰筋《ちょうようきん》

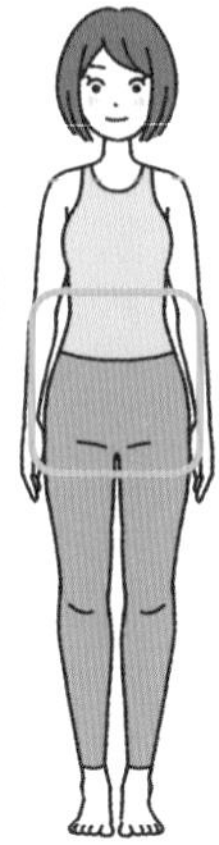

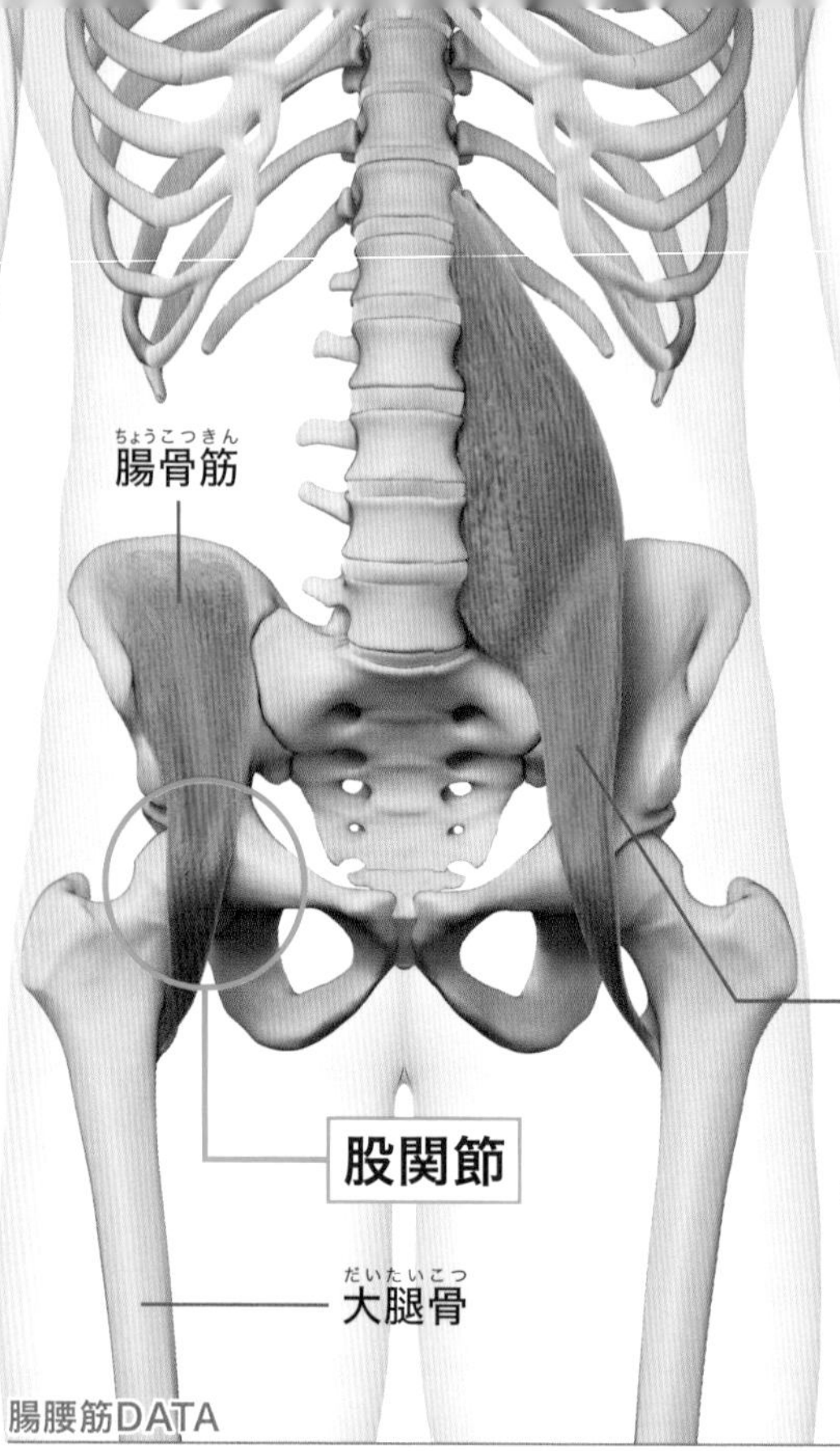

※腸腰筋には小腰《しょうよう》筋《きん》という小さい筋肉もあるが、働きが弱く小腰筋がない人も多いので割愛

腸腰筋DATA

起始《きし》（筋肉の両端❶）	腸骨筋：骨盤の前面（腸骨） 大腰筋：脊柱（第12胸椎《きょうつい》～第5腰椎《ようつい》）
停止（筋肉の両端❷）	大腿骨（太ももの骨）の付け根内側
またいでいる関節	股関節
主な働き（関節動作）	股関節の屈曲（股関節を曲げる動き）

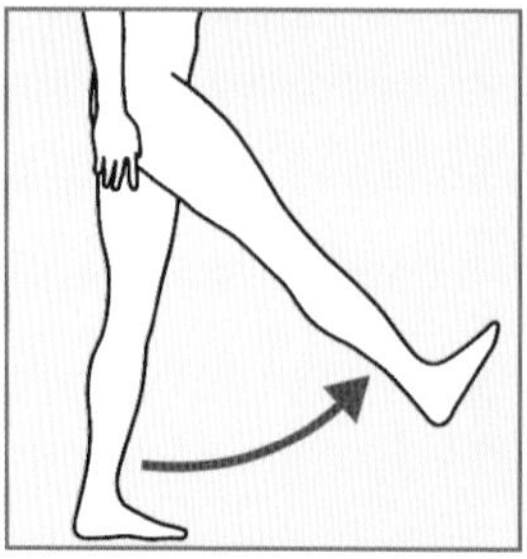

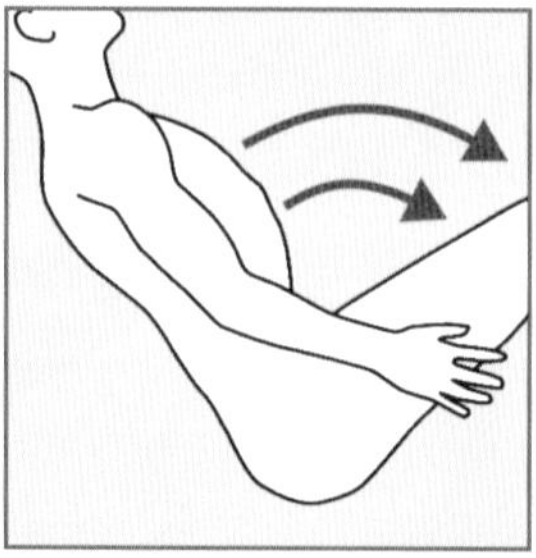

大腰筋も腸骨筋も股関節を曲げる動きに働く。大腰筋は脊柱（背骨）と大腿骨を引き寄せ、腸骨筋は骨盤と大腿骨を引き寄せることで脚を前方に振る（太ももを持ち上げる）。

※筋肉の両端である「起始」と「停止」は骨との付着部のみを表記

股関節から脚を前方に振る複合筋 鍛えると骨盤の傾きが矯正される

「腸腰筋《ちょうようきん》」は下腹部の深層にある筋肉で、大腰筋《だいようきん》と腸骨筋《ちょうこつきん》からなる複合筋。股関節をまたいで大腰筋は脊柱《せきちゅう》（背骨）と大腿骨《だいたいこつ》（太ももの骨）を、腸骨筋は骨盤の前面と大腿骨をそれぞれつないでいます。

腸腰筋には股関節を曲げる（股関節の屈曲）働きがあります。具体的にいうと股関節から脚を前方に振る動き。代表的な動作例が脚を前方へ振り出す歩行動作です。しかし、歩行動作のように股関節を曲げる動きが小さいと腸腰筋は強く働きません。腸腰筋を鍛えるためには脚（太もも）をもっと高く上げる必要があります。だからこそ階段を上《のぼ》る動きが腸腰筋のトレーニングには最適なのです。

腸腰筋の中でも股関節の前面で骨盤を引きつけている腸骨筋が衰えると、骨盤が後傾してお尻の形が崩れたり、下腹部がポッコリしたりするので、普段から積極的に階段を上って鍛えることが重要です。

股関節屈曲の動作例（階段を上る動き）

股関節を曲げて脚を前方へ振る動きに腸腰筋は働く。階段を上ることで股関節をより深く曲げる動きになる。

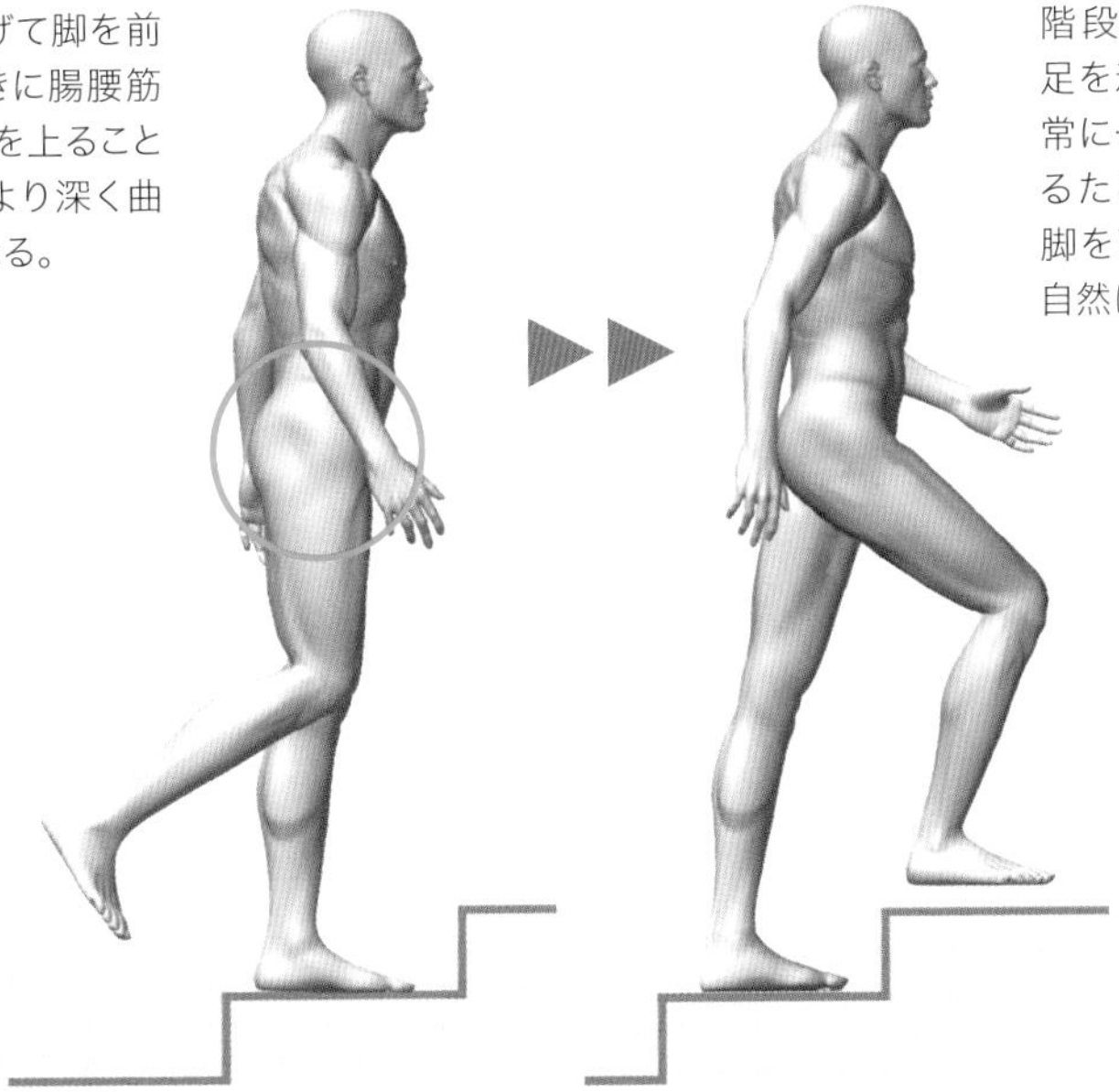

階段を上る動きでは、足を着地させる場所が常に一段高い位置になるため、歩行動作より脚を高く上げる動きが自然に繰り返される。

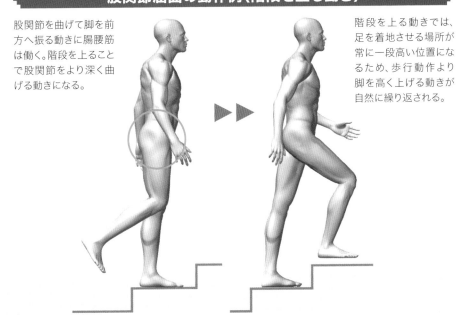

階段トレーニングで鍛えられる筋肉 6

お尻側部

中《ちゅう》殿《でん》筋《きん》

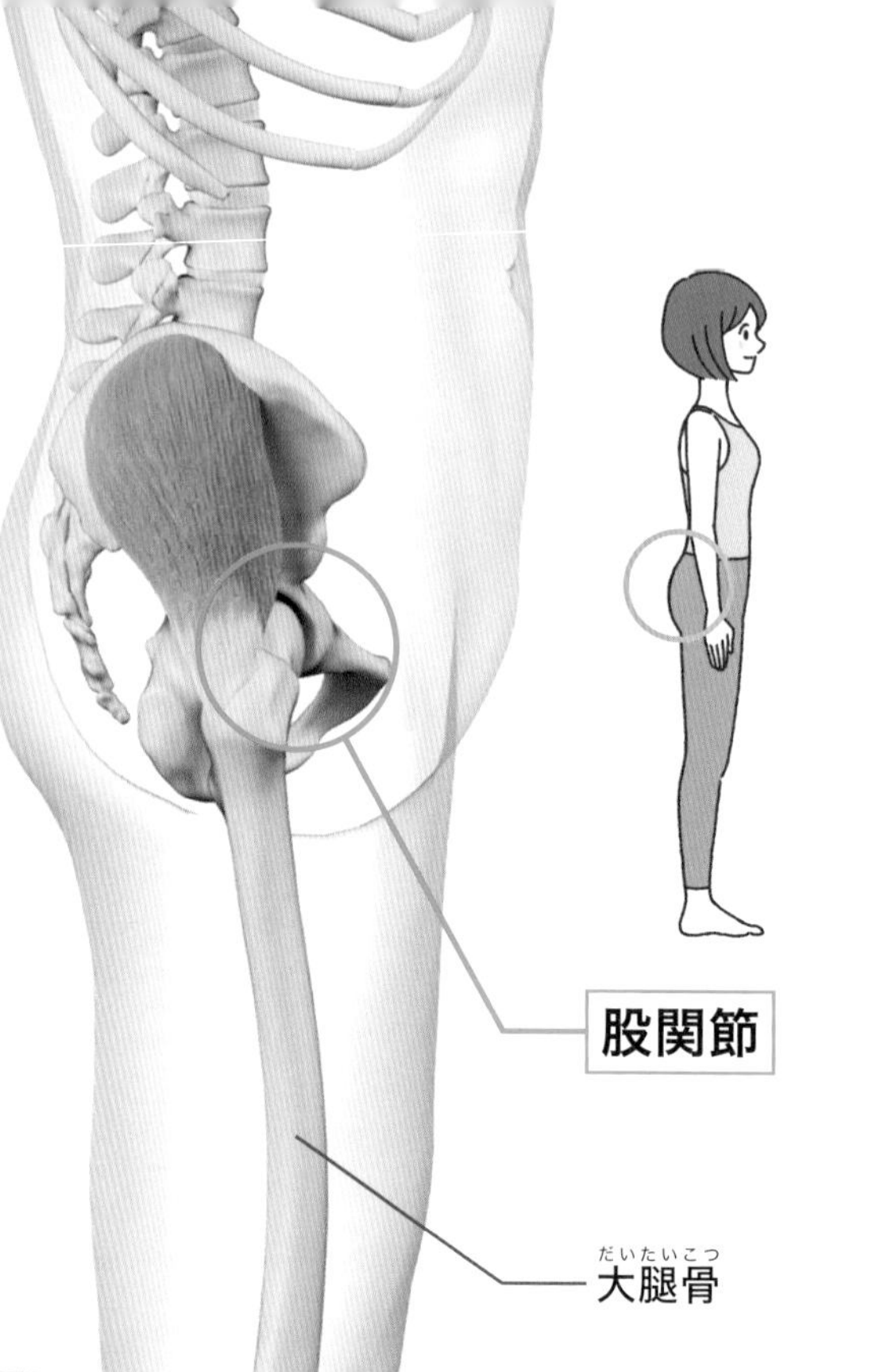

中殿筋DATA

起始《きし》（筋肉の両端①） 骨盤の側面（腸骨）

停止（筋肉の両端②） 大腿骨（太ももの骨）の上端

またいでいる関節 股関節

主な働き（関節動作）

股関節の外転
（脚を外側に開く動き）

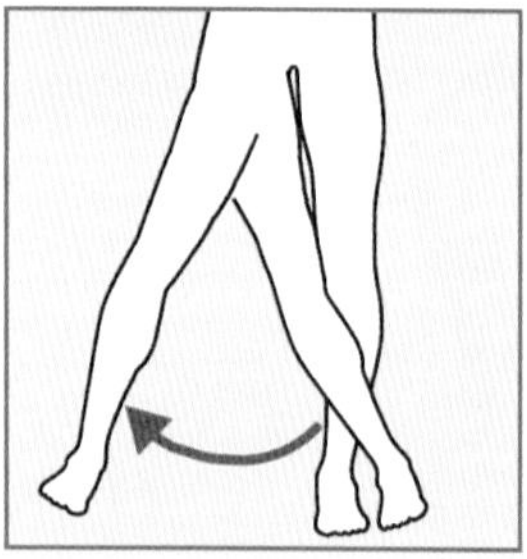

股関節の内旋
（脚を内向きに捻る動き）

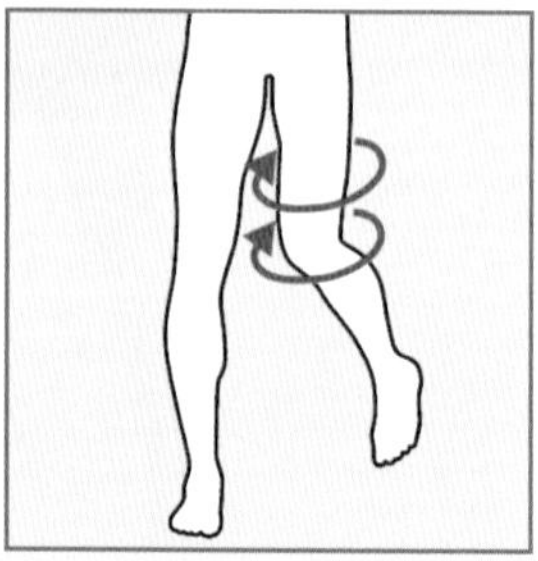

片足で立っている状態での股関節外転の動きは脚ではなく骨盤を動かす。股関節内旋の動きは歩行時や走行時に足の向きを調節する役割もある。

※筋肉の両端である「起始」と「停止」は骨との付着部のみを表記

脚を外側に振るお尻側部の筋肉 骨盤の左右の傾きも調整する

「中殿筋《ちゅうでんきん》」はお尻の側部にある筋肉。股関節をまたいで骨盤の側面と大腿骨《だいたいこつ》（太ももの骨）をつないでいます。お尻の側部に中殿筋があることで体を正面から見た時のウエストのくびれも強調されます。

中殿筋には股関節から脚を外側へ開く（股関節の外転）働きがあります。片足立ちの状態では大腿骨ではなく骨盤を動かすことで骨盤の左右の傾きを調整し、バランスを取ります。「階段上《のぼ》り」では足を上げて片足立ちになっている局面が多いため、バランスを保つ役割の中殿筋が自然に鍛えられます。

さらに中殿筋には股関節から脚を内向き・外向きに捻る（股関節の内旋・外旋）働きもあり、この動きには歩行時や走行時に足（およびヒザ）を真っすぐ前に向ける重要な役割があります（→P.66）。

また中殿筋の深部には小殿筋《しょうでんきん》という筋肉があり、中殿筋と一緒に股関節の外転や内旋に働いています。

股関節外転の動作例（片足でバランスを取る動き）

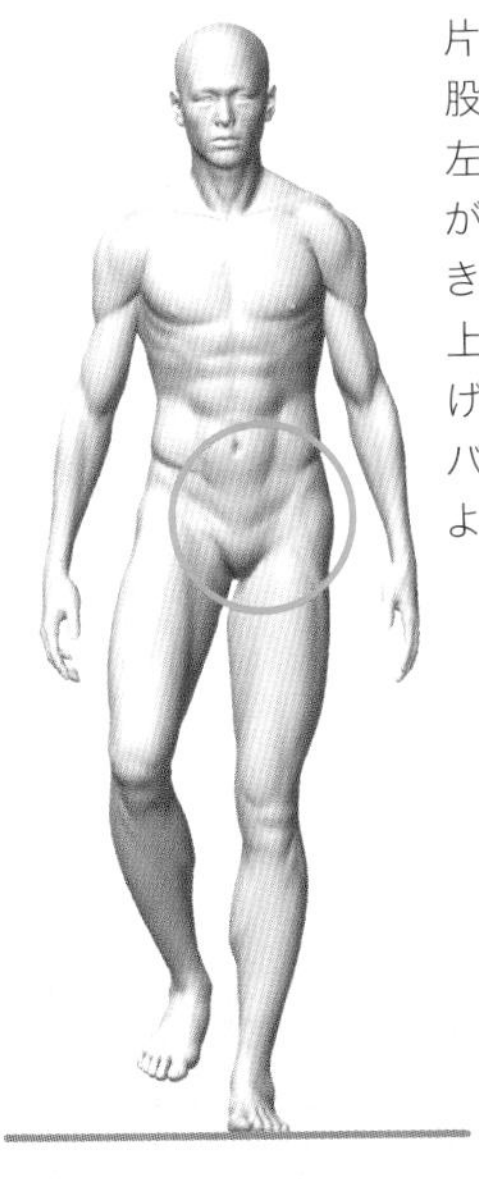

片足立ちの状態では、股関節の外転で骨盤の左右の傾きを調整しながら、バランスを取る動きが働いている。階段を上る際は片足を高く上げるため中殿筋によるバランスを取る動きがより強く働く。

股関節内旋の動作例（足を真っすぐ踏み出す動き）

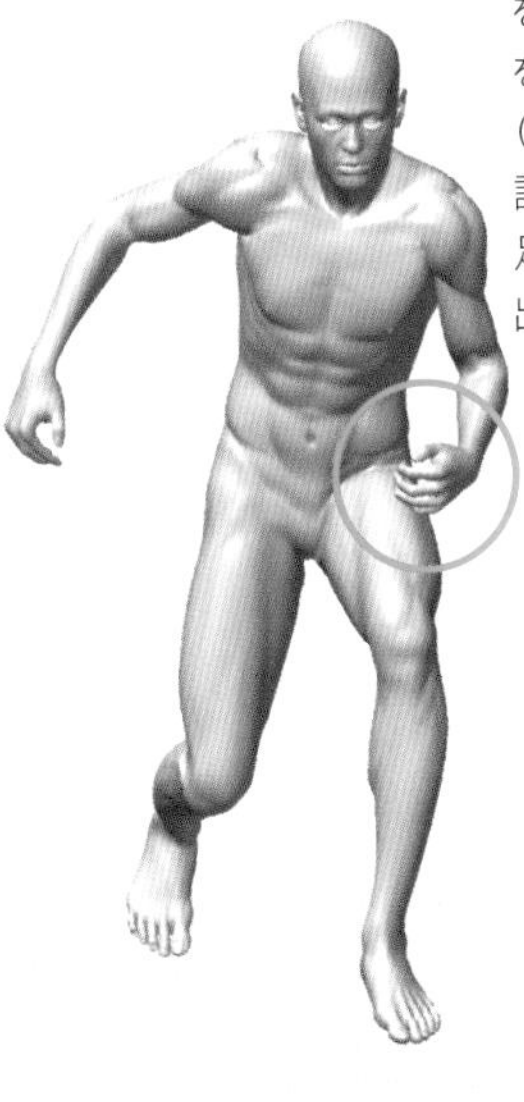

歩行やランニングで足を踏み出す時、股関節を内旋する動きで足（およびヒザ）の向きを調節することによって、足を真っすぐ前に踏み出している。

ふくらはぎ

腓《ひ》腹《ふく》筋《きん》・ヒラメ筋《きん》

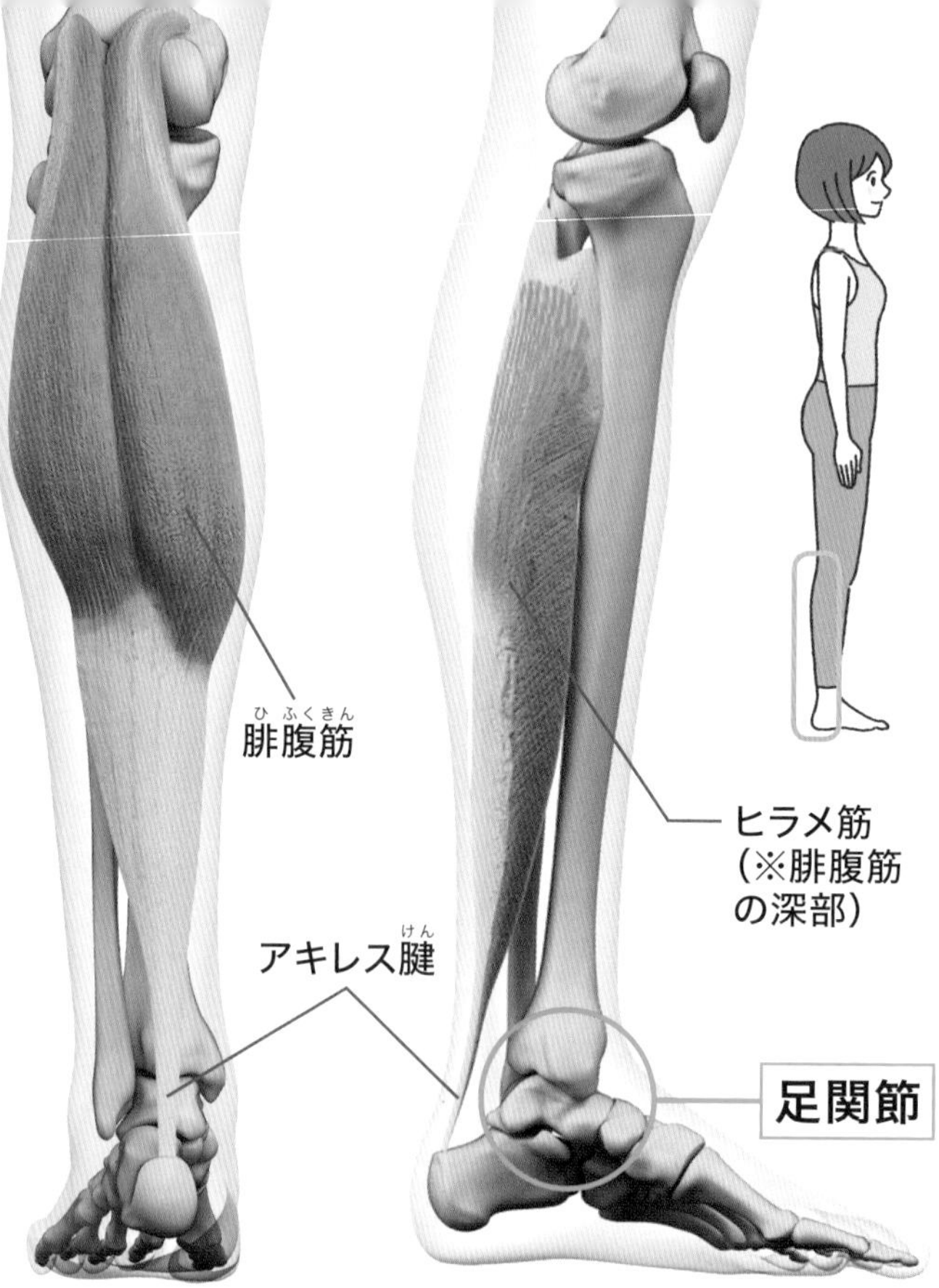
腓腹筋《ひふくきん》
ヒラメ筋
(※腓腹筋の深部)
アキレス腱《けん》
足関節

腓腹筋・ヒラメ筋DATA

起始《きし》(筋肉の両端①)	腓腹筋：大腿骨(太ももの骨)の下端 ヒラメ筋：脛骨と腓骨
停止(筋肉の両端②)	踵骨(カカトの骨)の後部
またいでいる関節	足関節、ヒザ関節(※腓腹筋のみ)
主な働き(関節動作)	足関節の底屈(足首を伸ばす動き)

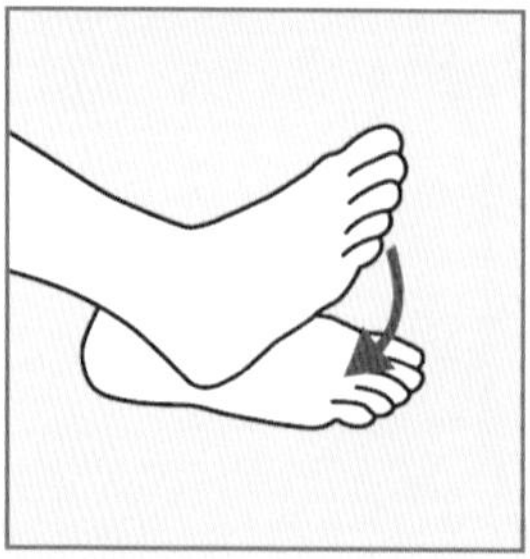

足関節の底屈とは足首を伸ばしてつま先を下方に振る動き。立っている状態では地面からカカトを持ち上げて背伸びする動きが足関節の底屈になる。

※筋肉の両端である「起始」と「停止」は骨との付着部のみを表記

カカトを持ち上げるふくらはぎの筋肉 体が前に倒れないように支える役割も

「腓腹筋《ひふくきん》」と「ヒラメ筋」はふくらはぎの膨らみを形成している筋肉。腓腹筋がヒラメ筋を覆うように重なっています。腓腹筋はヒザ関節と足関節（足首）をまたいで大腿骨と踵骨《しょうこつ》（カカトの骨）をつないでいる二関節筋。それに対してヒラメ筋は足関節のみをまたいで脛骨《けいこつ》・腓骨《ひこつ》と踵骨をつないでいます。

腓腹筋とヒラメ筋にはともに足関節を底屈《ていくつ》する（足首を伸ばす）働きがあります。具体的にいうと立っている状態でつま先部分に体重をかけて背伸びをする動き。「階段上《のぼ》り」でもつま先寄りに体重をかけて上る場合は、カカトを持ち上げる足関節の底屈動作が強く働いています。逆にカカトに体重をかけて上る場合は足関節の底屈動作が小さくなります。

つまり階段トレーニングでふくらはぎの腓腹筋・ヒラメ筋を鍛えたい場合は、つま先寄りに体重をかけて上るフォームが効果的というわけです。

足関節底屈の動作例（背伸びをする動き）

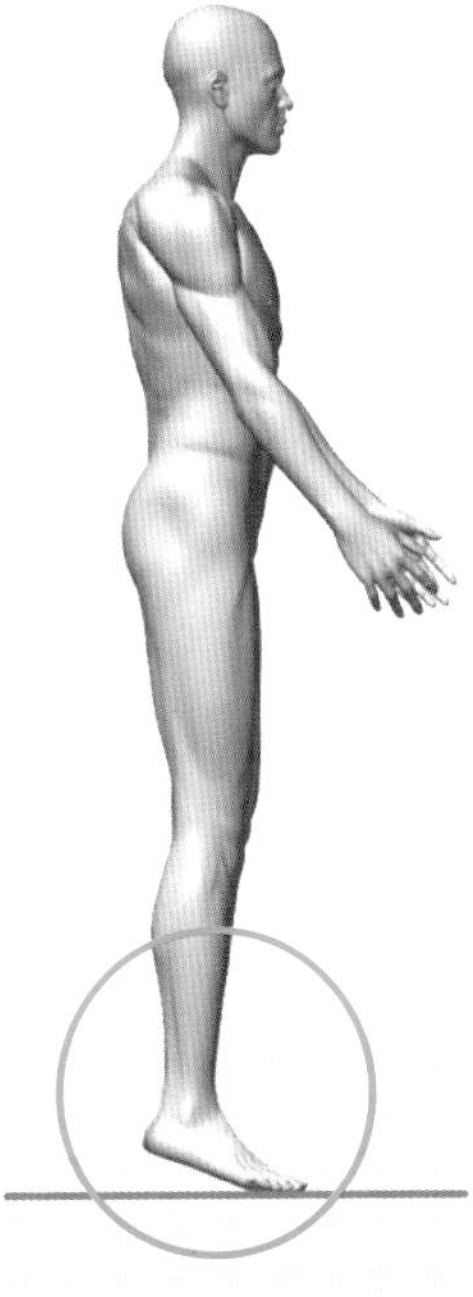

背伸びをする動きは、腓腹筋・ヒラメ筋によるカカトを持ち上げる動き（足関節の底屈）によって行われている。足関節底屈の動きには体が前に倒れないように支える役割もある。

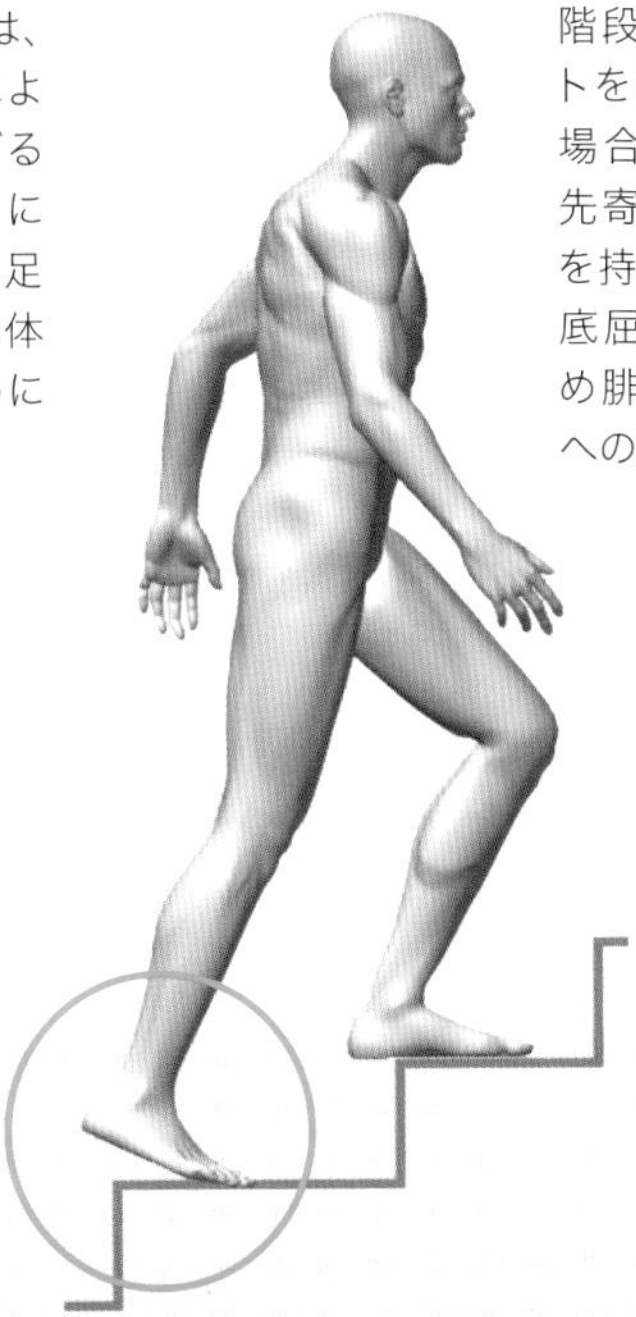

階段を上る際もカカトをはみ出して上る場合は、重心がつま先寄りになり、カカトを持ち上げる足関節底屈の動きが働くため腓腹筋・ヒラメ筋への負荷が高まる。

階段を上《のぼ》ると推進筋《すいしんきん》も抗重力筋《こうじゅうりょくきん》も鍛えられる

異なるタイプの筋肉を一緒に鍛える階段トレーニングならではの効率性

筋肉にはそれぞれまたいでいる関節を動かす働きがありますが、関節を動かす目的によって「推進筋《すいしんきん》タイプ」と「抗重力筋《こうじゅうりょくきん》タイプ」にわけられます。

推進筋は歩いたり走ったり、体を移動させる動きへの働きが大きい筋肉。それに対して、抗重力筋は直立姿勢を維持したり、体のバランスを調節したりする動きへの働きが大きい筋肉になります。大腿四頭筋《だいたいしとうきん》（→P.34）や腸腰筋《ちょうようきん》（→P.40）のような複合筋も構成する筋肉を推進筋タイプと抗重力筋タイプ

大腰筋《だいようきん》（推進筋）

腸腰筋の中でも大腰筋は大腿骨（太ももの骨）を引きつけて脚を前方に振る動きへの働きが大きい推進筋。

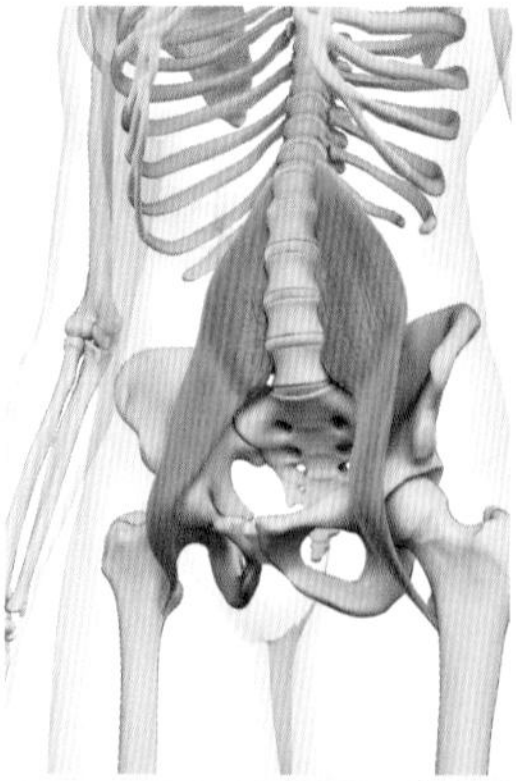

腸骨筋《ちょうこつきん》（抗重力筋）

腸腰筋の中でも腸骨筋は骨盤を引きつけて姿勢を維持したりバランスを調節したりする働きが大きい抗重力筋。

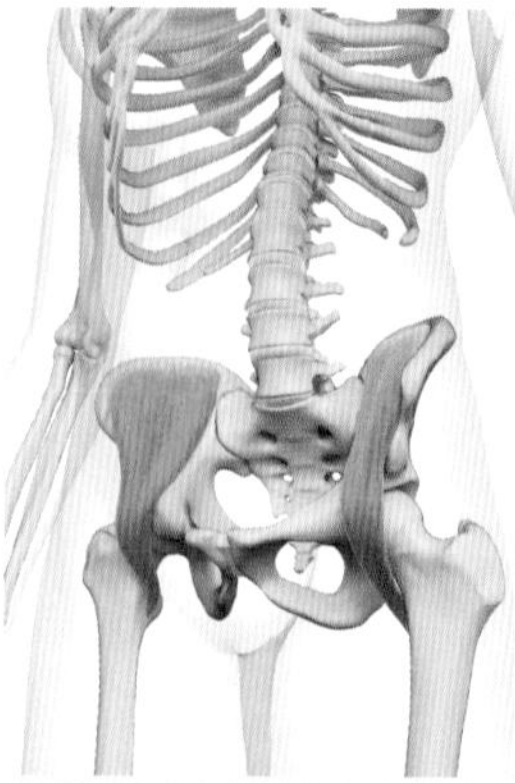

にわけることができます。また抗重力筋タイプの筋肉には関節で連結している骨と骨を引きつけて、関節の結合を安定させる重要な働きもあります。推進筋を強化すれば機能性の高い体となり、抗重力筋を強化すれば骨格のバランスや姿勢が矯正されます。

階段では、重力に逆らって体を持ち上げながら上《のぼ》っていくため、姿勢やバランスを維持する動きと体を移動させる動きが同時進行で行われます。つまり推進筋と抗重力筋を一緒に鍛えられるというわけです。これも階段トレーニングの大きな特徴です。

「階段上り」では足を高く上げるため、脚を動かしながら姿勢を維持したりバランスを調節したりする動きも同時に行われる。

下半身の推進筋と抗重力筋

推進筋タイプ	抗重力筋タイプ
※大殿筋は推進筋としての働きも強い	大殿筋《だいでんきん》
大腿直筋《だいたいちょっきん》 （大腿四頭筋《だいたいしとうきん》）	広筋群《こうきんぐん》 （大腿四頭筋）
長内転筋《ちょうないてんきん》、大内転筋《だいないてんきん》 （内転筋群《ないてんきんぐん》）	短内転筋《たんないてんきん》 （内転筋群）
大腿二頭筋《だいたいにとうきん》の長頭《ちょうとう》、半腱様筋《はんけんようきん》、半膜様筋《はんまくようきん》 （ハムストリング）	大腿二頭筋の短頭《たんとう》 （ハムストリング）
大腰筋《だいようきん》 （腸腰筋《ちょうようきん》）	腸骨筋《ちょうこつきん》 （腸腰筋）
腓腹筋《ひふくきん》	ヒラメ筋
	中殿筋《ちゅうでんきん》

「階段上《のぼ》り」によって消費されるエネルギー量

下半身の筋肉が総動員される階段上《のぼ》りはエネルギー消費も大きい

全身の筋肉量の約70％を占めている下半身の筋肉が総動員される「階段上《のぼ》り」は、平地を歩くより1歩ごとに消費されるエネルギーが大きくなります。

（財）日本体育協会（現日本スポーツ協会）の報告によると、1分間の階段上りで消費されるエネルギーは「0・135㎉×体重（kg）」となっています。1段を1秒のペースで上った場合、1段上るごとに標準体重の男性であれば0・15㎉、標準体重の女性であれば0・12㎉を消費できる計算になります。

「階段上り」のエネルギー消費量

（出典：日本体育協会スポーツ科学委員会）

●階段上り（1分間）のエネルギー消費量

0.135kcal × 体重(kg)

↓

●階段1段を1秒のペースで上った場合

体重67kgの男性＝1段で0.15kcal消費

体重53kgの女性＝1段で0.12kcal消費

※男性と女性の体重は、「国民健康・栄養調査（平成28年）」（厚生労働省）における18〜29歳、30〜49歳の平均体重から平均値を算出

10段の階段を10回上れば100段の階段を上るのと同じ

一般的に階段を上る際は1段を1秒前後のペースで上っています。1秒より少し遅いペースで上っても、標準的な体格の人であれば男女とも1段上るごとに0・1kcal以上は消費できると考えられます。

つまり階段を100段上れば10kcal程度を消費できることになります。100段の階段を上るのはなかなかハードですが、**日常生活の中でエスカレーターやエレベーターを使わないようにするだけで、おのずと毎日数百段もの階段を上ることになるはずです。**

ジョギングやウォーキングのように長時間運動したほうが、体脂肪をエネルギーとして燃焼する効率は高まりますが、エネルギーの消費量は100段の長い階段を上っても、10段の階段を10回上っても同じです。ダイエットしたい人は1日の中でできるだけ階段をたくさん上るように心がけ、エネルギーの消費量を増やすことが最大のポイントとなります。

「階段上り」のエネルギー消費量の計算式（目安）

0.1kcal × 上った段数

移動距離が同じでもエスカレーターやエレベーターに乗っている間は運動による消費エネルギーがゼロ。しかし階段を上れば10段でおおよそ1kcalが消費できる。エスカレーターを一切使わず階段を上るだけで1日あたりのエネルギー消費量には大きな差が出る。

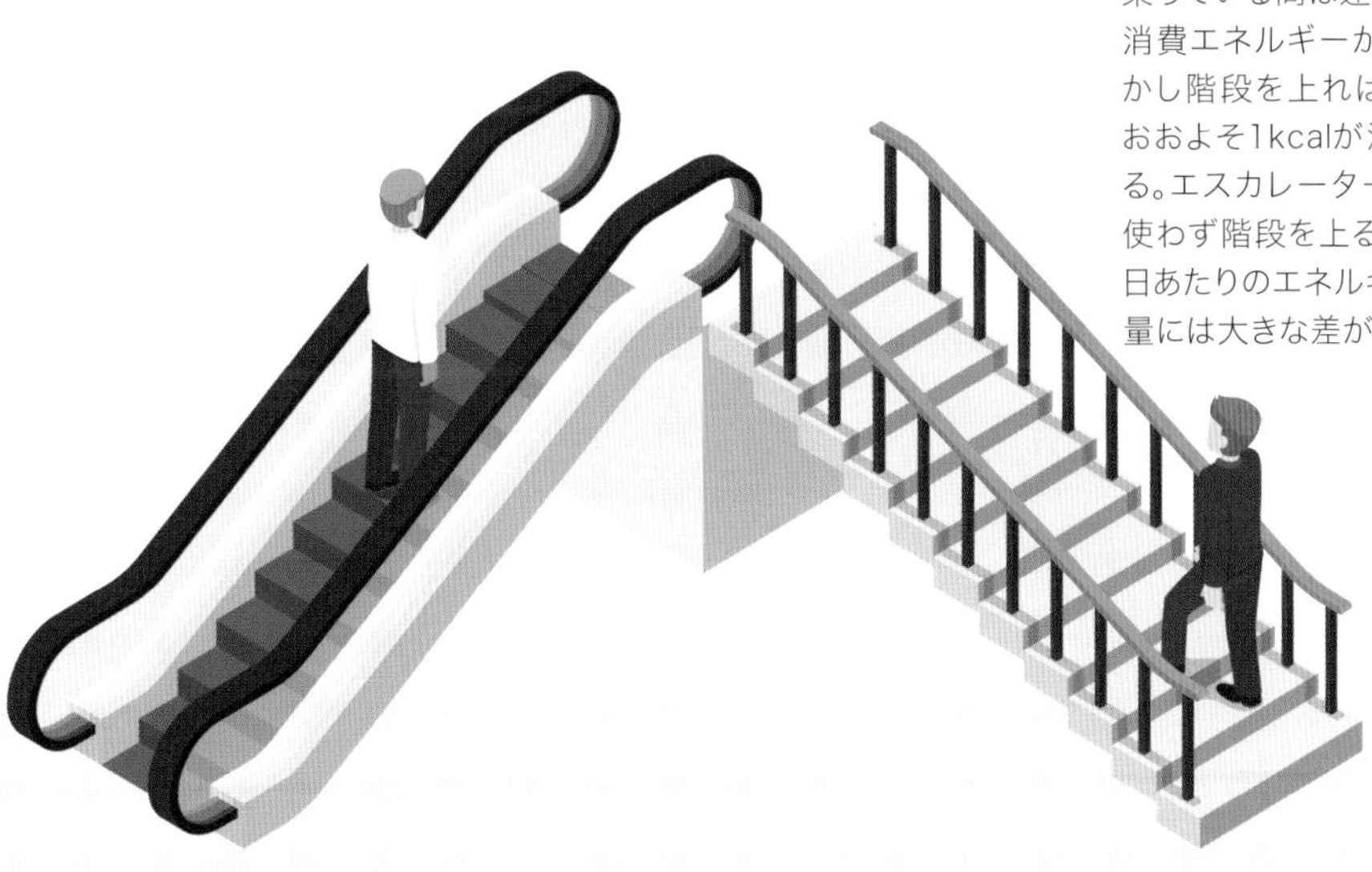

階段トレーニングは毎日実施してもOK

ジムでのハードな筋トレのように筋肉の回復期間を設ける必要はなし

ボディビルダーは筋肉を効率よく成長させるために、鍛えて疲労した筋肉に対して回復期間を与えます。同じ筋肉を鍛えるのはだいたい週に1～2回。同じ筋肉を毎日鍛えることはほとんどありません。

しかし、「階段トレーニング」では筋肉の回復期間を設ける必要なし。階段を上る運動には筋肉が限界まで追い込まれるほどの負荷強度はないので、むしろ毎日行ったほうが筋肉の成長につながります。

ただし、80段以上もの長い階段を一気に上《のぼ》る場合は

女性は体質的に男性より筋肥大しにくいため、階段上りのレベルの負荷強度であれば毎日行っても脚が太くなる心配はない。脂肪が落ちて適度に筋肉がつき、メリハリのある脚線美が生まれる。

階段を上ると
脚が太くなる
イメージが
あるのよね

負荷が大きいので毎日実施しなくてもいいでしょう。週1〜2回行うだけでも効果的です。

女性がトレーニングをする場合、「筋肉は鍛えたいけど脚が太くなるのは嫌」という人もいます。女性は男性に比べて体質的に筋肉が太くなりにくいため、階段を上る程度のトレーニングで脚がそこまで太くなることはありません。毎日走り込んでいる陸上競技の中・長距離選手を見ても脚は筋肉質でありながら決して太くはなくスラリとしています。

階段で下半身を鍛えれば、お尻や太ももにバランスよく筋肉がつき理想的な脚線美が形成されます。

高負荷で筋肉を追い込むハードな筋トレの後は、疲労した筋肉に対して数日間の回復期間を設けるのが一般的。

毎日トレーニングを実施しても筋肉が成長することは体操選手の筋骨隆々の体が証明している。体操選手は毎日のように競技練習で体重を支える腕や肩、背中の筋肉に強い負荷をかけているため筋肉はしっかり太く成長している。

陸上競技の中・長距離の選手は毎日走り込んでいるものの、引き締まったしなやかな脚の選手が多く、筋肉がついても脚はそこまで太くならない。

美尻も美脚も筋肉でつくられる

やせて細くなるだけでは美しいお尻や脚にならない

欧米の女優やモデルは筋力トレーニングを積極的に行っています。美しいボディラインはただ細くやせるだけでは形成されません。美尻も美脚もバランスよく筋肉をつけることで形成されるのです。

お尻は大殿筋《だいでんきん》や骨盤を前傾させる腸骨筋《ちょうこつきん》を鍛えることで理想のヒップラインがつくられます（※第3章を参照）。脚も同様に太ももの大腿四頭筋《だいたいしとうきん》やハムストリング、内転筋群《ないてんきんぐん》などをバランスよく鍛えることでメリハリのある脚線美が生まれるのです。

ヒップアップした美尻もメリハリのある美脚もお尻や脚にバランスよく筋肉がついていることで美しいラインが形成されている。

第3章

「お尻」の働きを理解しよう

階段トレーニングの基本は「お尻」と「股関節」を鍛えること。股関節や骨盤を動かす筋肉をバランスよく強化することにより骨盤の歪みが矯正され、ヒップラインも格段に美しくなります。

お尻の筋肉が使えず衰えやすい日本人

人間の直立姿勢を支えている大殿筋《だいでんきん》の「抗重力筋《こうじゅうりょくきん》」としての働き

お尻の「大殿筋《だいでんきん》」は人体で最大の筋肉であり、男性も女性も大きな大殿筋をもっています。筋トレで鍛えているわけでもないのになぜ大殿筋は大きく発達しているのでしょうか。それは大殿筋が股関節を伸ばす力（股関節の伸展力）を発揮して上体（上半身）が前方へ倒れないように支えているからです。大殿筋がなければ人間は立つことも歩くこともできません。このように大殿筋には重力に抗《あらが》って直立姿勢を維持する「抗重力筋《こうじゅうりょくきん》」としての働きもあるのです。

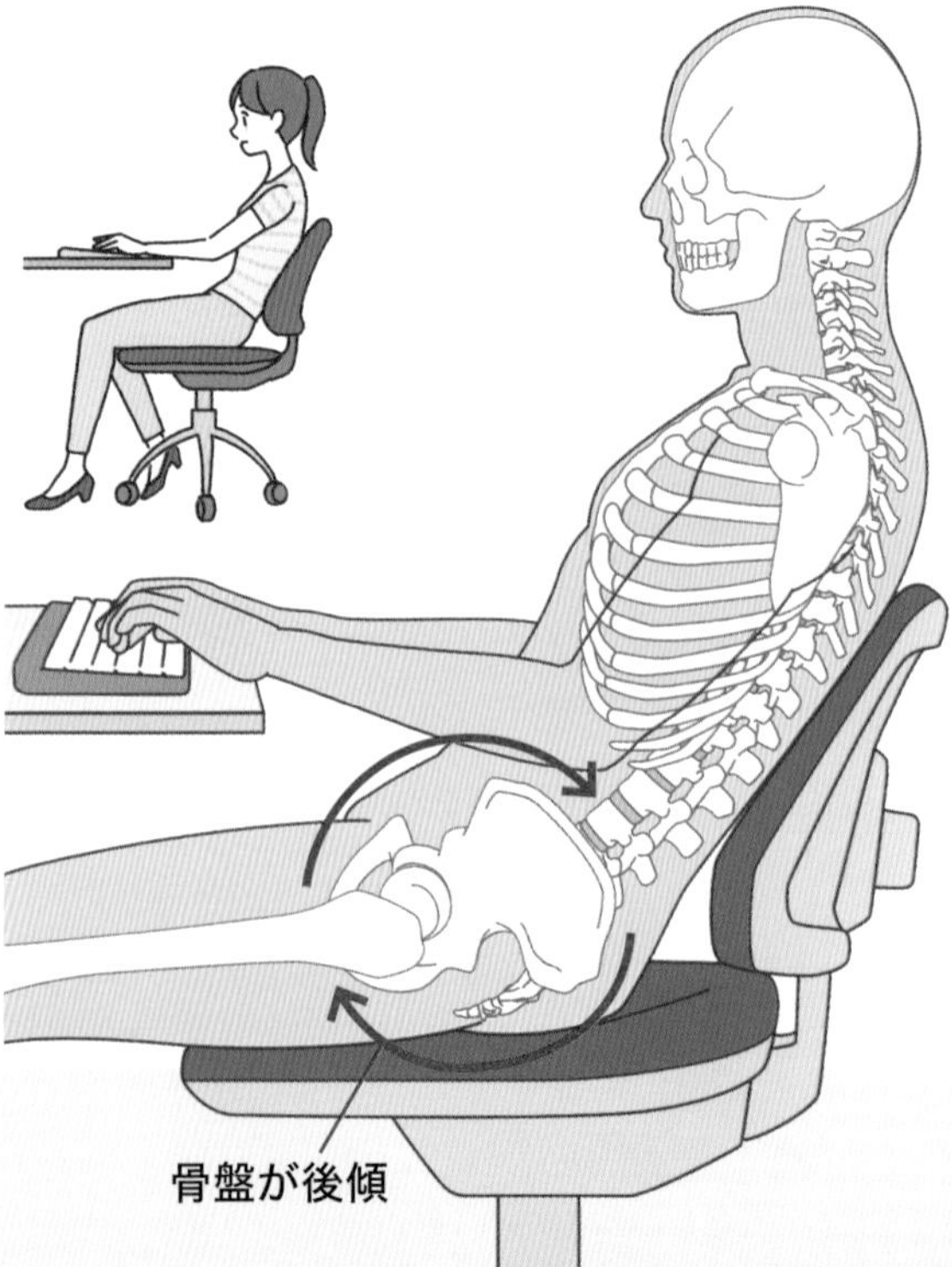

イスに座っている時間が長い人は骨盤が後傾しやすい。特に背もたれにもたれて座っている体勢は骨盤が後傾しやすくなる。

骨盤の前後の傾きによってお尻の「成長」or「衰え」が決まる

大殿筋が股関節の伸展力を発揮し、抗重力筋として機能するためには、骨盤が正常な角度で前傾していなければなりません。前傾した骨盤が重力を受けることで股関節の伸展力が発揮されます。

しかし、現代人はイスに座っている時間が長いため、骨盤が歪んで後傾している人も多くなっています。特に日本人は欧米人より体型的に骨盤の前傾が浅いことから、より後傾しやすい傾向にあります。

骨盤が後傾したまま硬直してしまうと大殿筋の抗重力筋としての働きは失われ、筋肉は衰えてしまいます。大殿筋が衰えるとお尻が垂れたりブヨブヨになったりするだけでなく、骨格の歪みや腰痛、ヒザ痛などにもつながります。さらに衰えが進行すると立ったり歩いたりする動作にも影響がおよびます。

外見面でも健康面でも理想の「お尻」をつくるには骨盤を前傾させることが最優先といえるでしょう。

前傾した正常な骨盤

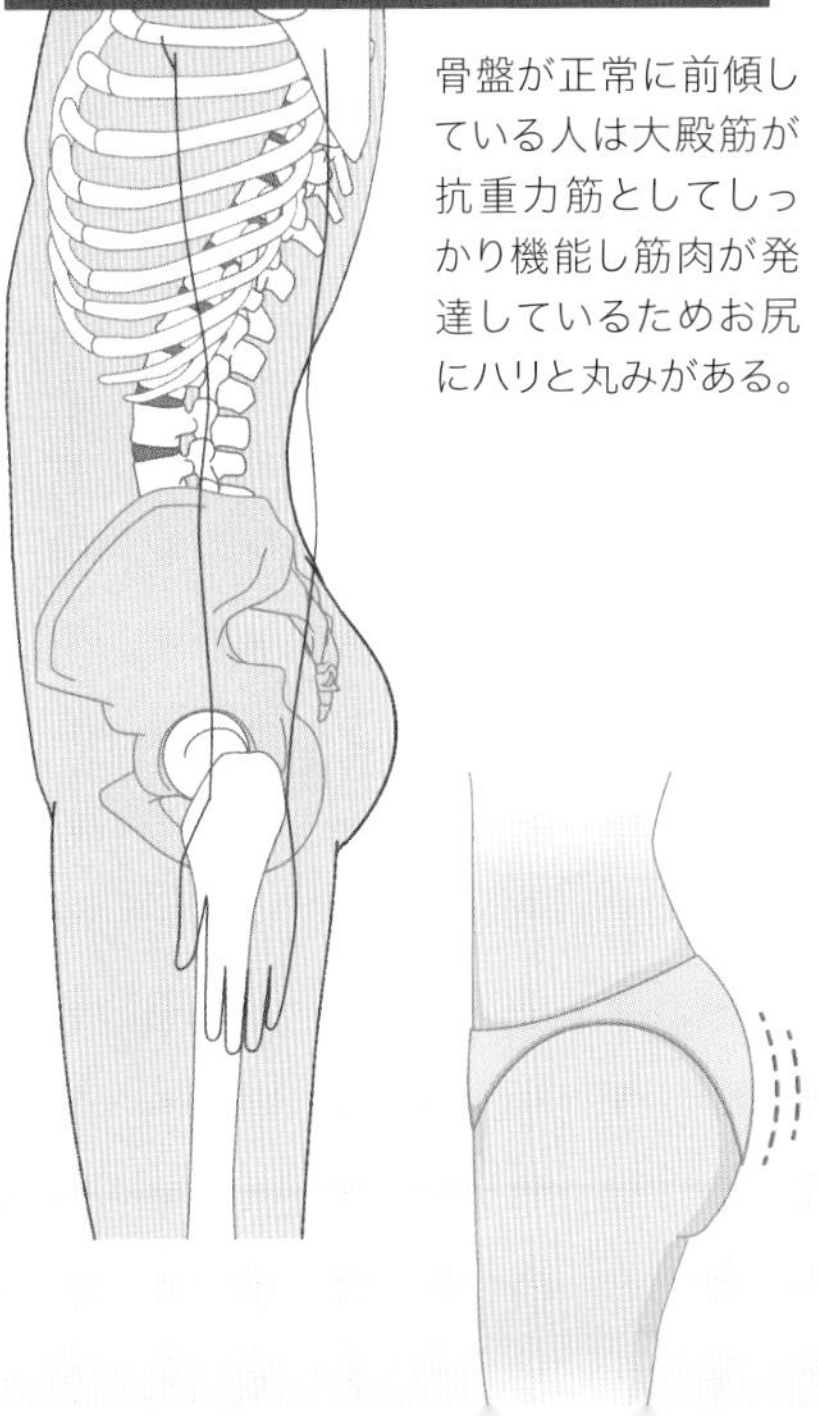

骨盤が正常に前傾している人は大殿筋が抗重力筋としてしっかり機能し筋肉が発達しているためお尻にハリと丸みがある。

後傾して歪んだ骨盤

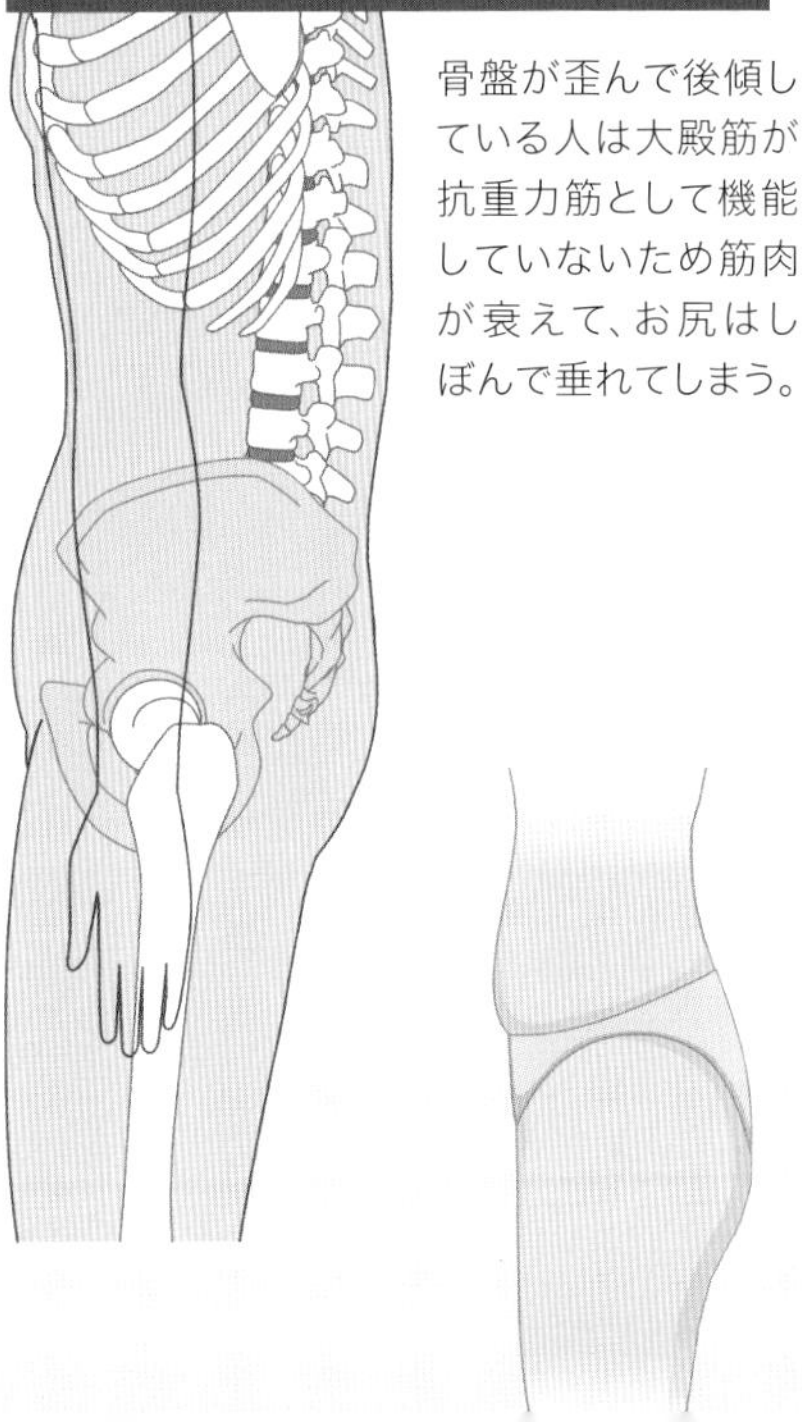

骨盤が歪んで後傾している人は大殿筋が抗重力筋として機能していないため筋肉が衰えて、お尻はしぼんで垂れてしまう。

骨盤の傾きをチェック

「お尻」の3つのタイプを骨盤の前後の傾きで分類する

階段トレーニングを始める前に、まずは骨盤の傾きをチェックしましょう。骨盤が後傾している人は骨盤の前傾を意識して階段を上《のぼ》らないと効果は半減します。しかし、自分の体を鏡に映してみても骨盤の傾きは外見からだとなかなか確認できません。

そんな人のために、骨盤の傾きをセルフチェックする方法があります。まず壁に背中を向けて立ち、両足をコブシ1個分だけ開きます。そこから壁に向かって後ずさりをして、体の一部が壁に触れたらチェック開始（※P.57のイラストを参照）。このチェックによって「お尻」を3タイプに分類できます。

前傾した骨盤の大殿筋《だいでんきん》

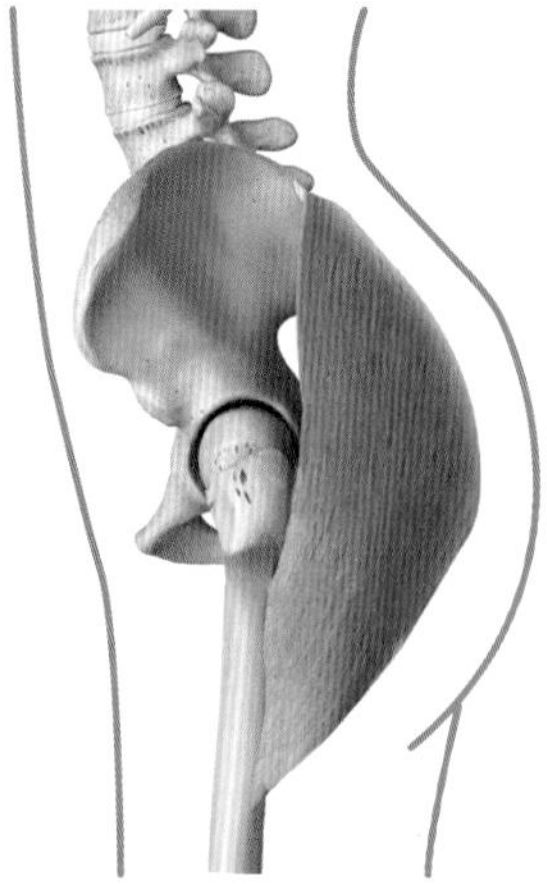

骨盤が正常に前傾している人は、大殿筋《だいでんきん》が抗重力筋として機能し、筋肉が発達しているため理想的なヒップラインが形成される。

後傾した骨盤の大殿筋《だいでんきん》

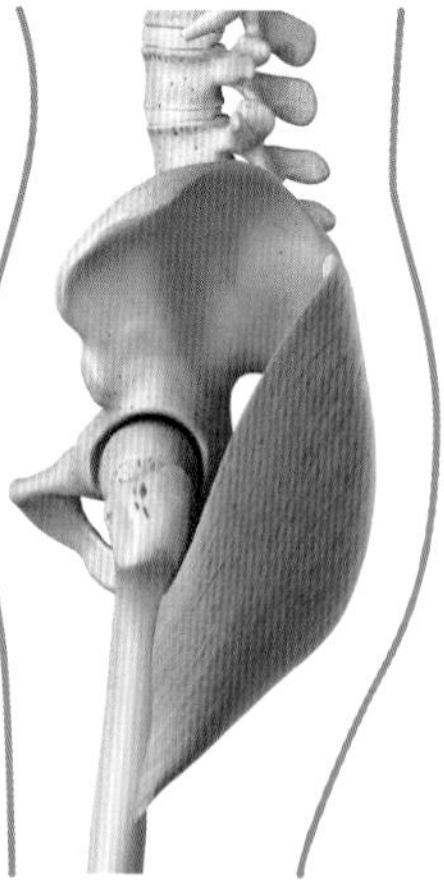

骨盤が後傾すると大殿筋が抗重力筋として機能せずに衰えていく。骨盤が後傾すると大殿筋は筋肉の両端が近づき弛んでしまう。

お尻だけが壁につく ▶

❶ あひるタイプ

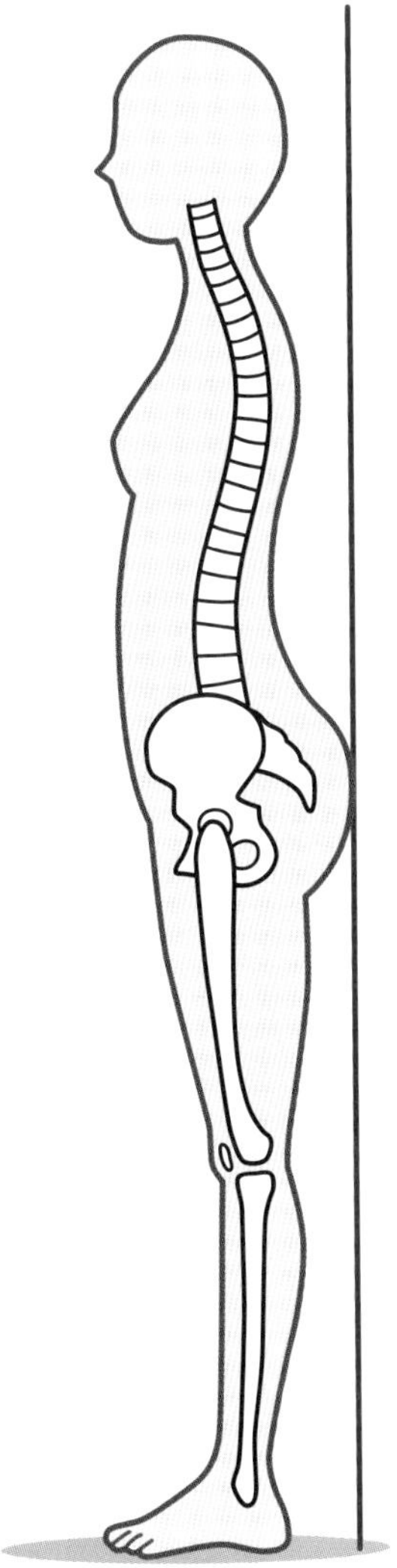

骨盤が正常な角度で前傾 背骨のS字カーブも正常

壁にお尻だけがつく人は「あひるタイプ」。骨盤は正常に前傾しているため、お尻が後ろへ突き出るように丸々と発達している。骨盤が前傾することで脊柱《せきちゅう》（背骨）のS字カーブも正常に形成され、腰（腰椎《ようつい》）に適度な反りがある。日本人で「あひるタイプ」の人は少数派になる。

丸み・厚みのあるお尻

骨盤が前傾していてお尻の大殿筋をしっかり使えるため、お尻にボリュームのある丸みや厚みが形成されている。ヒップアップの理想型。

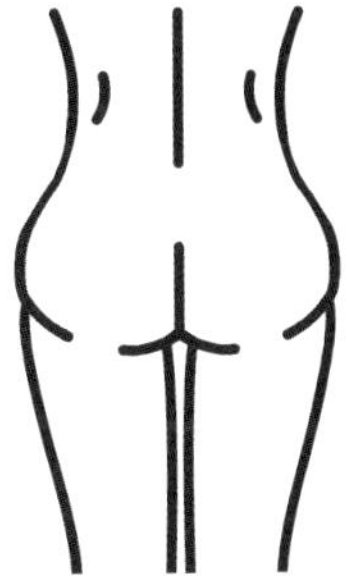

女性は内股《うちまた》に要注意

女性は骨盤の形状的に前傾すると内股になりやすい。内股気味の人はお尻側部の中殿筋《ちゅうでんきん》の強化が有効。中殿筋は階段上りで鍛えられる。

背中とお尻が
壁につく ▶

② 洋 梨タイプ

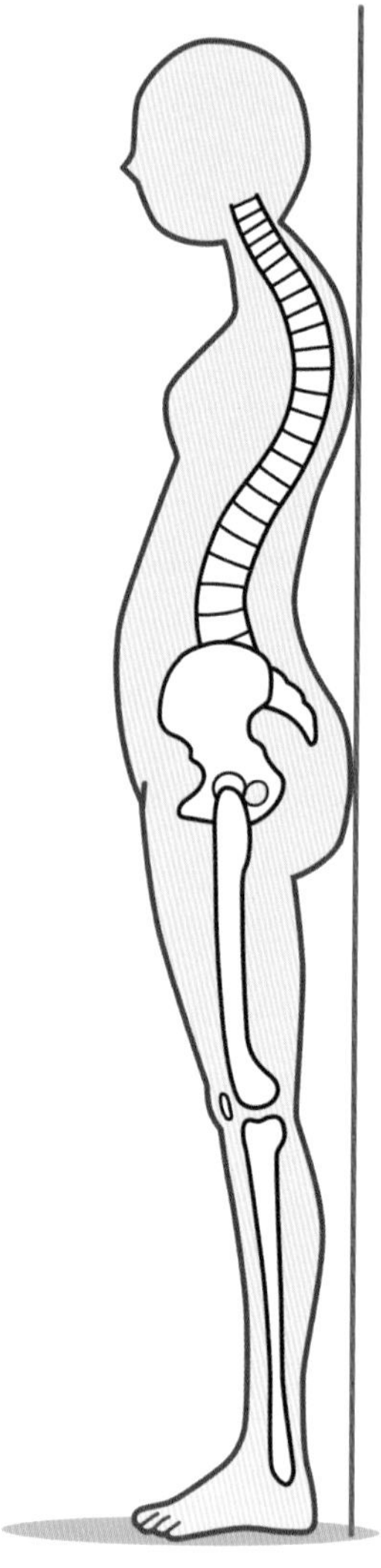

骨盤の前傾が浅いために猫背気味で腰の反りを圧迫

壁に背中とお尻がつく人は「洋梨タイプ」。骨盤の前傾が浅いためお尻はやや衰えている。お尻の形も洋梨のように垂れ気味。骨盤の前傾が浅いことで脊柱《せきちゅう》(背骨）のＳ字カーブが歪み、猫背になりやすい。猫背の影響で腰（腰椎《ようつい》）の反りが大きくなる。日本人に多いタイプ。

丸みはあるが垂れ尻

骨盤がやや前傾していて、お尻の大殿筋《だいでんきん》も多少使えているためお尻に丸みはあるが、前傾が浅いためお尻は全体的に垂れている。

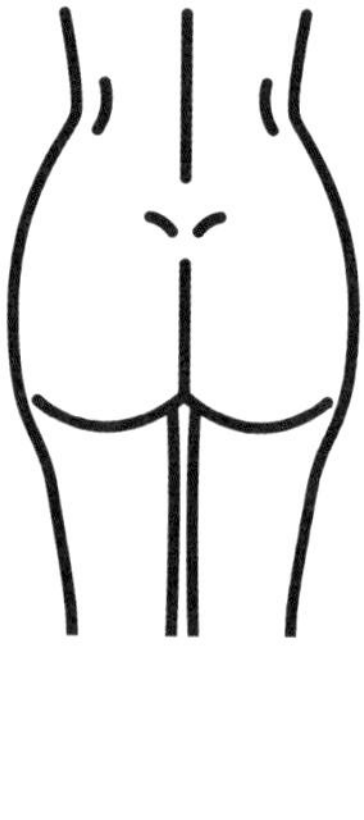

腰痛になりやすい

背中の上部が猫背になるため腰の反りに重力がかかって圧迫される。腸腰筋《ちょうようきん》を強化して骨盤を正しい角度に前傾させることが重要。

**腰と壁との
すき間が狭い** ▶

③ 扁 平タイプ

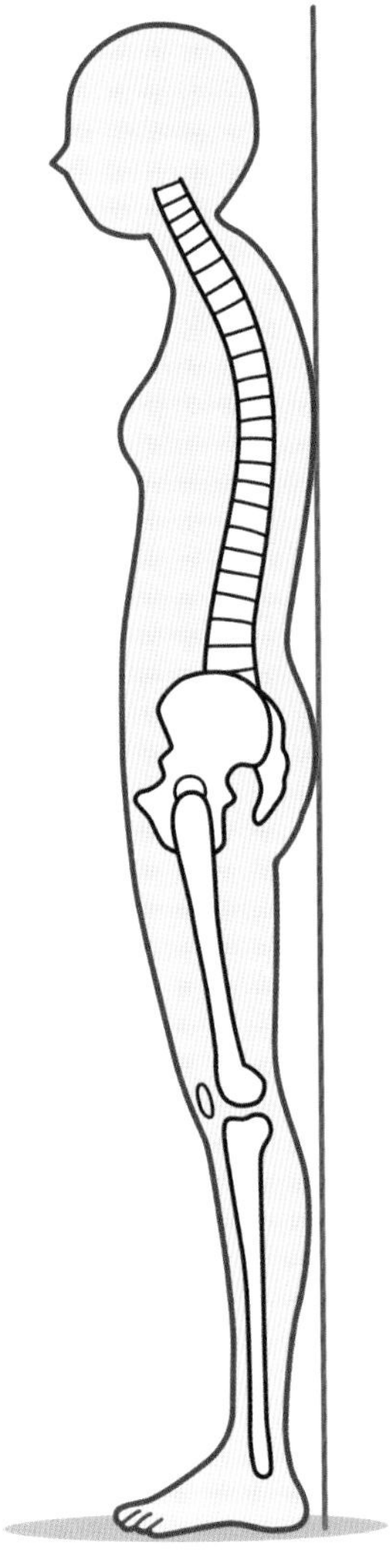

骨盤が後傾した状態で硬直
背骨もカーブを失い直線に

壁に背中とお尻がつき、壁と腰のすき間が狭い人は「扁平タイプ」。骨盤が後傾しているためお尻は衰えてしぼんでいる。お尻の形も洋梨のように垂れ気味。骨盤が後傾することで脊柱のS字カーブが失われ、直線に近くなっている。「洋梨タイプ」と並んで日本人に多いタイプ。

丸みがなく四角いお尻

骨盤が後傾していてお尻の大殿筋が働かず衰えているため、お尻に丸みがなく全体的に四角っぽい。お尻と太ももとの境目が曖昧。

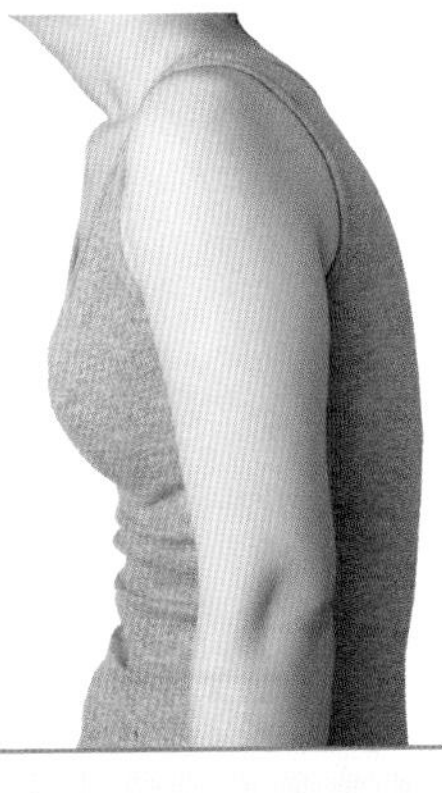

猫背になりやすい

背骨のカーブがなくなり真っすぐになると頭部の重みで背中が丸まりやすい。腸腰筋の強化で骨盤を正常に前傾させることが必要。

後傾した骨盤は「階段上《のぼ》り」で矯正できる

腸骨筋《ちょうこつきん》を鍛えることによって骨盤の歪みは正常に戻せる

「骨盤の傾きチェック（↓P.56〜59）」で「洋梨タイプ」や「扁平タイプ」だった人は、骨盤の傾きを矯正する必要があります。骨盤を前傾させるには腸腰筋《ちょうようきん》のひとつである「腸骨筋《ちょうこつきん》」の強化が不可欠。抗重力筋《こうじゅうりょくきん》として骨盤を引きつける役割のある腸骨筋を強化することで、後傾した骨盤もしっかり引きつけられて前傾します。腸骨筋には大腰筋《だいようきん》とともに股関節を曲げて脚を前方に持ち上げる働きがあるため、階段を上《のぼ》れば自然に鍛えられます（↓P.40）。

骨盤の前傾を保つ腸骨筋の働き

股関節をまたいで骨盤前面と大腿骨をつないでいる筋肉。骨盤を引きつけて骨盤の前傾を維持する働きがある。

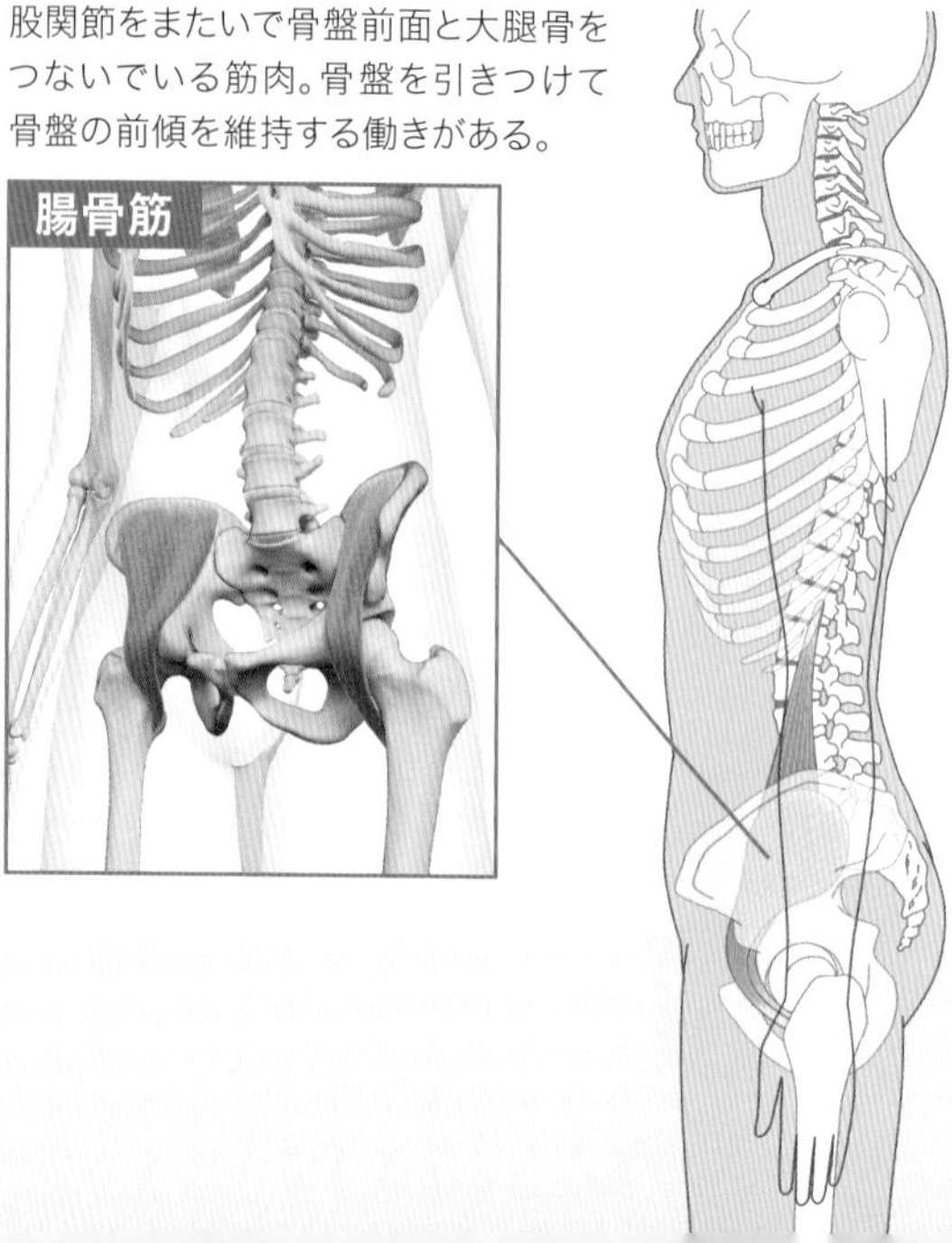

「階段上《のぼ》り」では足を高く上げるため骨盤を前傾させる腸骨筋が鍛えられる

腸骨筋は体の深部にあるためトレーニングの対象になりにくい筋肉。スポーツジムなどで筋トレに励んでいても腸骨筋は鍛えられていないという人が少なくありません。そんな腸骨筋も実はお尻の大殿筋《だいでんきん》と同様に重要な「抗重力筋《こうじゅうりょくきん》」であり、股関節を曲げて骨盤を前傾させる腸骨筋と、股関節を伸ばして働いている骨盤の前傾角度を調節する大殿筋が拮抗《きっこう》して働いているため、骨盤の前傾が正常に維持されるのです。

お尻の大殿筋だけを鍛えていても骨盤は前傾せず、美尻にもなれません。しかし、「階段上《のぼ》り」では、股関節を曲げて脚（太もも）を高く上げる腸骨筋と、股関節を伸ばして体を持ち上げる大殿筋をバランスよく一緒に鍛えることができます。

階段上りの
効果って
すごいのね

「階段上り」では必ず腸骨筋が使われる

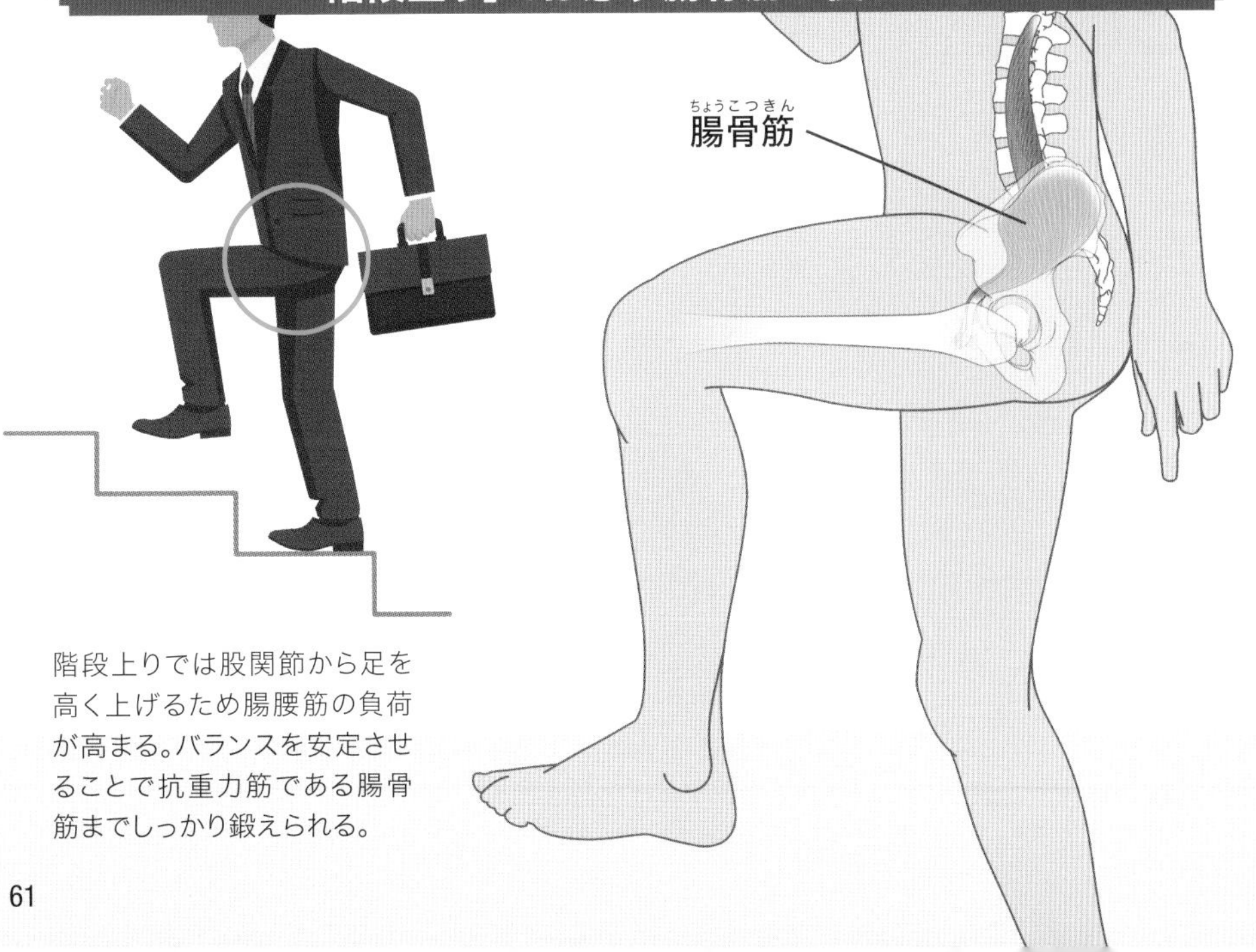
腸骨筋《ちょうこつきん》

階段上りでは股関節から足を高く上げるため腸腰筋の負荷が高まる。バランスを安定させることで抗重力筋である腸骨筋までしっかり鍛えられる。

スクワットでは骨盤矯正もヒップアップもできない

腸骨筋《ちょうこつきん》を強化できないスクワットでは後傾した骨盤は前傾させられない

「スクワット」は足腰を鍛えるトレーニングとしても、美尻をつくるトレーニングとしても人気が高く、一生歩ける体を目指す高齢者にも推奨されています。最近ではスクワットを解説した実用書も数多く出版され、多くの人が実践する運動となりました。

確かにスクワットをすればお尻の大殿筋《だいでんきん》や太もも前面の大腿四頭筋《だいたいしとうきん》といった下半身の主要な筋肉を鍛えることができます。しかし、スクワットだけでは〝理想のお尻〟をつくることはできません。なぜな

スクワットの注意点 ❶ ヒザ

ヒザが前方に出すぎるとヒザ関節に体重が乗って過度な負担がかかる。ヒザはつま先より少し前に出る程度で。ヒザに体重が乗るとヒザ関節主体で立ち上がるため太もも前面に負荷が集まる。

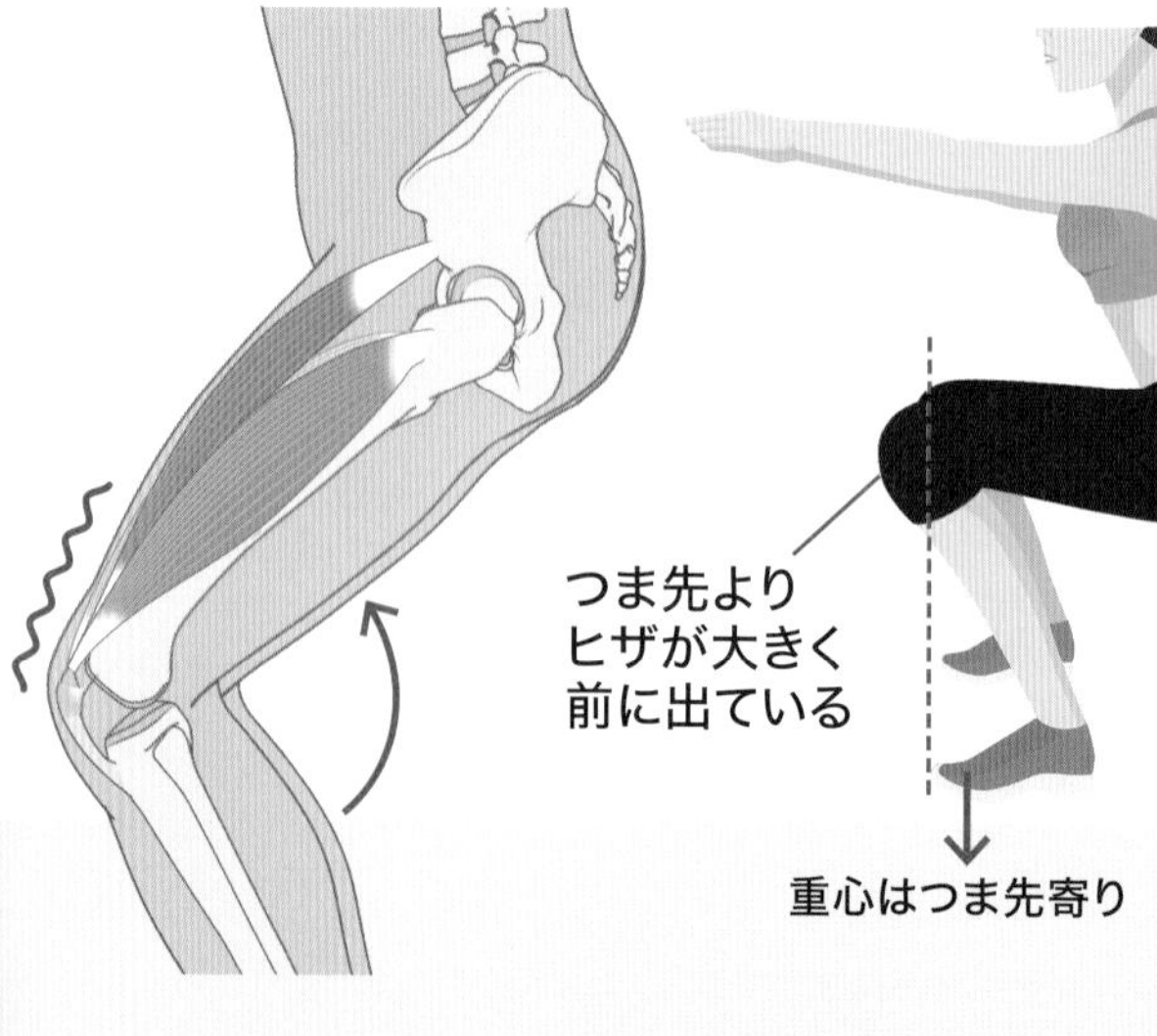

つま先より
ヒザが大きく
前に出ている
重心はつま先寄り

らスクワットでは腸骨筋《ちょうこつきん》が鍛えられないからです。
P.60～61でも解説したように、美尻をつくるにはお尻の土台である骨盤を正常に前傾させることが最優先。後傾した骨盤を矯正したり、骨盤の前傾を維持したりするためには腸骨筋も鍛える必要があります。
スクワットはしゃがんだ体勢から立ち上がる運動であり、「階段上《のぼ》り」のように脚（太もも）を持ち上げる動きはありません。ゆっくりしゃがむことで腸骨筋にも多少の負荷はかかりますが強化するには不十分。骨盤が後傾している人がやみくもにスクワットをしても骨盤を前傾させることはできません。逆にヒザや腰を痛めてしまうリスクもあるのです。

スクワットだけではダメなのね

スクワットの注意点 ② 骨盤の前傾・後傾

骨盤が後傾している人は腰（腰椎《ようつい》）の反りがなかったり大きかったりするため、スクワットをすると股関節ではなく腰に体重がかかりやすくなる。特にバーベルを担いで行うスクワットでは腰を痛めやすい。

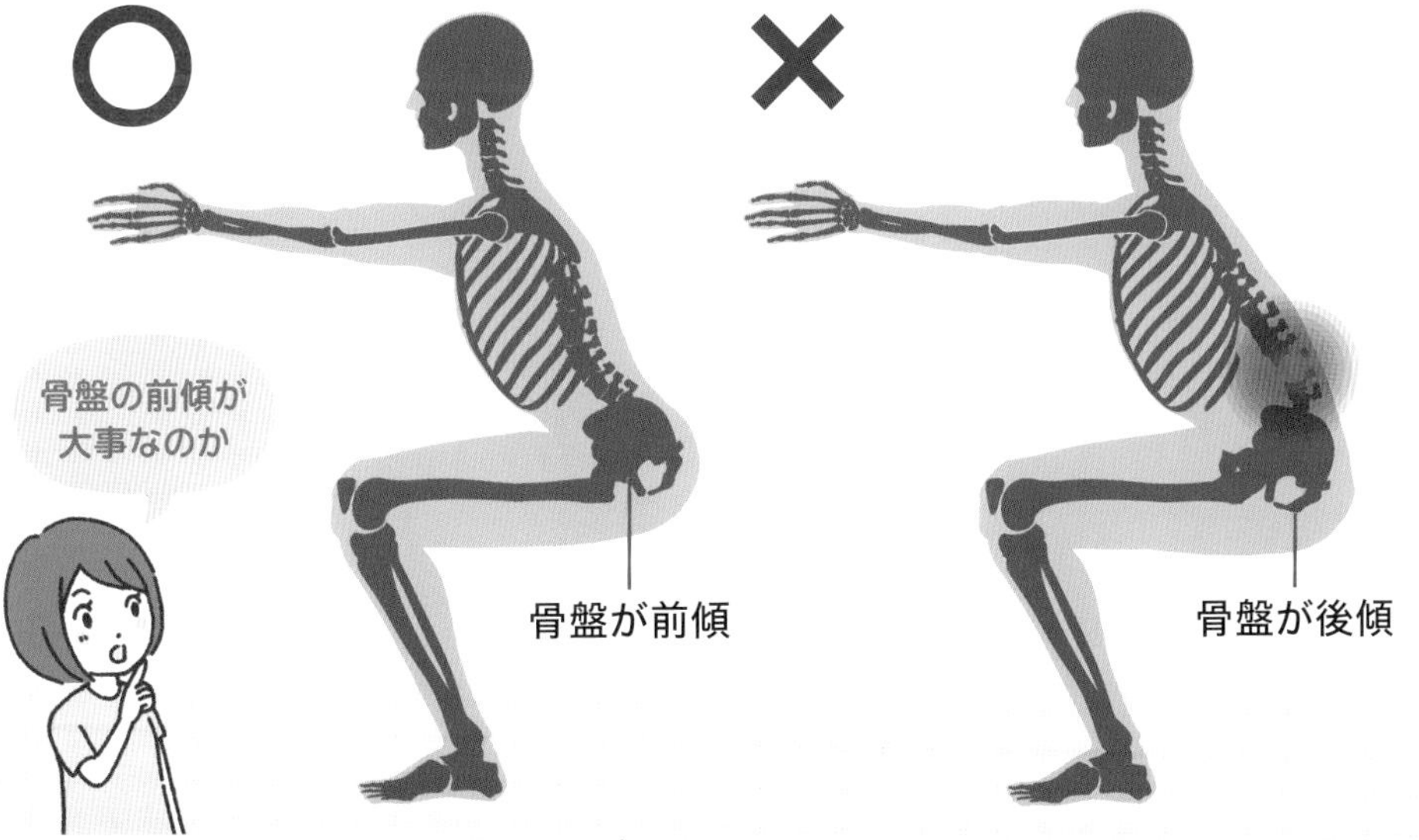
○
×
骨盤の前傾が大事なのか
骨盤が前傾
骨盤が後傾

骨盤が前傾すれば お尻にスイッチが入る

骨盤が正常に前傾することで 日常動作も股関節主体の動きになる

骨盤が前傾すれば、お尻の発達にスイッチが入ります。骨盤が正常に前傾している人は股関節に体重が乗るため、大殿筋《だいでんきん》も腸骨筋《ちょうこつきん》も抗重力筋《こうじゅうりょくきん》として機能します。さらに歩いたり階段を上ったりする日常動作でも股関節主体の動きになるため、股関節を前後に動かす大殿筋と腸骨筋を含む腸腰筋《ちょうようきん》が働きます。どちらの筋肉も「使われやすい」状態になるわけです。階段を上《のぼ》って大殿筋を鍛える場合でも、骨盤が前傾していれば筋肉の発達はより促進されます。

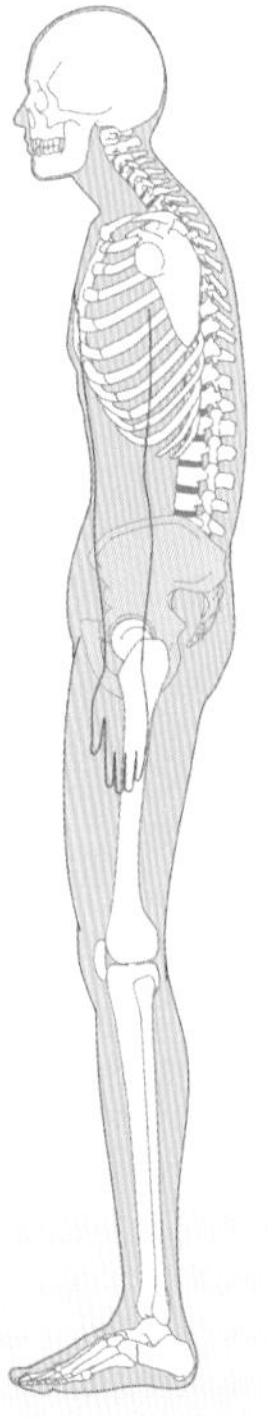

骨盤が後傾＝大殿筋がオフ

骨盤が後傾すると大殿筋が抗重力筋として機能しなくなる。股関節の動きも小さくなるため大殿筋も腸骨筋もさらに衰えてしまう。

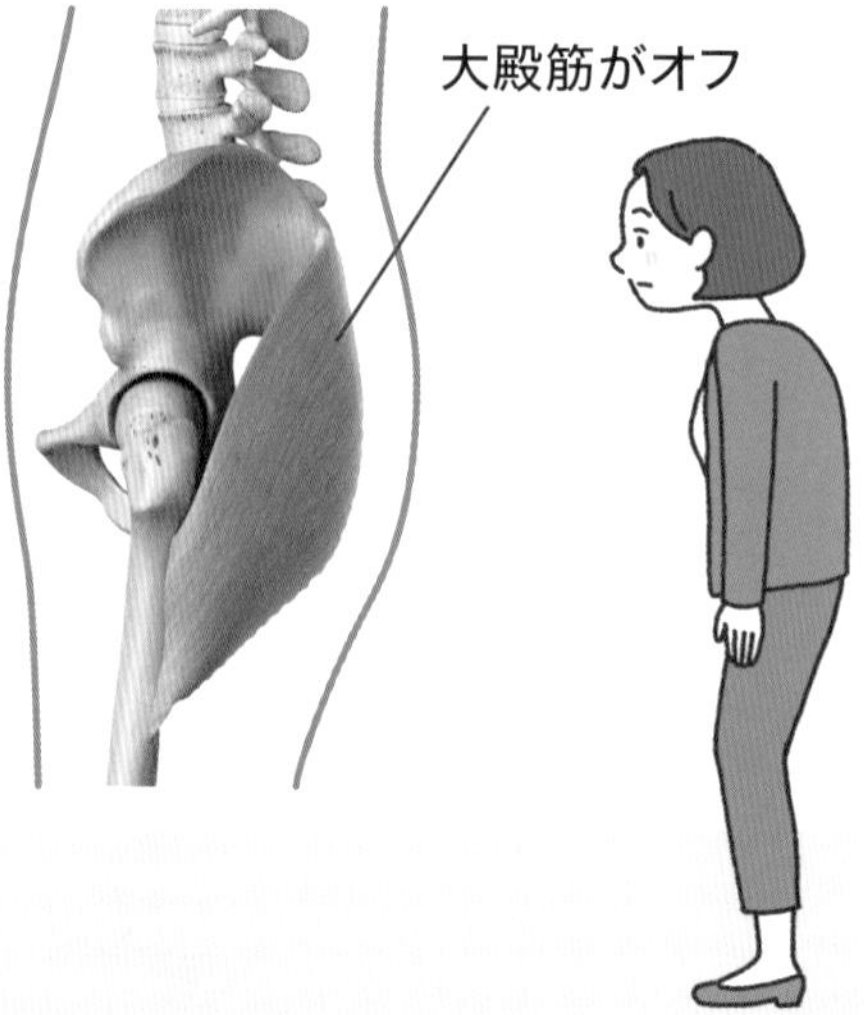

猫背でお尻が小さくなった体は、足腰が衰えた高齢者の体と同じ。

「階段上り」でも股関節主体の動きで上れるため大殿筋と腸腰筋にしっかり負荷がかかる。
歩幅が広がる♪
骨盤が前傾していれば歩行動作でも股関節を大きく動かし大殿筋と腸腰筋がしっかり働く。

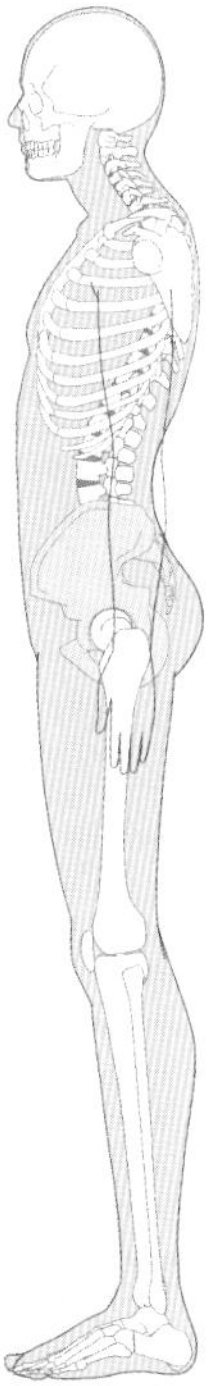

骨盤が前傾＝大殿筋がオン

骨盤が前傾していれば股関節に体重が乗るため、大殿筋は立っているだけでも股関節を伸ばす力（股関節の伸展力）を発揮して抗重力筋として機能する。大殿筋が機能することで拮抗して働く腸骨筋もしっかり働く状態となる。

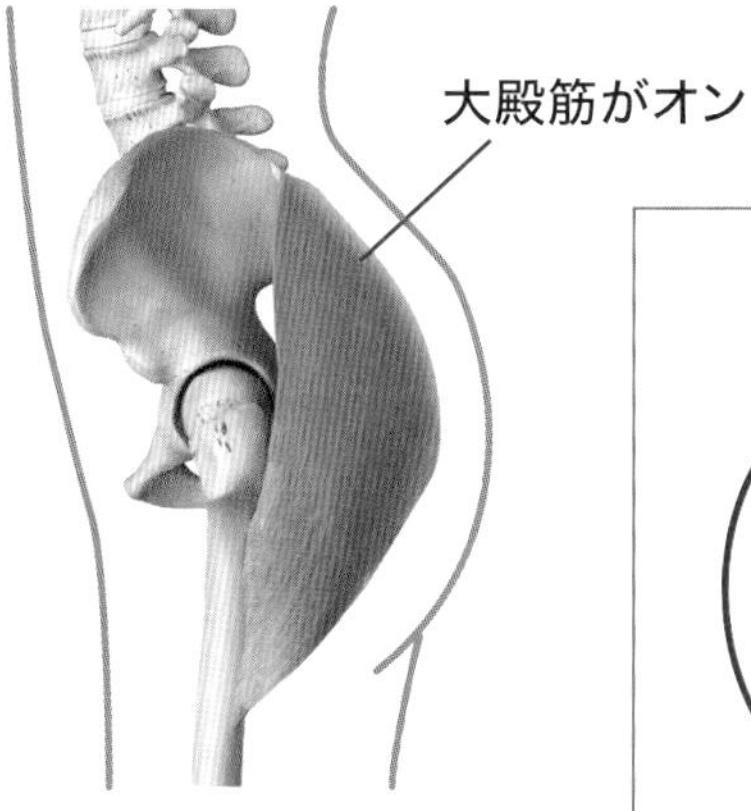
大殿筋がオン

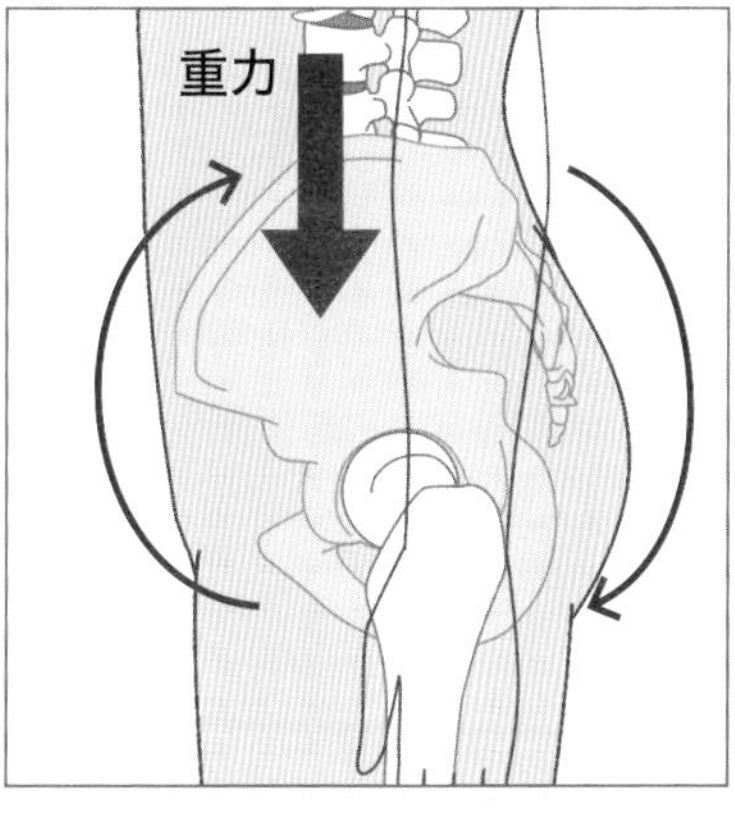
重力

階段でお尻を鍛えればヒザ痛も予防できる

大殿筋《だいでんきん》・中殿筋《ちゅうでんきん》の働きによってヒザ関節にかかる負担を軽減できる

お尻には大殿筋《だいでんきん》だけでなく、中殿筋《ちゅうでんきん》という筋肉も存在します。どちらの筋肉も「階段上《のぼ》り」で鍛えることができますが、この2つのお尻筋は協力して働きながらヒザ痛を防止する役割も果たしています。

大殿筋には股関節から脚を外向きに捻る（股関節の外旋）働きがあり、中殿筋には脚を内向きに捻る（股関節の内旋）働きがあります。また大殿筋の下部は中殿筋とともに内旋動作にも働き、中殿筋の後部も大殿筋の外旋動作に協力して働きます。

大殿筋・中殿筋が足の向きを調節

歩行時に足の向きが外側や内側へ向いていると骨格の歪みやヒザ痛につながる。

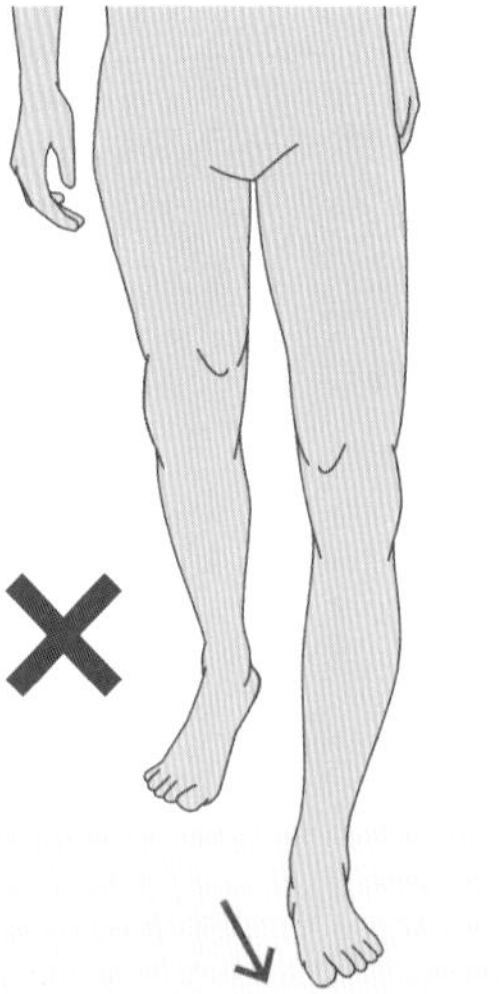
×

足やヒザの向きが真っすぐ前を向いていればヒザ関節に余計な負担はかからない。

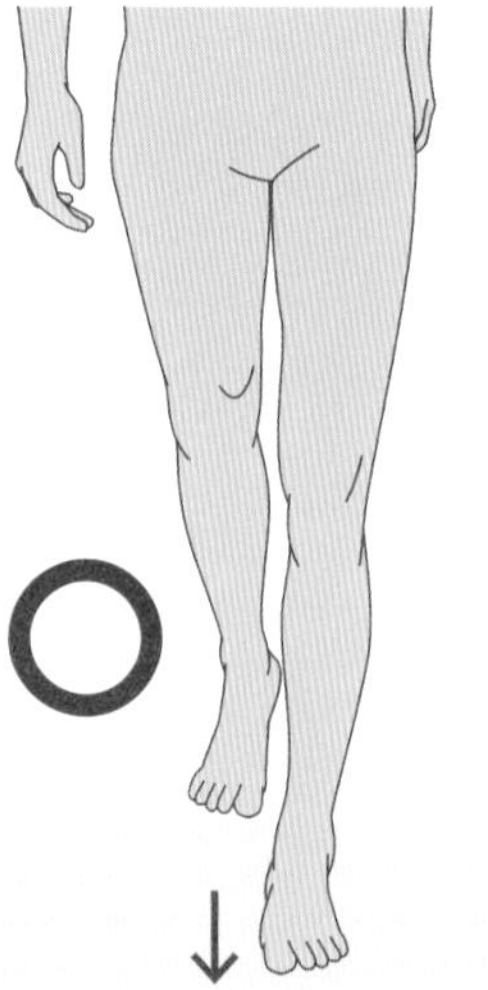
○

足の向きって
重要なんだ

意識的に脚を外旋・内旋することはあまりありませんが、歩行動作や階段を上る動作で脚を振り出す局面では、この外旋動作と内旋動作が拮抗《きっこう》して働き、足（およびヒザ）の向きを調節しています。大殿筋や中殿筋が衰えると足を真っすぐ踏み出せなくなり、ヒザ関節が不適切な角度で体重を受けとめます。これが脚の骨格の歪みやヒザ痛の原因になります。

ヒザ痛を防ぐためには脚の筋肉を鍛えるよりも、お尻の筋肉を鍛えることが有効なのです。

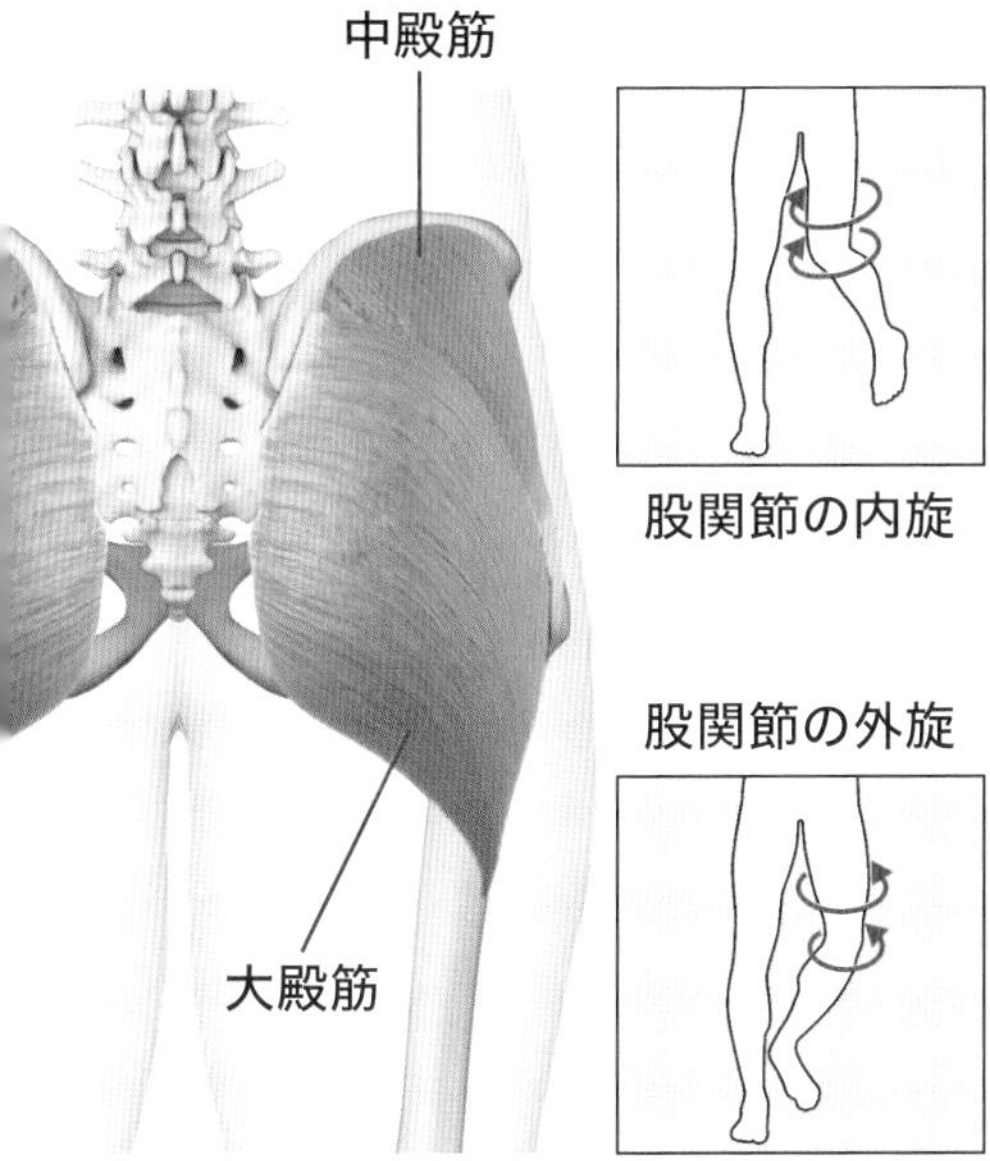
中殿筋
大殿筋
股関節の内旋
股関節の外旋

大殿筋と中殿筋が股関節を内旋・外旋させることで足が真正面を向くように調節している。

ヒザ関節に負担をかける歩行動作の例

広い歩幅では脚を伸ばしたまま股関節を前後に振る動きが主体となるためお尻の筋肉が働く。歩幅が狭いとヒザを曲げ伸ばしする動きが主体となりお尻の筋肉の働きが小さくなる。着地でもヒザ関節に体重がかかるため関節内の軟骨と半月板がぶつかりヒザ痛の原因となる。

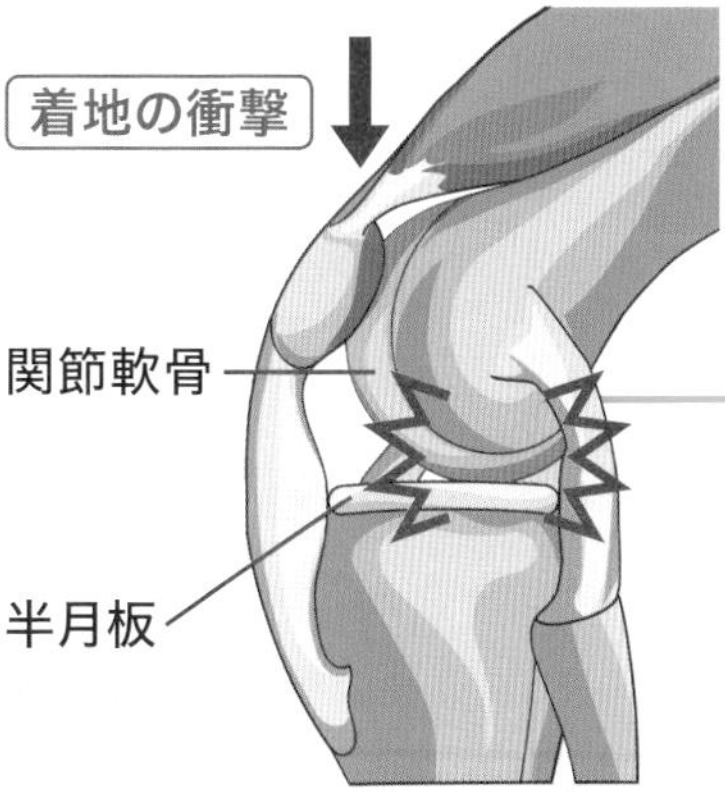
着地の衝撃
関節軟骨
半月板

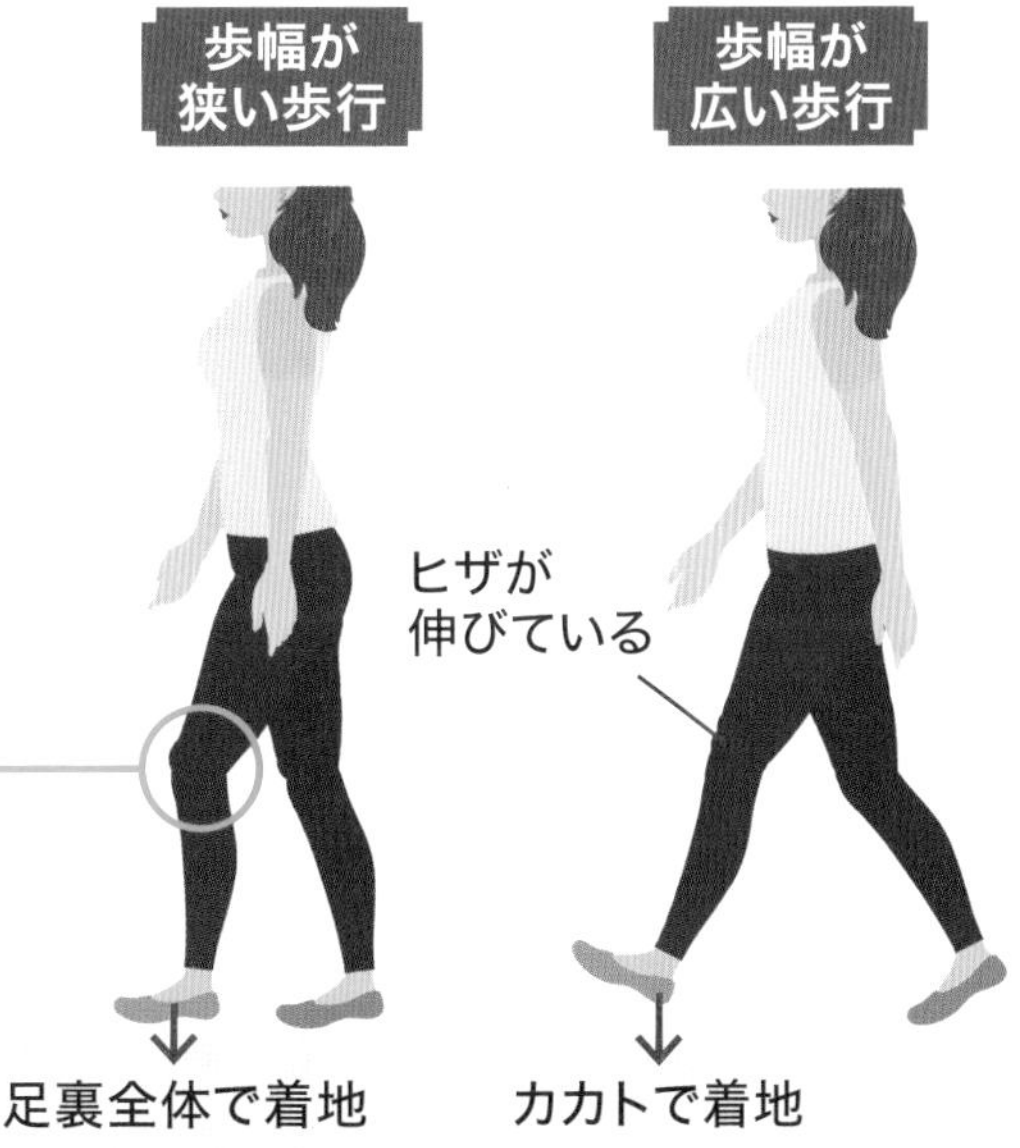
歩幅が狭い歩行
歩幅が広い歩行
ヒザが伸びている
足裏全体で着地
カカトで着地

お尻で階段を上《のぼ》れば一生歩ける体になる

「美尻」をつくることによって全身の機能性が高まる

「階段トレーニング」でメインターゲットとなるのはお尻の大殿筋《だいでんきん》です。大きくて強力な筋肉である大殿筋はその分だけ衰えやすく、強い負荷をかけて鍛える必要があります。丸々とした美尻を形成する筋肉でもあるので、本書では大殿筋を鍛える階段の上《のぼ》り方を中心に解説（※第４章を参照）しています。

腸骨筋《ちょうこつきん》を含む腸腰筋《ちょうようきん》も同様に重要な筋肉ですが、階段を上っていれば腸腰筋は自然に鍛えられるので、基本的にサブターゲットという位置づけになります。

「階段上り」によって一生歩ける体になる理由

- 体力がつく
- 足腰の筋力が強くなる
- 転倒することがなくなる
- 骨格のバランスが整う
- 行動意欲が高まる

美も健康も一緒に手に入るのね!
フムフム…

階段を上る際は常に足首を曲げてつま先を上に向けるため、足首を曲げるスネの筋肉も働く。この筋肉が衰えるとつまずいて転倒しやすくなる。

階段を上って大殿筋と腸腰筋を鍛えれば誰でも美尻になれます。美尻になることで得られるのは美しいヒップラインだけではありません。抗重力筋《こうじゅうりょくきん》としての働きが機能して骨盤の正常な前傾が維持されるため骨格の歪みも防げます。さらに体力の低下や足腰の筋力の衰えも食い止められます。

つまり、「美尻」をつくるということは「一生歩ける体づくり」にもつながっているのです。

「美尻」をつくることが健康寿命を延ばす

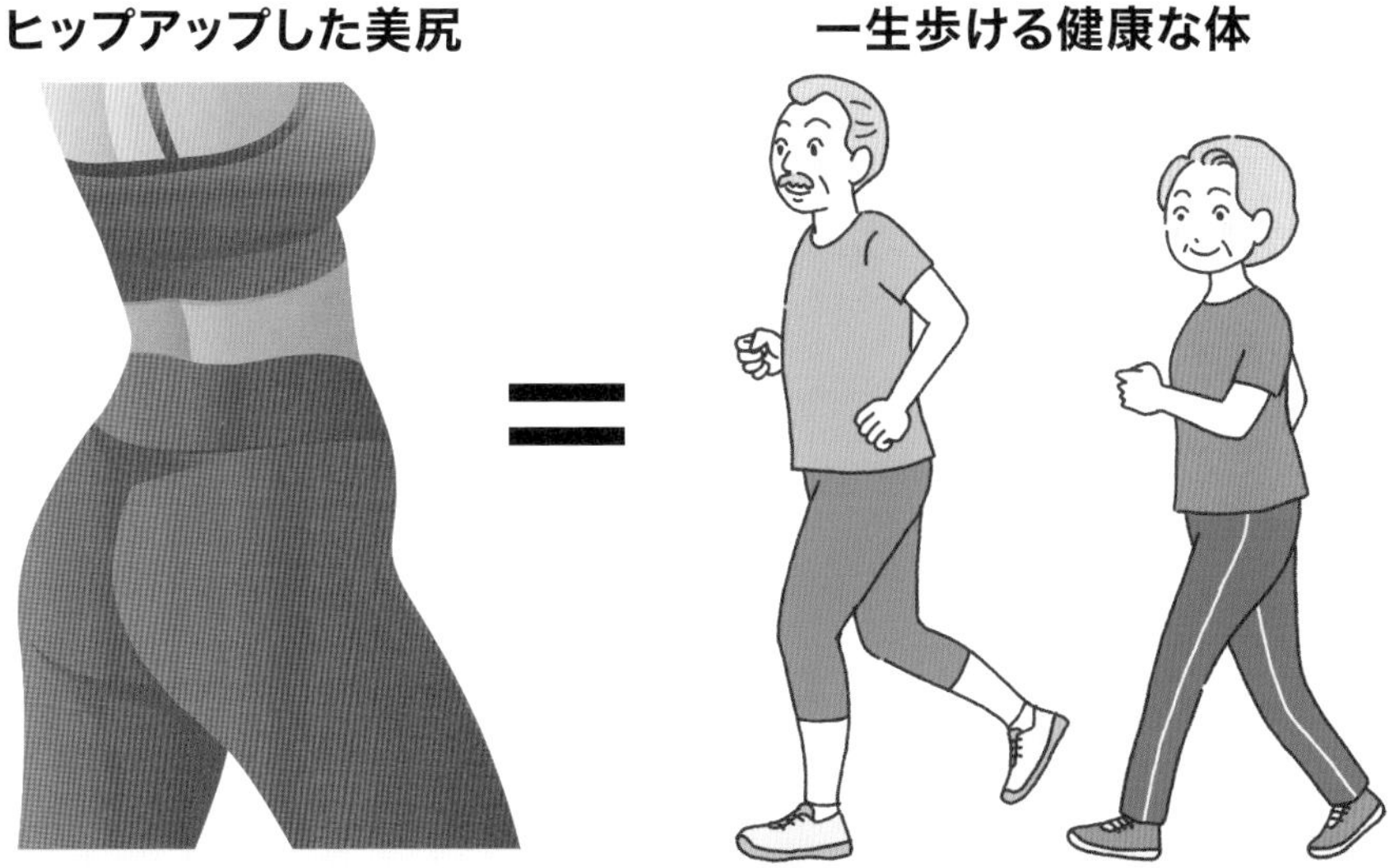

ハリのある「美尻」は外見的な美しさを表すだけでなく、健康体であることの象徴でもある。

階段を上《のぼ》る前に骨盤を前傾させる

骨盤が前傾する動きや姿勢をカラダにしっかり覚えさせる

「階段トレーニング」で腸骨筋《ちょうこつきん》と大殿筋《だいでんきん》を鍛えれば骨盤を前傾させることはできますが、骨盤が後傾したまま硬直している人は、階段を上《のぼ》る前に家などで骨盤が前傾するポーズ（※下図を参照）を繰り返し、**事前に骨盤が前傾しやすい状態をつくっておく**といいでしょう。お尻を引いて中腰になるだけなので動きは簡単。最初のうちは股関節を軽く曲げ、徐々に深く曲げていけばＯＫです。このポーズは階段トレーニングにおいてもフォームの要《かなめ》となります。

イスに座って行う方法もある（→P.160参照）

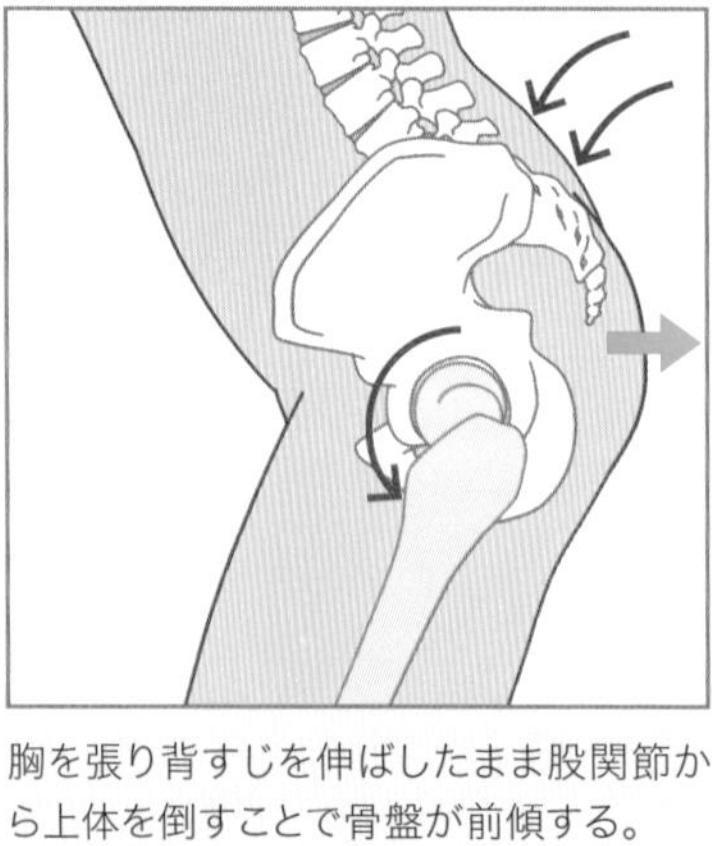

胸を張り背すじを伸ばしたまま股関節から上体を倒すことで骨盤が前傾する。

ヒザを曲げながらゆっくりお尻を後方に引いて上体を前方に倒し、中腰の姿勢になる。この体勢を10秒間キープ。ヒザをできるだけ前に出さないようにすることがポイント。最初は机などに手をついて行ってもよい。

第4章

階段の「上り方」を覚えよう！

階段は「上《のぼ》り方」によってターゲットとなる筋肉も変わります。どの筋肉をどれ位の強度で鍛えるのか、体力や筋力を考慮して、目的に合った上り方を選択すれば理想のカラダをつくれます。

階段は「上《のぼ》り方」で筋肉を鍛え分けできる

下半身の筋肉を鍛え分ける『階段上《のぼ》り』の3つのポイント

「階段トレーニング」は階段を上《のぼ》るだけの運動ですが、その上り方（フォーム）にはさまざまなバリエーションがあります。基本的にはお尻の大殿筋《だいでんきん》がメインターゲットとなりますが、太もも前面の大腿《だいたい》四頭筋《しとうきん》、太もも裏のハムストリング、内ももの内転《ないてん》筋群《きんぐん》などへの負荷を高めるバリエーションもあり、上り方次第で各筋肉を意識的に鍛え分けすることも可能。「重心の位置」「上体の前傾角度」「歩幅」を変えることで階段上りのトレーニング効果も変わります。

POINT 1 重心をかける位置

前足を着地させる際、カカトに重心をかけると大殿筋の股関節を伸ばす力が主体で上る動きになる。重心がつま先寄りだと大腿四頭筋のヒザ関節を伸ばす力が主体で上る動きになる。

カカト重心

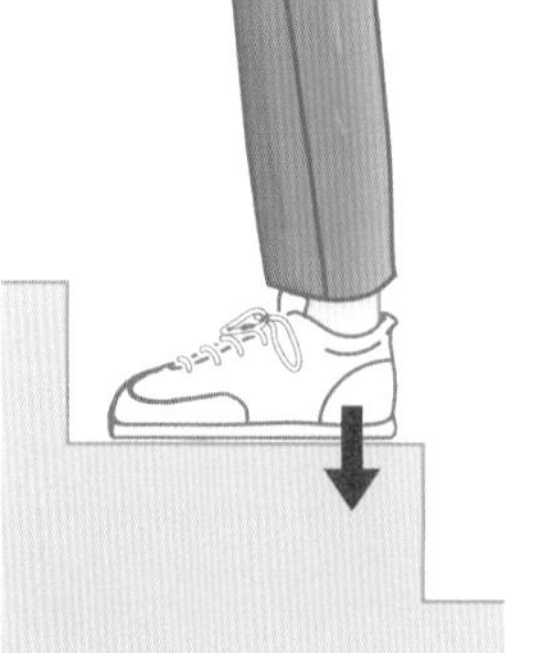

つま先寄り重心

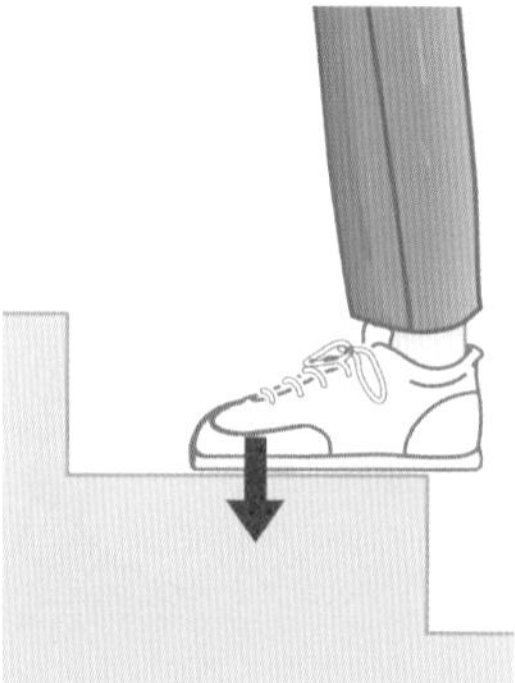

POINT 2 上体の前傾角度

上体（上半身）が立った状態では股関節が伸びているためヒザ関節を伸ばして上る動きが主体になる。股関節を曲げて上体を倒すと骨盤も前傾するため股関節主体で上る動きとなり、大殿筋の負荷が高まる。

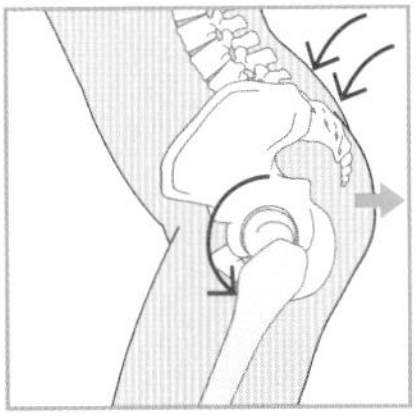

POINT 3 上る時の歩幅

普通に「一段ずつ」上る場合は、歩幅が狭くて股関節やヒザ関節の屈曲（曲げる角度）も浅いため、上る局面で関節を伸ばして体を持ち上げる距離も短い。

「一段とばし」で上る場合は、歩幅が広がり股関節やヒザ関節の屈曲も深くなるため、上る局面において関節を伸ばして体を持ち上げる距離も長くなる。

「階段上《のぼ》り」に共通するフォームの3つの基本

『階段上《のぼ》り』は基本を守っていればヒザも痛めず一生続けられる運動

階段を上《のぼ》る運動は、片脚で体を持ち上げる動きを繰り返すため、見た目よりも負荷が高く、間違ったフォームで上っているとヒザを痛めてしまう可能性もあります。「階段上り」にはすべての上り方に共通するフォームの基本があるため、しっかり基本を守って上ることが長く続けるためのポイントとなります。

「つま先（およびヒザ）を真正面に向ける」「ヒザを前に出しすぎない」「足をソフトに着地させる」。この3つの基本を守って上ることを心掛けてください。

基本❶ つま先を真正面に向ける

階段を上る際は常につま先（およびヒザ）を真正面に向けて上ることが基本となる。足先やヒザが外側や内側に向いているとヒザ関節や足関節（足首）を痛める原因になるので注意しよう。

外側がすり減る

つま先を外側に向けて歩く人の靴底。

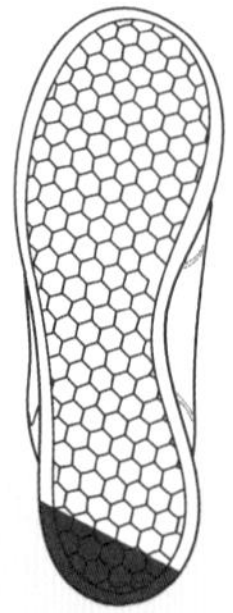

内側がすり減る

つま先を内側に向けて歩く人の靴底。

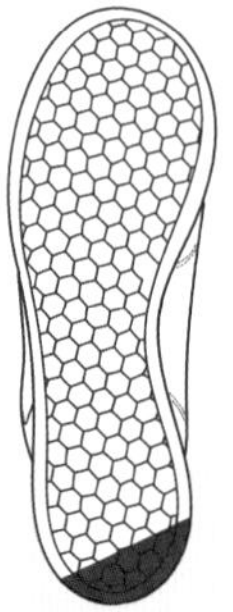

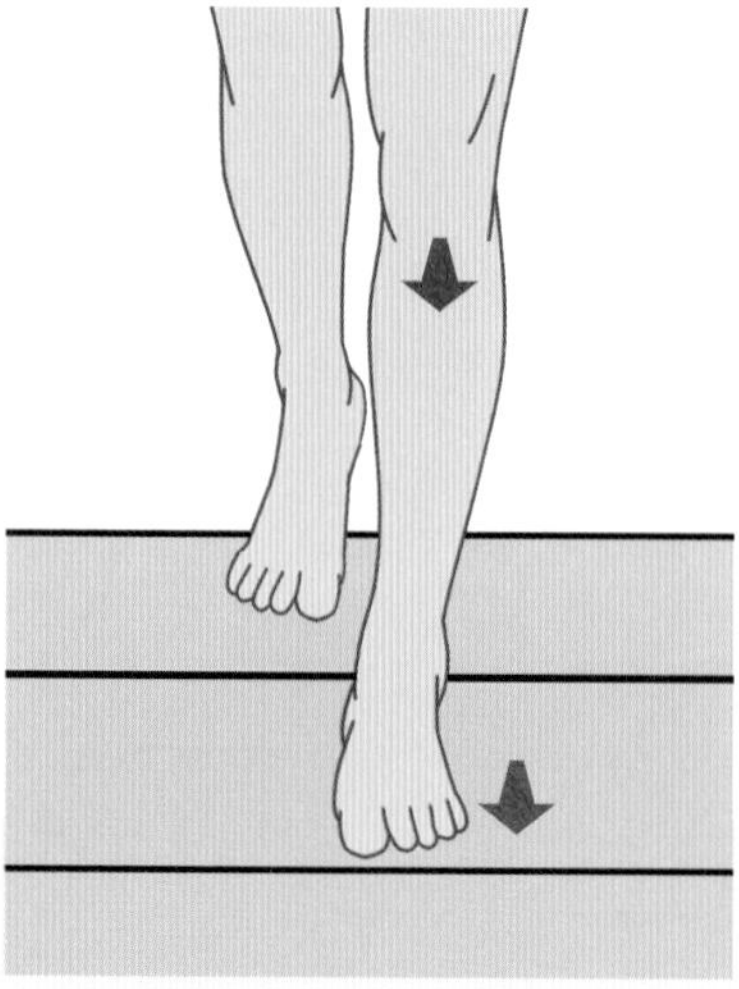

基本❷ ヒザを前に出しすぎない

着地した前足のヒザが前へ出すぎるとヒザ関節に強く体重が乗ってしまいヒザに過度な負担がかかる。ヒザはつま先より少し前に出る程度に抑える。前足の重心がつま先寄りになるとヒザが出やすくなる。

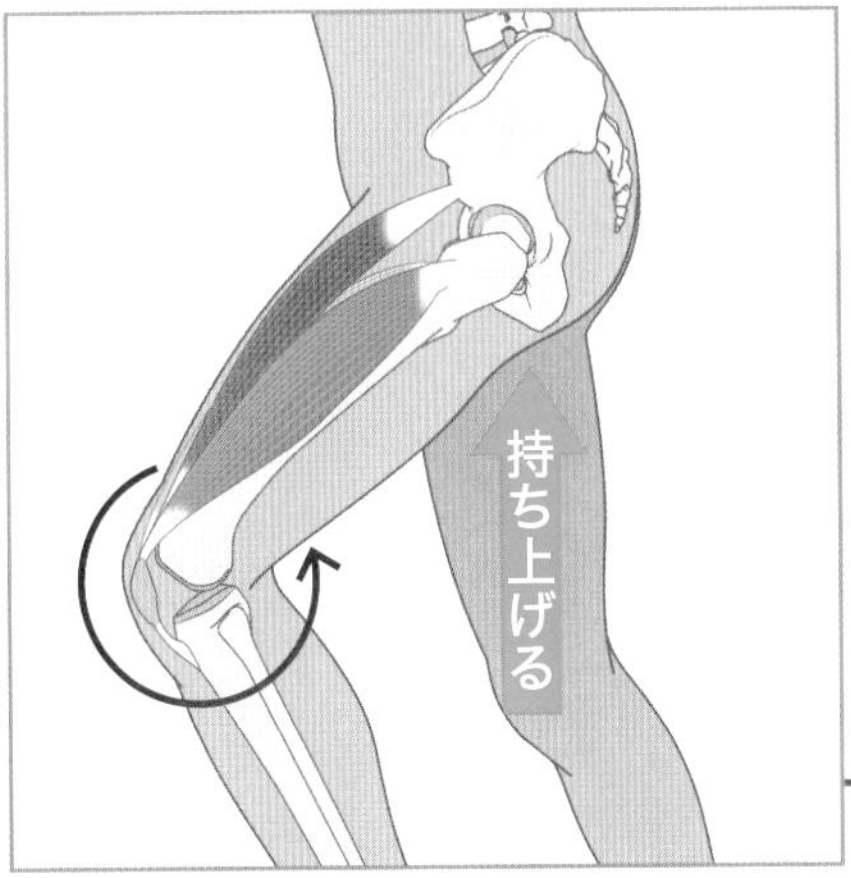

ヒザが前に出ると階段を上る動きもヒザ関節を伸ばす動きが主体となりヒザに負担がかかる。

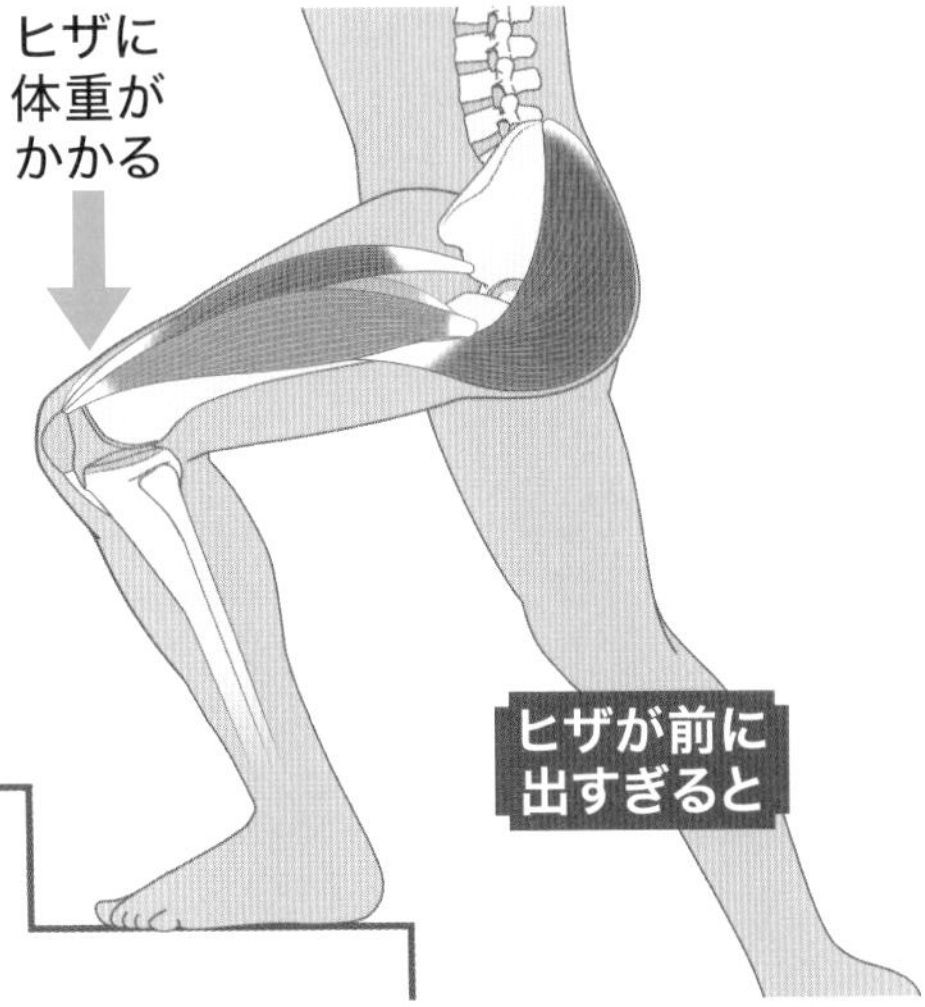

基本❸ 足をソフトに着地させる

振り出した前足を下ろす際は靴音が鳴らないようにソフトに着地させてヒザ関節にかかる衝撃を軽減。前足を下ろす動きに股関節でブレーキをかけることによって腸腰筋《ちょうようきん》への負荷も高めることができる。

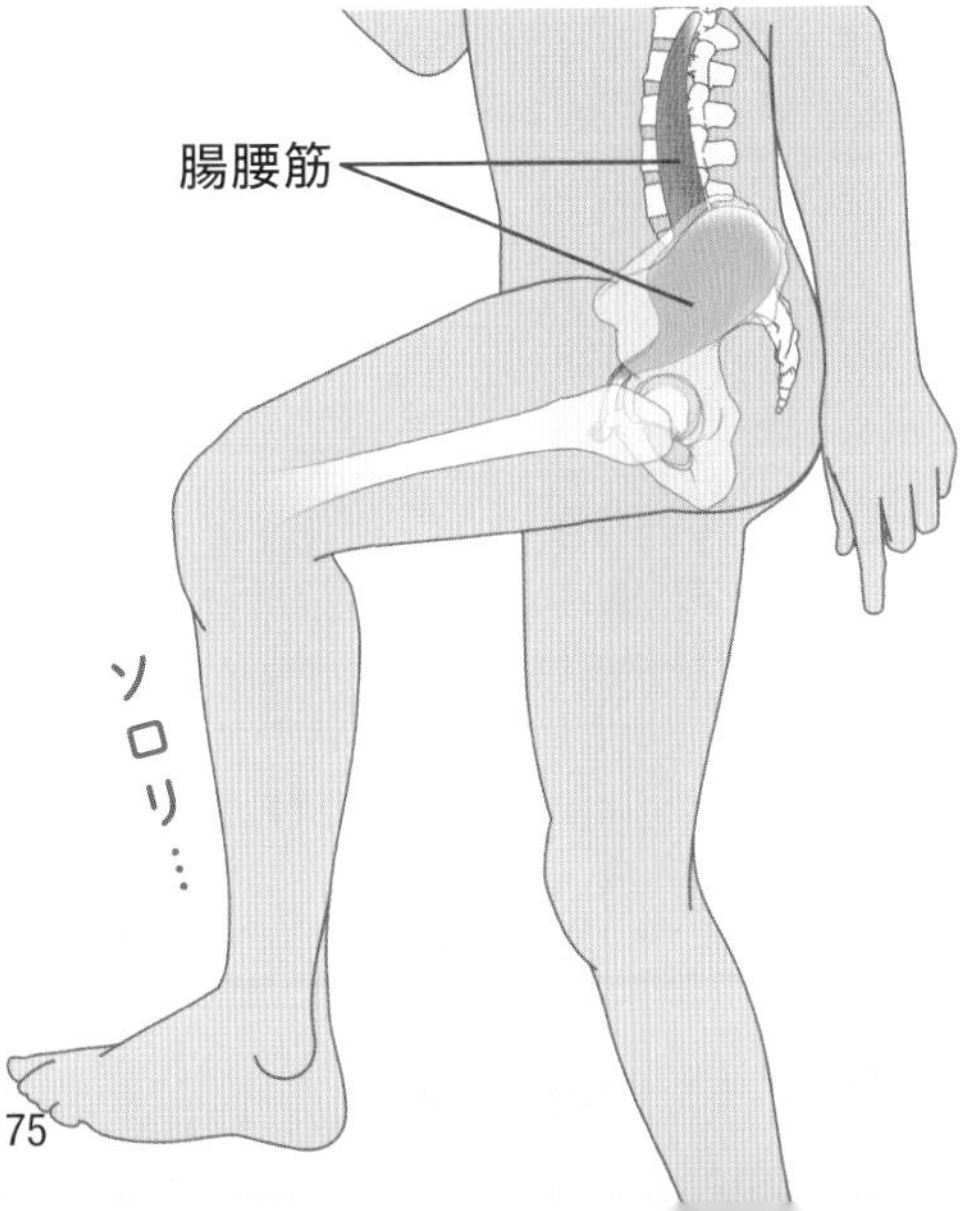

靴の音が鳴るような着地を繰り返しているとヒザを痛めるので要注意。ゆっくり足を下ろすのではなく着地の直前に股関節でブレーキをかける。

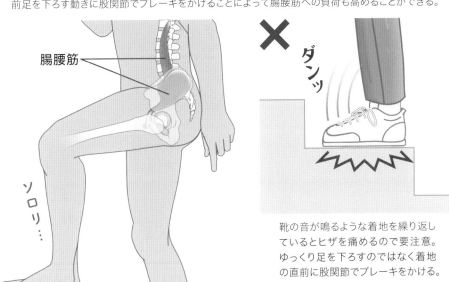

フォーム1 一般的なノーマルフォーム

太もも前面を中心に鍛える

ターゲット 大腿四頭筋《だいたいしとうきん》

サブターゲット 大殿筋《だいでんきん》

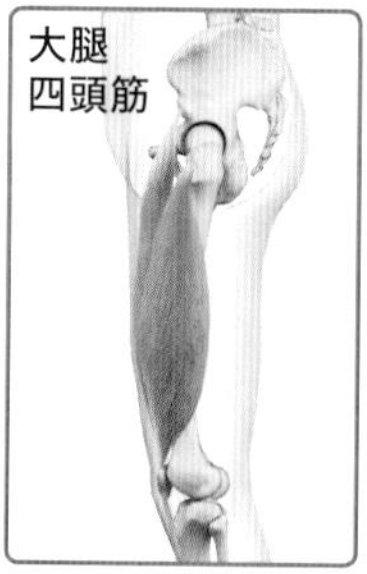
大腿
四頭筋

1 振り出した前足を着地

一般的にはつま先寄りに体重をかけて上る人が多い
重心はつま先寄り

上体を立てたまま振り出した前足を着地。
つま先寄り重心だとヒザ関節に体重が乗る。

前足のつま先寄りに体重をかけてヒザを伸ばす動きで体を持ち上げる

一般的に階段を上《のぼ》る動きは、前足の重心がつま先寄りになりがちで、大腿四頭筋《だいたいしとうきん》のヒザ関節を伸ばす動きが主体となっています。骨盤が前傾している人はこの上体（上半身）を立てたまま上るフォームでもお尻の大殿筋《だいでんきん》はある程度働きますが、基本的には太もも前面の大腿四頭筋が中心となって働きます。

普通に階段を上るだけなので手軽に実施しやすい反面、ずっとヒザ関節主体で上っているとヒザに負担がかかるため、このフォームは短い階段を上る時などに限定するといいでしょう。カカトの高い靴で上る場合は重心がさらにつま先寄りになります。

2 前足のヒザを伸ばして上る

つま先寄り重心ではヒザ関節に体重が乗る
重心はつま先寄り

ヒザを伸ばす動きが主体で体を持ち上げる。大殿筋の股関節を伸ばす動きも連動する。

3 後ろ足を振り出す

脚は真っすぐ前に振り出しソフトに足を下ろしていく
重心はつま先寄り

体を持ち上げながら後ろ足を振り出す。前足のヒザが前へ出すぎないように注意。

前足の重心がつま先寄りになっているとヒザ関節に体重が乗るため、大腿四頭筋のヒザ関節を伸ばす力が主体となって体を持ち上げる。上体が立ったまま上るフォームでは骨盤がしっかり前傾しないためお尻の大殿筋の働きは小さくなる。

ヒザ関節の伸展

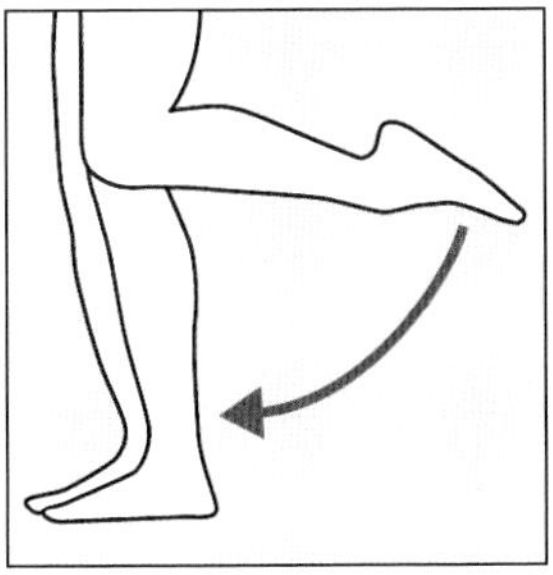

足をついた状態のヒザ関節伸展は体を持ち上げる動きになる。

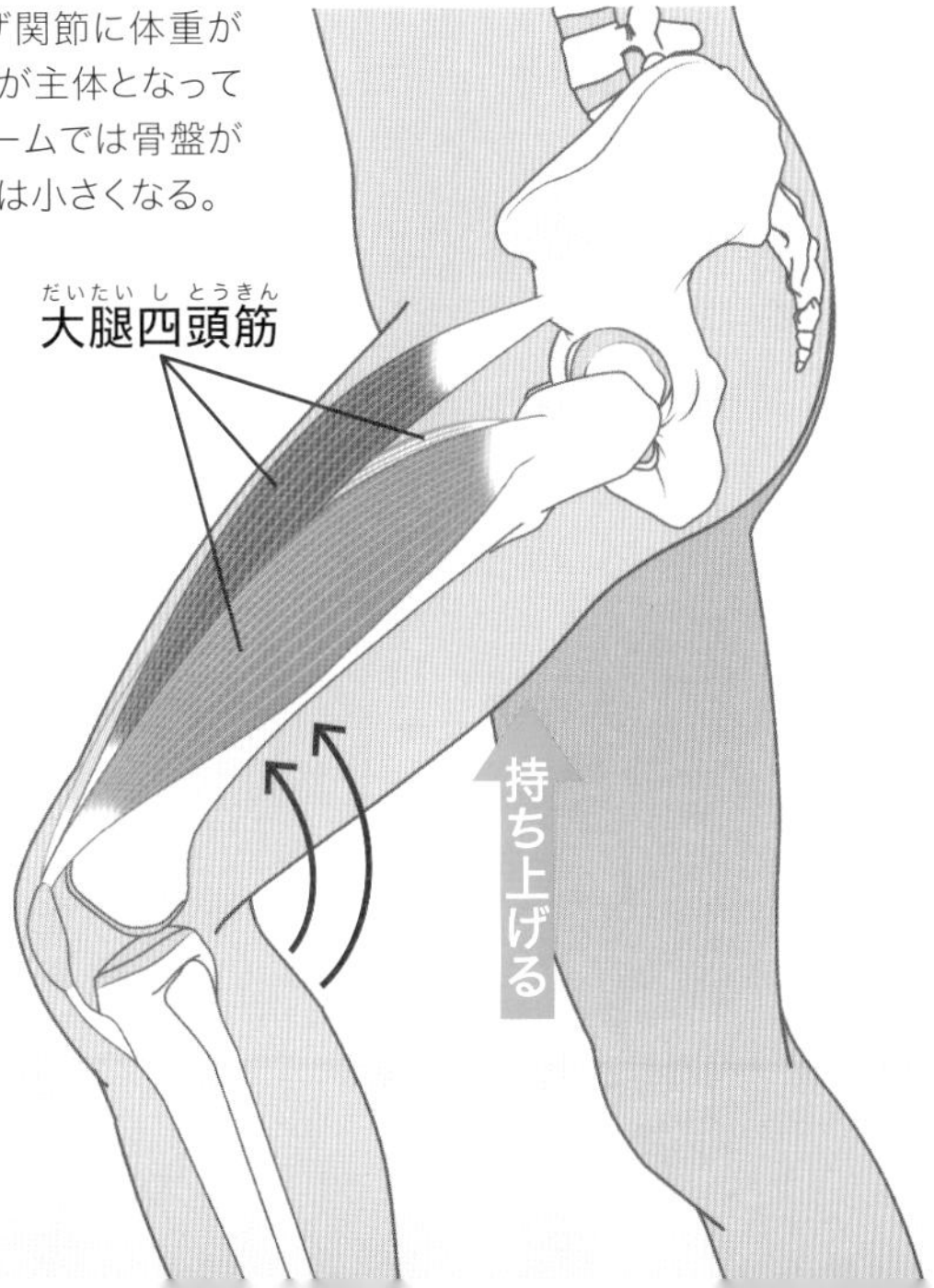
大腿四頭筋《だいたいしとうきん》
持ち上げる

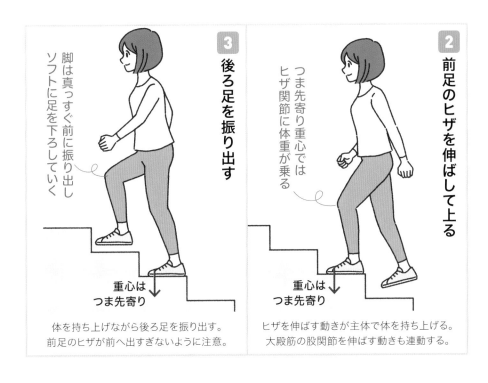

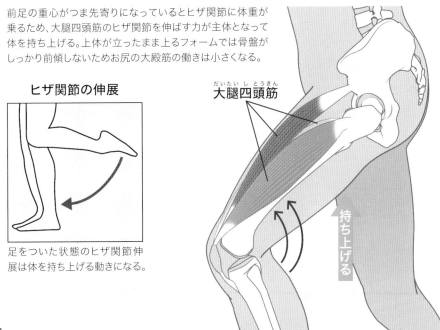

フォーム2 カカト重心のノーマルフォーム

お尻と太もも前面を鍛える

ターゲット 大殿筋《だいでんきん》

サブターゲット 大腿四頭筋《だいたいしとうきん》

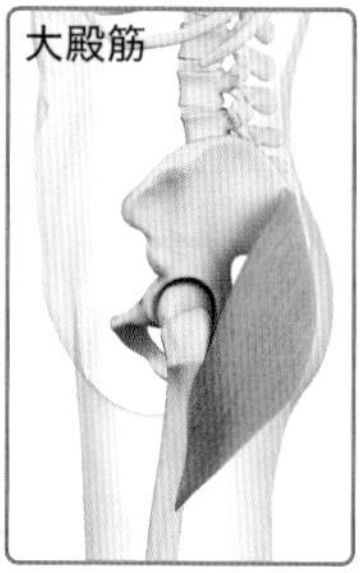
大殿筋

前足のカカトに体重をかけて股関節を伸ばす動きで体を持ち上げる

上体（上半身）を立てたまま、前足のカカトに体重をかけて上《のぼ》るフォーム。ヒザ関節より股関節に体重が乗る比率が高くなるため、大殿筋《だいでんきん》の股関節を伸ばす力が主体となって上る動きになります。カカト重心にすると重心が体の後方に移動するため、上体はバランスを取ろうとして少しだけ前傾します。

カカトに体重をかけて上るだけなので動きは簡単。カカト重心にすることでヒザ関節にかかる負担も軽減されます。運動やトレーニングの経験があまりなく、適度な負荷でお尻を鍛えたいという人は、このフォームから始めてみるといいでしょう。

1 前足をカカト重心で着地

お尻を軽く後方に引いてカカト重心を安定させる
ヒザ下の角度は垂直に
カカト重心

前足を着地させてカカトに体重をかける。カカト重心にすると股関節に体重が乗る。

2 前足の股関節を伸ばして上る

股関節を伸ばす動きで体を持ち上げる
カカト重心

股関節を伸ばす動き主体で体を持ち上げる。
大腿四頭筋のヒザを伸ばす動きも連動する。

3 後ろ足を振り出す

お尻を軽く引いたまま脚を真っすぐ振り出す
ヒザは伸ばしきらない
カカト重心

お尻を軽く引いたまま体を持ち上げる。
ヒザを伸ばしきらずに後ろ足を振り出す。

股関節の伸展

カカト重心にすると股関節に体重が乗るため、大殿筋の股関節を伸ばす力が主体となって体を持ち上げる。軽くお尻を引くと骨盤が少し前傾するためより大殿筋が働きやすくなる。

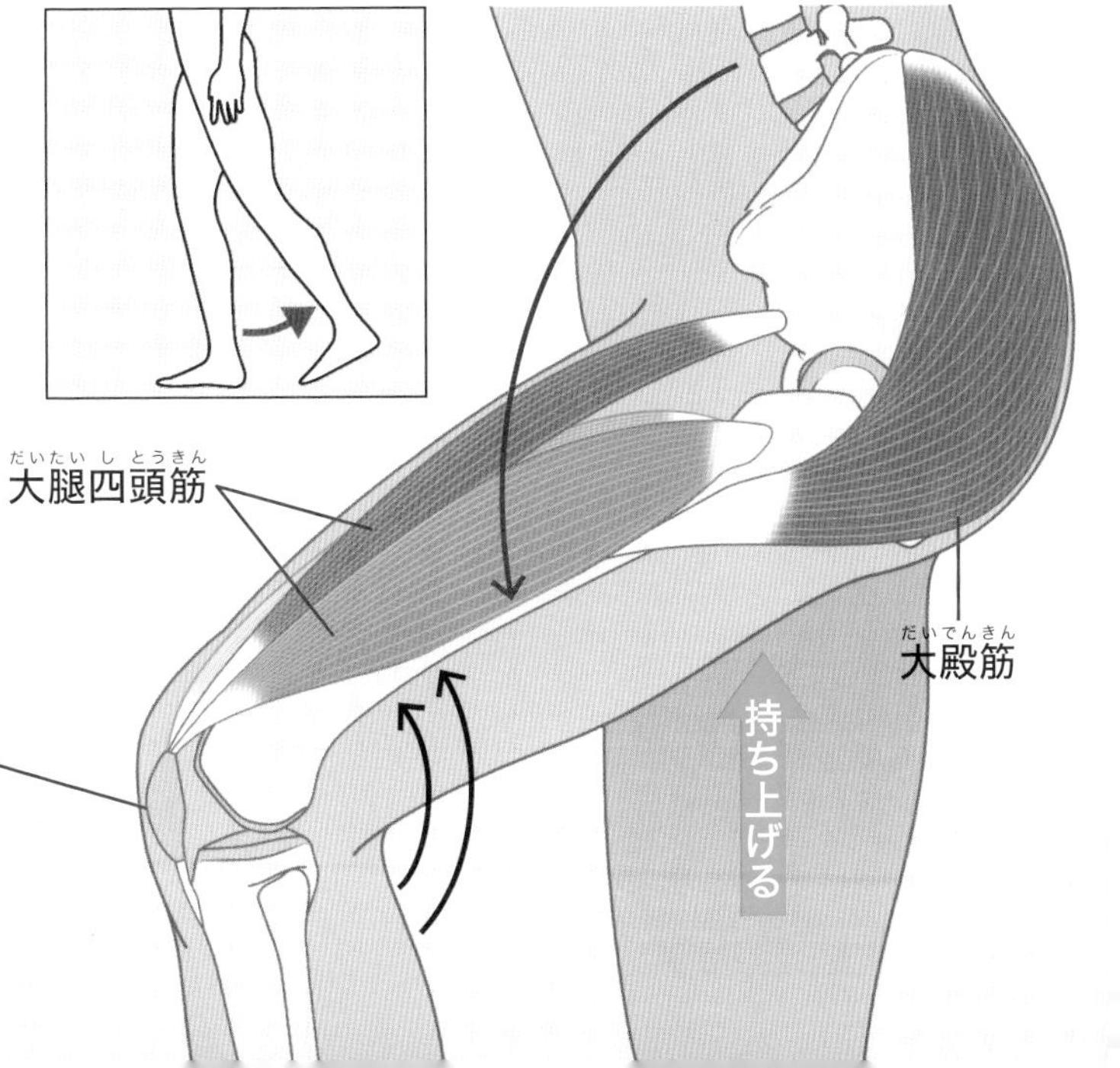
大腿四頭筋《だいたいしとうきん》
大殿筋《だいでんきん》
持ち上げる
ヒザ関節を伸ばす動きも連動する

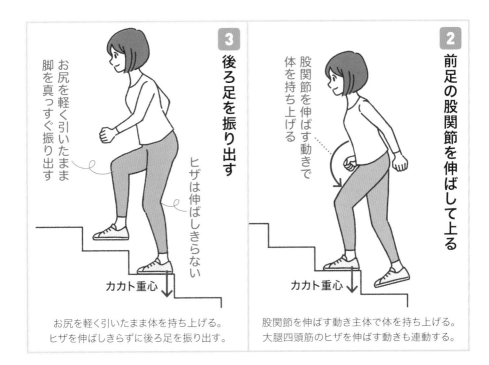

フォーム③ カカト重心でお尻を引く

お尻に負荷を集めて鍛える

ターゲット 大殿筋《だいでんきん》

サブターゲット 大腿四頭筋《だいたいしとうきん》

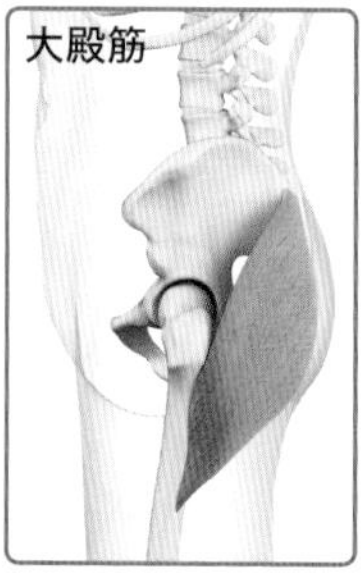

大殿筋

1 前足をカカト重心で着地

お尻を後方に引いて骨盤を前傾させる
ヒザ下の角度は垂直に
カカト重心

お尻を引いて股関節から上体を倒したまま前足を着地させてカカトに体重をかける。

上体を倒して股関節に体重を乗せ 股関節を伸ばす動きで体を持ち上げる

お尻を引いて上体（上半身）を前方に倒した体勢をキープしたまま、前足のカカトに体重をかけて上《のぼ》るフォーム。上体を前傾させることでカカト重心でも前足の股関節にしっかり体重を乗せられます。

このフォームでは大殿筋《だいでんきん》の股関節を伸ばす力が主体となって上る動きになりますが、股関節から上体を倒すと骨盤が前傾するため、大殿筋は骨盤の前傾角度をキープする抗重力筋《こうじゅうりょくきん》としても力を発揮します。

上体の前傾角度は60度前後が目安。45度程度まで倒すとより負荷が高まります。大殿筋を強めに鍛えたいという人はこのフォームが最適といえます。

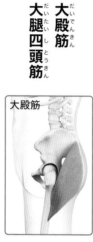

2 お尻を引いたまま上る

上体の前傾を維持したまま
前足の股関節を伸ばす
カカト重心

股関節を伸ばす動き主体で体を持ち上げる。
大腿四頭筋のヒザを伸ばす動きも連動する。

3 後ろ足を振り出す

上体を前傾させたまま
脚を真っすぐ振り出す
ヒザは
伸ばしきらない
カカト重心

お尻をしっかり引いたまま体を持ち上げる。
ヒザを伸ばしきらずに後ろ足を振り出す。

股関節の伸展

脚を後方に振る

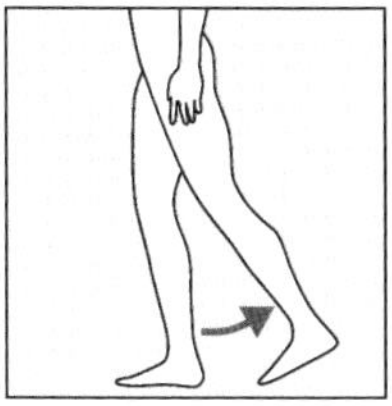

上体を起こす

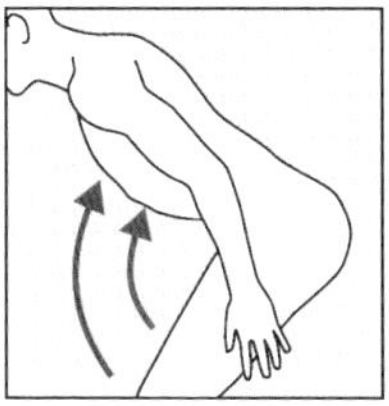

カカト重心でさらに上体を前傾させると前足の股関節にしっかり体重が乗るため、大殿筋の股関節を伸ばす力が主体となって体を持ち上げる動きになる。上体を前傾させた体勢をキープするのも股関節を伸ばして上体を起こす大殿筋の働き。

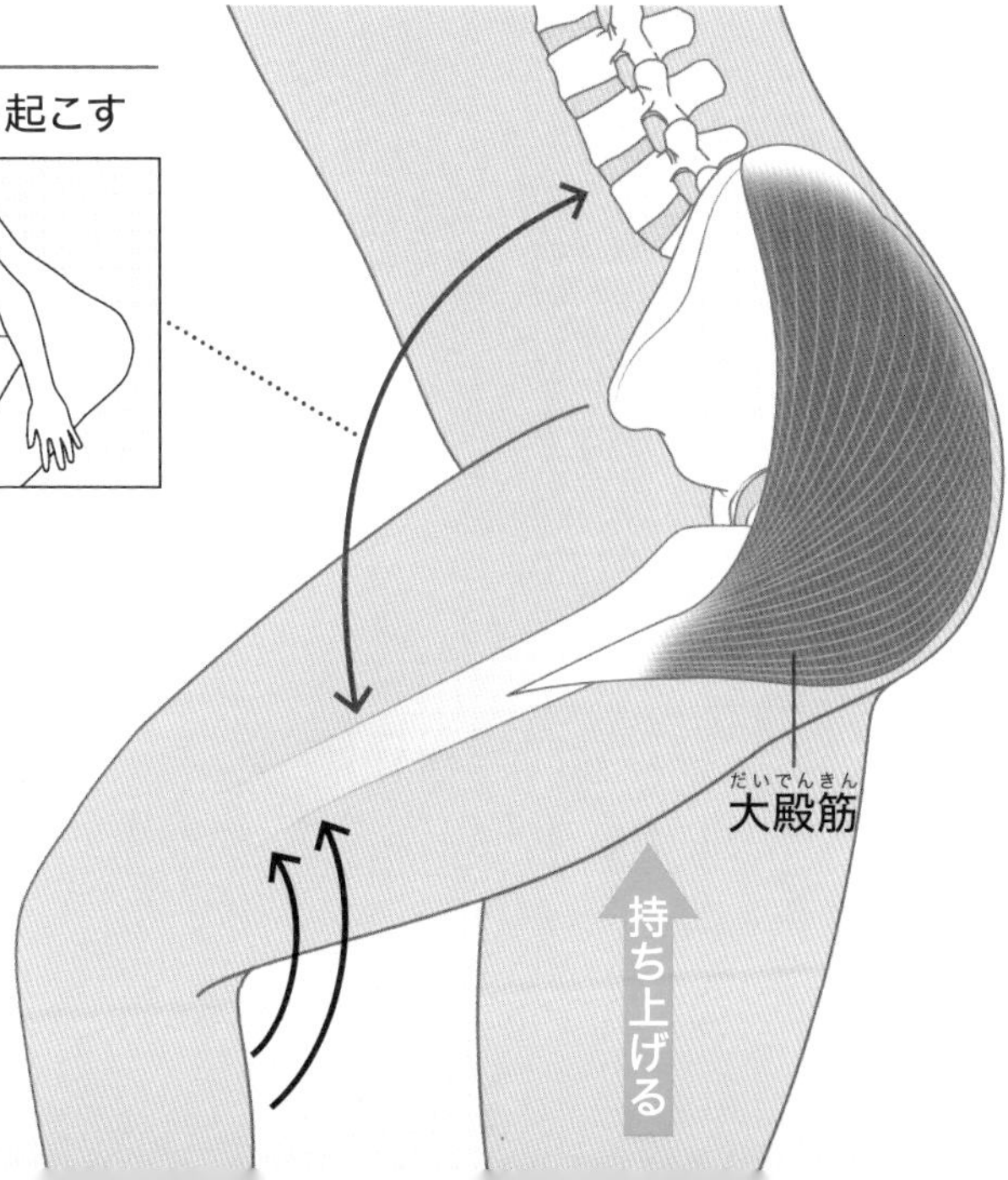
大殿筋《だいでんきん》
持ち上げる

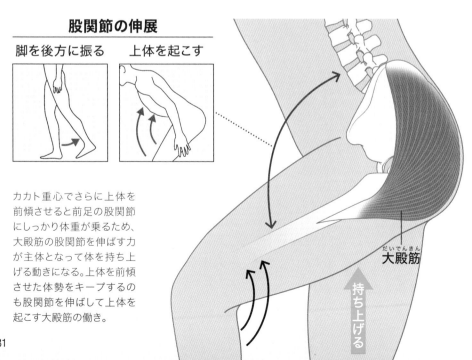

フォーム4 歩幅を広げて一段とばし

下半身全体をハードに強化

ターゲット 大腿四頭筋《だいたいしとうきん》

サブターゲット 大殿筋《だいでんきん》

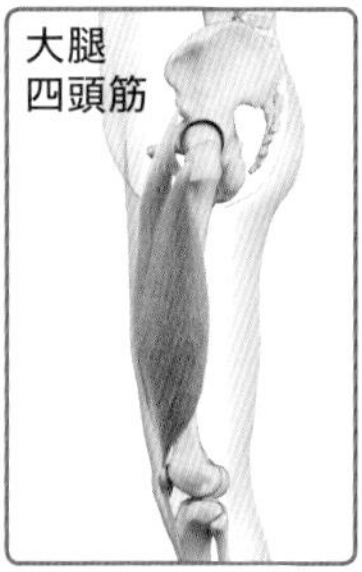

大腿
四頭筋

1 前足を二段上の階段の角に着地

土踏まずの部分を階段の角に押し当てる
重心は土踏まず部分

カカトをはみ出して前足を着地させる。前足の土踏まず部分に体重をかける。

ヒザ関節と股関節を伸ばす動きで深く沈めた体を大きく持ち上げる

階段を一段とばしで上《のぼ》るフォーム。歩幅を広げることで股関節もヒザ関節も屈曲（曲がる角度）が深くなるため、関節を伸ばして体を持ち上げる距離が長くなります。体を沈めた状態から持ち上げるのでトレーニング強度も高められます。一段とばしにすると前足を着地させる位置が遠くなるため、通常は階段の踏み面からカカトがはみ出して上る動きになります。そうなると重心は必然的につま先寄りになりますが、つま先重心の一段とばしはヒザに負担がかかるため、土踏まず部分に体重をかけて上ります。土踏まず重心にすれば大殿筋《だいでんきん》にも負荷がかかります。

2 ヒザを曲げて前足に体重移動

ヒザを曲げることで前足に体重が乗る
重心は土踏まず部分

前足のヒザを曲げて前足に体重を乗せる。ヒザがつま先より前へ出ないようにする。

3 前足のヒザを伸ばして上る

股関節を伸ばす動きもヒザの動きに連動する
重心は土踏まず部分

ヒザを伸ばす動きが主体で体を持ち上げる。2から3にかけてはハムストリングも働く。

メイン動作

ヒザ関節の伸展

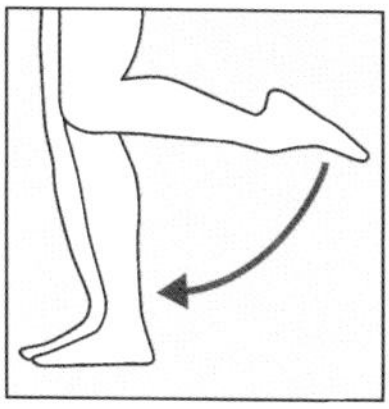

サブ動作

股関節の伸展

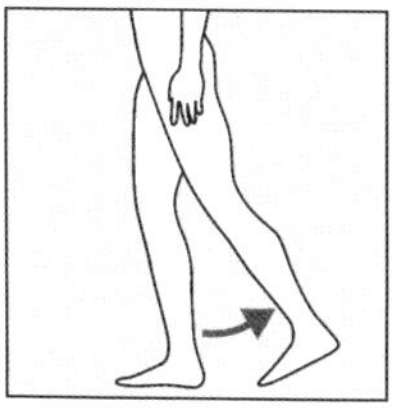

ヒザが前に出るほど前足のヒザ関節に体重が乗り、体を持ち上げる際も大腿四頭筋のヒザを伸ばす力が主体となる。土踏まず部分に重心をかけるとヒザが前に出る動きは少し抑えられるため股関節にもある程度体重が乗り、お尻の大殿筋に負荷をかけることができる。

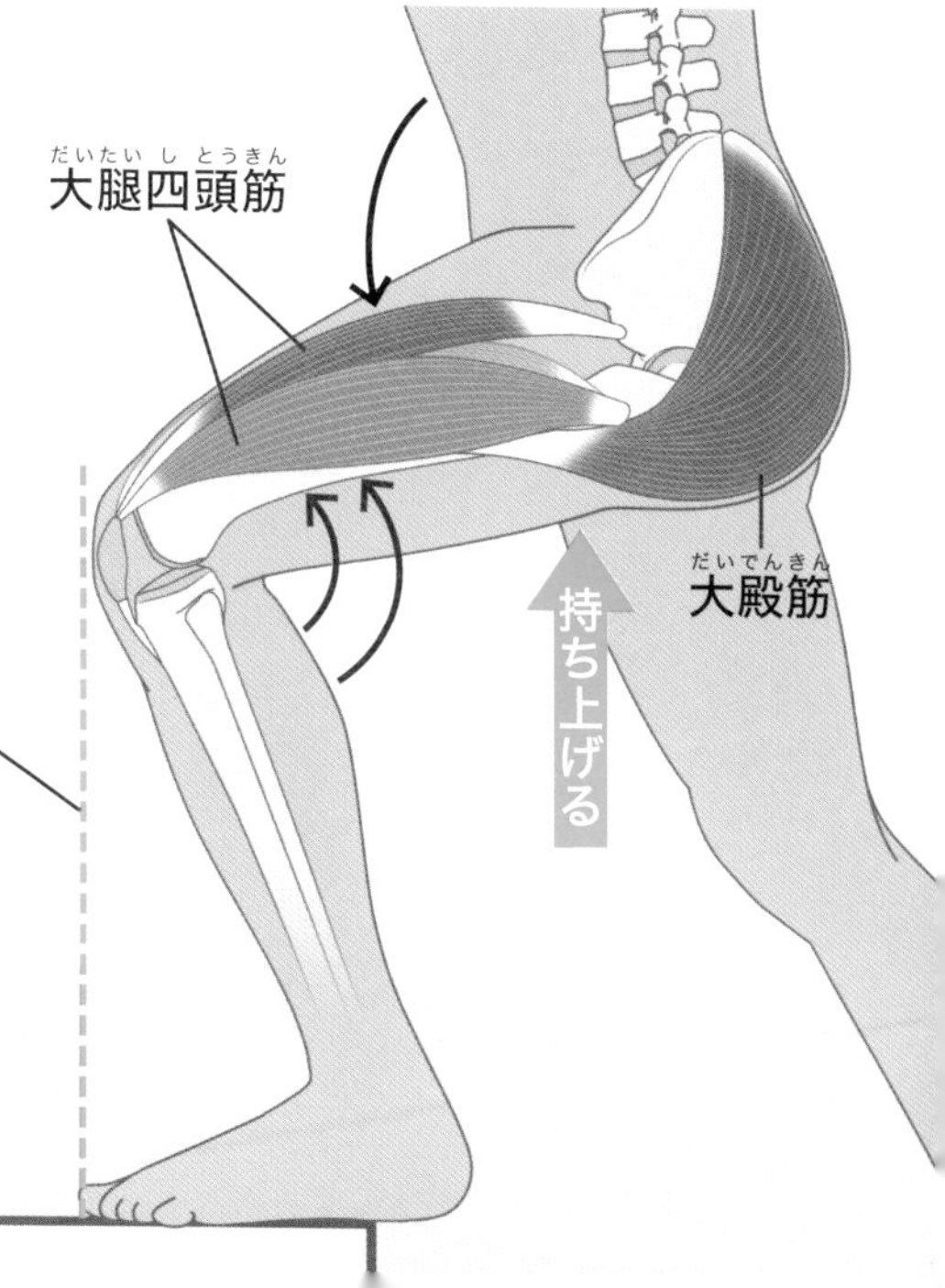
大腿四頭筋《だいたいしとうきん》
大殿筋《だいでんきん》
持ち上げる
つま先より前にヒザを出さない

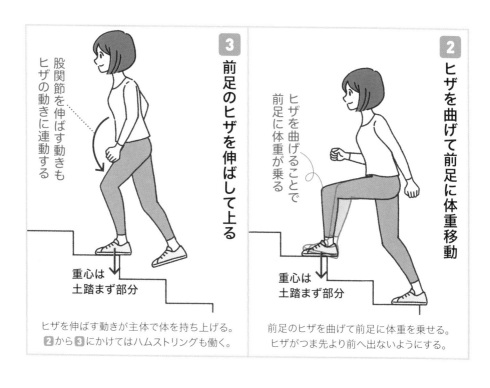

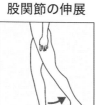

フォーム 5 カカト重心で一段とばし

お尻を中心に下半身を強化

ターゲット 大殿筋《だいでんきん》

サブターゲット 大腿四頭筋《だいたいしとうきん》

1 前足を一段とばしで着地

カカトまで踏み面に乗せて着地する
カカト重心

カカトがはみ出さないように前足を着地。
前足のカカトにしっかり体重をかける。

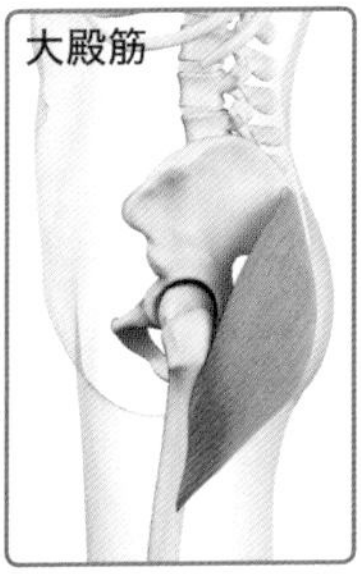
大殿筋

股関節を伸ばす動きが主体となり深く沈めた体を大きく持ち上げる

カカトに体重をかけて一段とばしで上《のぼ》るフォーム。一段とばしで上ってもカカト重心にするとヒザ関節より股関節に体重が乗る比率が高くなります。

歩幅が広がり股関節もヒザ関節も屈曲（曲がる角度）が深くなるためトレーニング強度も高まります。上体（上半身）を立てたまま、大きく前方へ踏み出した前足にカカト重心で体重を乗せることは難しいため、上体を前方に倒して前足に体重を移動させます。

大殿筋《だいでんきん》の股関節を伸ばす力が主体となって体を持ち上げる動きになりますが、股関節に連動してヒザを伸ばす大腿四頭筋《だいたいしとうきん》もしっかり鍛えられます。

2 上体を倒して前足に体重移動

上体を前方に倒しながら
ヒザを曲げる動きも連動
カカト重心

股関節から上体を倒して前足に体重移動。
前足の股関節にしっかり体重を乗せる。

3 前足の股関節を伸ばして上る

上体が起きあがってもOK
ヒザを伸ばす動きも
股関節の動きに連動
カカト重心

股関節を伸ばす動き主体で体を持ち上げる。
2から3にかけてはハムストリングも働く。

メイン動作 股関節の伸展

脚を後方に振る

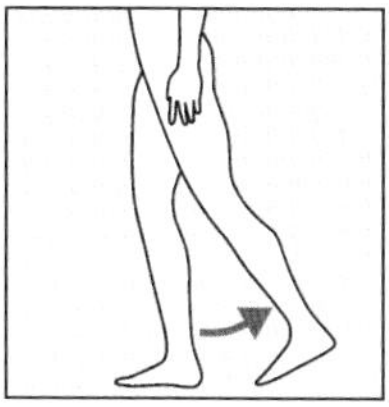

上体を起こす

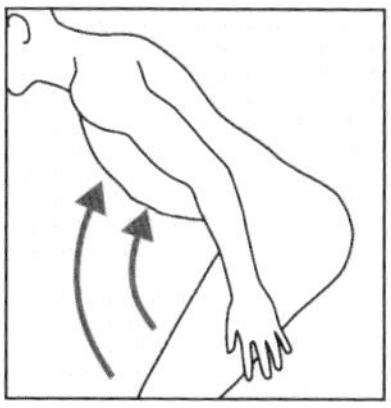

サブ動作

ヒザ関節の伸展

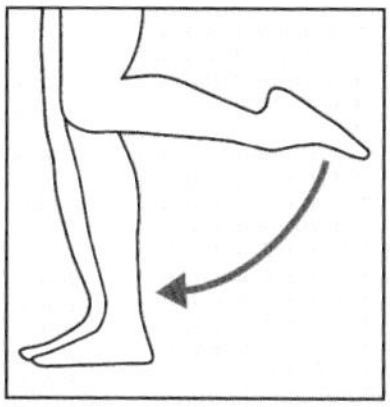

上体を前傾させると股関節に体重が乗るため、体を持ち上げる動きも大殿筋の股関節を伸ばす力が主体に。ヒザを伸ばす大腿四頭筋の働きも連動。カカト重心にすることで前足のヒザが前へ出る動きを抑えられるためヒザの負担も軽減できる。

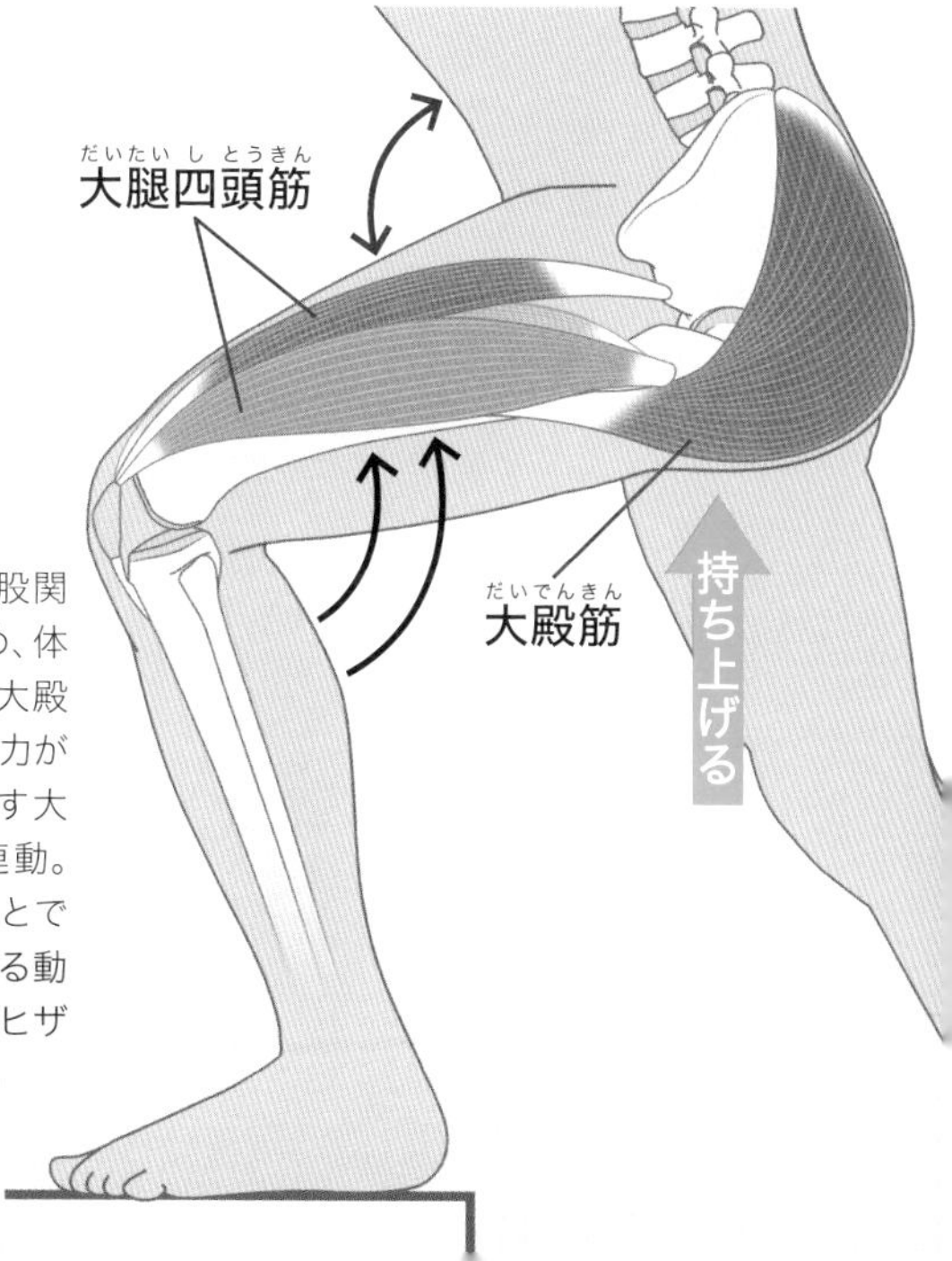
大腿四頭筋《だいたいしとうきん》
大殿筋《だいでんきん》
持ち上げる

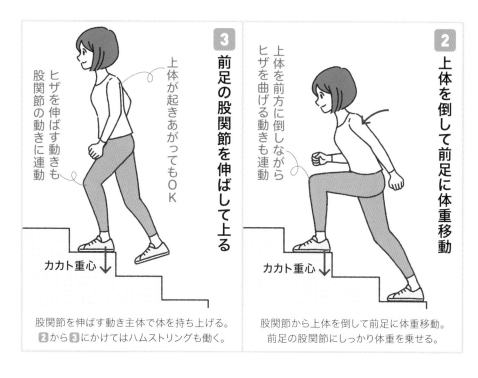

フォーム6 カカト重心でお尻を引いて一段とばし

お尻をハードに追い込む

ターゲット **大殿筋《だいでんきん》**

サブターゲット **大腿四頭筋《だいたいしとうきん》 ハムストリング**

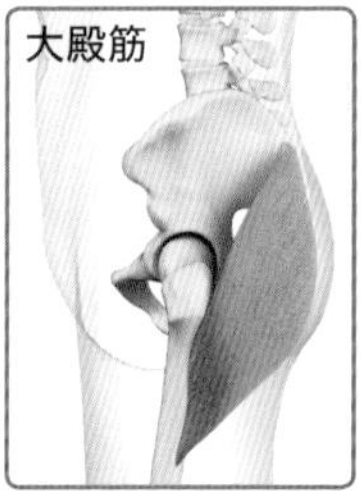
大殿筋

1 前足を一段とばしで着地

お尻を引いたまま
ヒザを伸ばしきらない
着地後にヒザを曲げて
ヒザ下の角度を垂直に
太もも裏が
伸びる
カカト重心

お尻を引いたまま前足をカカト重心で着地。前足のヒザを曲げて股関節に体重を乗せる。

骨盤を前傾させたまま股関節を動かす 大殿筋《だいでんきん》を高負荷で鍛える最強の上《のぼ》り方

お尻を引いて上体（上半身）を前方に倒した体勢をキープしたまま、カカトに体重をかけて一段とばしで上《のぼ》るフォーム。骨盤を前傾させたまま、カカト重心で股関節を大きく曲げ・伸ばしすることにより大殿筋《だいでんきん》に負荷を集中させて鍛えられます。体を持ち上げる局面では、前足のヒザを伸ばしきらないことで、股関節から脚を後方に振る動き(股関節の伸展)の可動範囲が大きくなります。ただし、身長が低い人は、ヒザをある程度伸ばさないと振り出す後ろ足が二段上の階段に届かないため、お尻を引いたまま骨盤の前傾をキープして上ることを意識しましょう。

2 前足の股関節を伸ばして上る

上体を倒したまま固定して骨盤が前傾した体勢を保つ
ヒザを伸ばす動きは最小限に。上る際はヒザが少し前に出る
カカト重心

股関節を伸ばす動きが主体で体を持ち上げる。お尻を引き股関節から上体を倒したまま上る。

3 後ろ足を高く振り出す

上体を前傾させる角度は45〜60度ぐらいが目安
小柄な人だとヒザが伸びる
カカト重心

お尻を引いたまま後ろ足を高く振り出す。1から3にかけてはハムストリングも働く。

メイン動作 股関節の伸展

脚を後方に振る

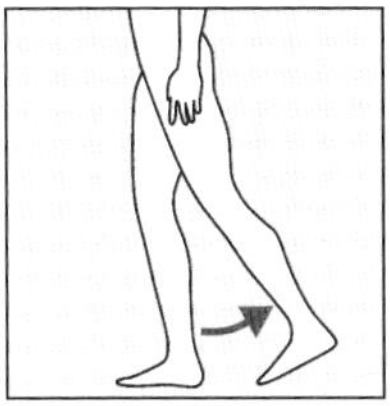

上体を起こす

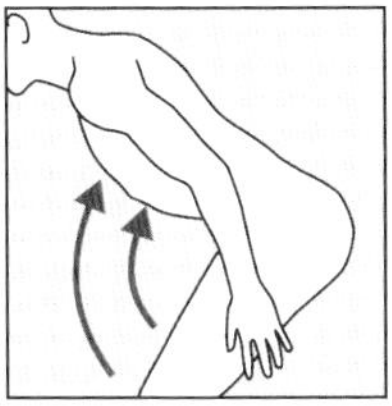

サブ動作

ヒザ関節の伸展

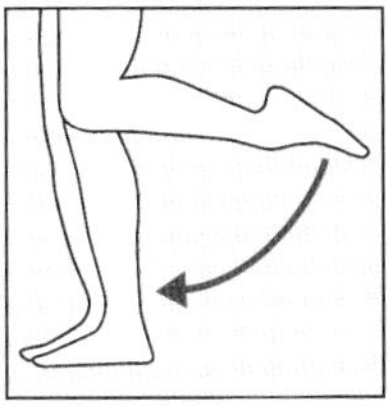

骨盤を前傾させて大殿筋が働きやすい体勢のまま、股関節を大きく伸ばす動きが主体となって体を持ち上げるため、大殿筋に強い負荷をかけられる。上体を固定して骨盤の前傾をキープするのも股関節を伸ばして上体を起こす大殿筋の働き。

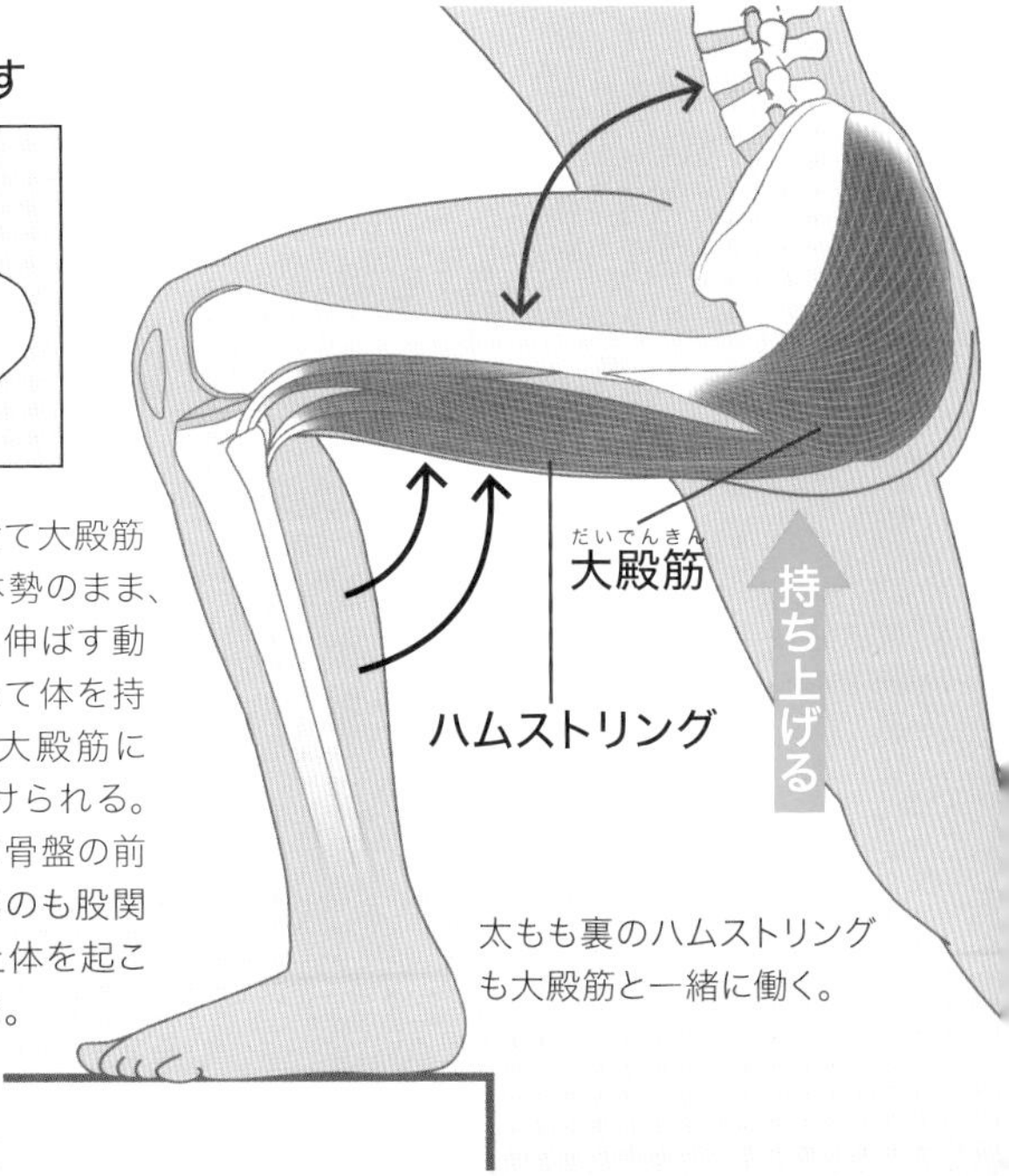
大殿筋《だいでんきん》
ハムストリング
持ち上げる

太もも裏のハムストリングも大殿筋と一緒に働く。

フォーム7 体の中心線上を進んで上《のぼ》る

内ももへの負荷を高める

ターゲット
内転筋群《ないてんきんぐん》
大殿筋《だいでんきん》

サブターゲット
大腿四頭筋《だいたいしとうきん》
中殿筋《ちゅうでんきん》

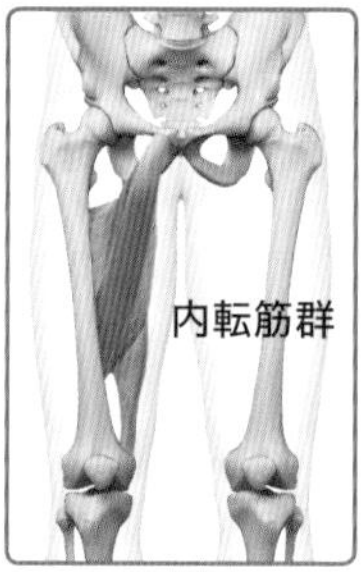

1 前足を体の中心線上に着地

前足を内側へ振りながら踏み出し
体の中心線上に着地させる。

階段上《のぼ》りに脚を内側へ振る動きを加え 内転筋群《ないてんきんぐん》と大殿筋《だいでんきん》の下部を鍛える

階段を上《のぼ》る基本動作に脚を内側へ振る動き（股関節の内転）を加え、内転筋群《ないてんきんぐん》を鍛えるフォーム。足を前方へ踏み出すのではなく、半円を描いて体の中心線上に着地させます。股関節を伸ばして階段を上る動きには大殿筋《だいでんきん》と一緒に内転筋群も働いていますが、脚を内側へ振ることで内転筋群の働きが増大。また股関節の内転には大殿筋の下部も一緒に働きます。

前足の着地後は両脚の股関節を内転させてバランスを調節。さらに股関節を内旋する（脚を内向きに捻る）動きでヒザ下を垂直（正面から見て）に立てる動作が加わるため中殿筋《ちゅうでんきん》の負荷も高まります。

2 逆の足を体の中心線上に着地

左右の足が体の中心線上で一直線に並ぶ。
この体勢はバランスが不安定になるため
股をギュッと締めてバランスを取る。

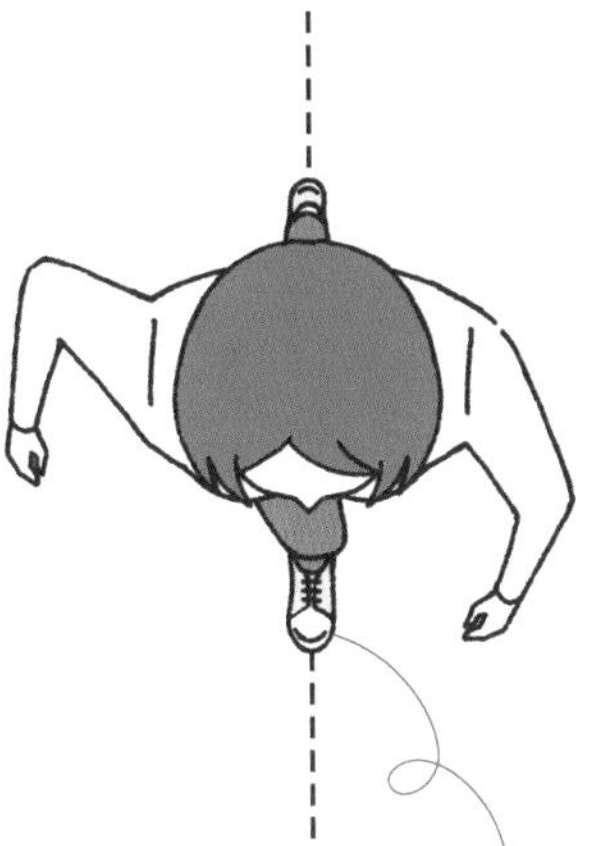

足裏全体でバランスを取る。
ヒザから下を垂直に立てて
足先は必ず真正面に向ける。

後ろ足を振り出し同様に中心線上に着地。
つま先とヒザを真正面に向けて上る。

股関節の内転

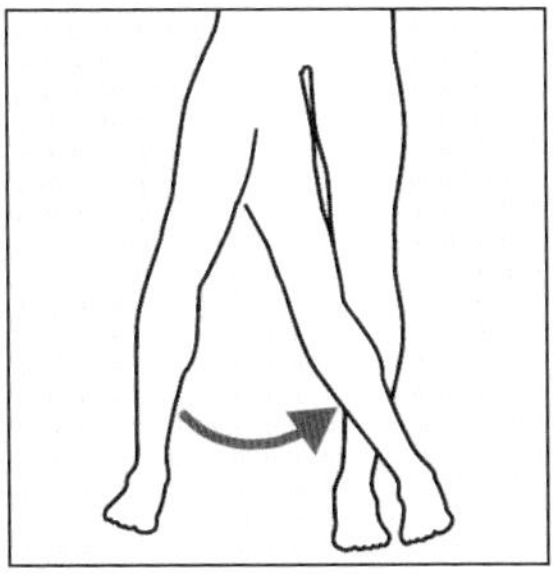

脚を内側へ振る股関節内転の動きを加えることにより内転筋群の負荷が高まる。さらに体の中心線上で左右の足が並んだ体勢では、股関節から両脚を閉じて股を締める動きでバランスを取る。この動きも内転筋群による股関節の内転動作。

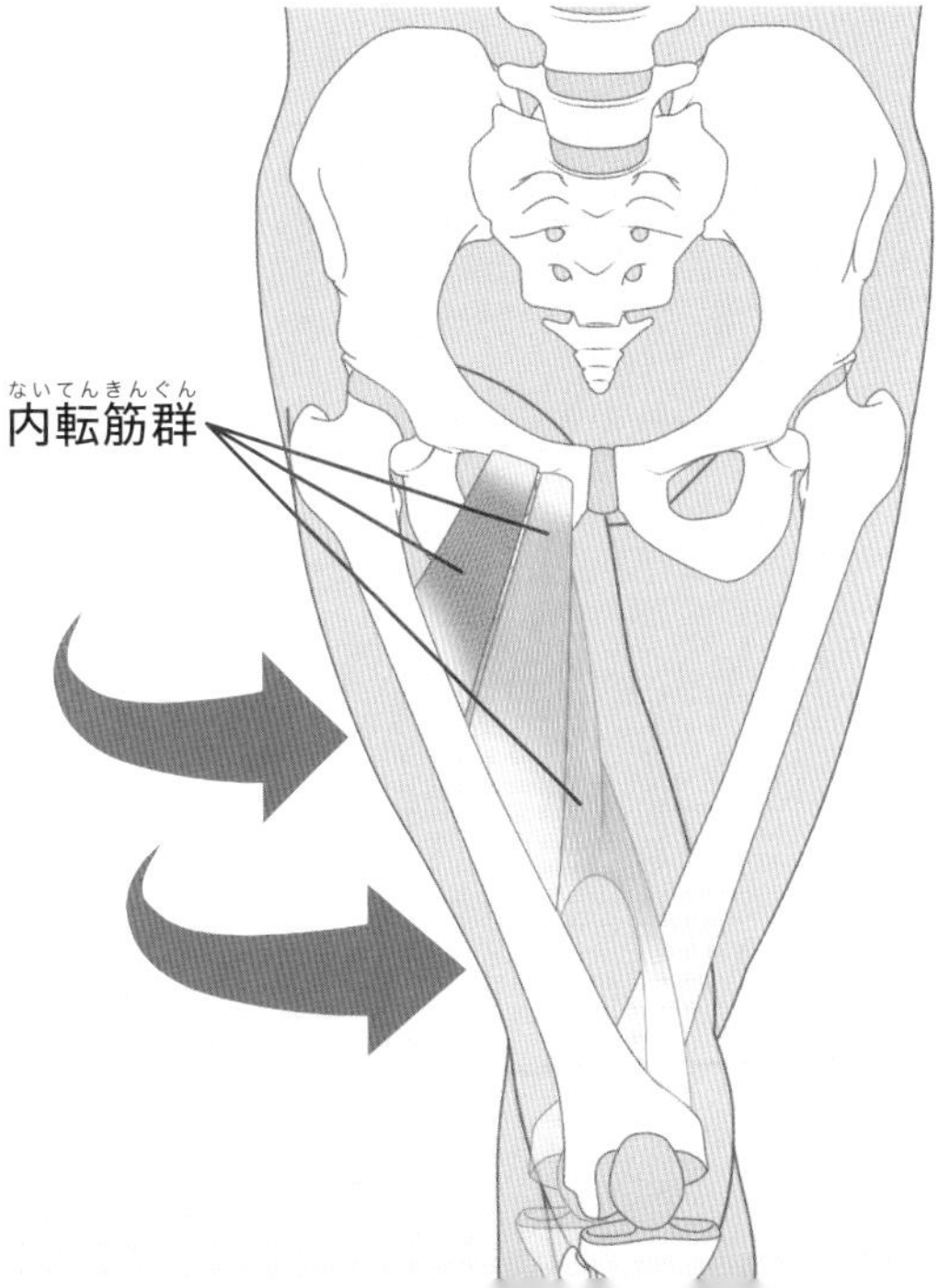

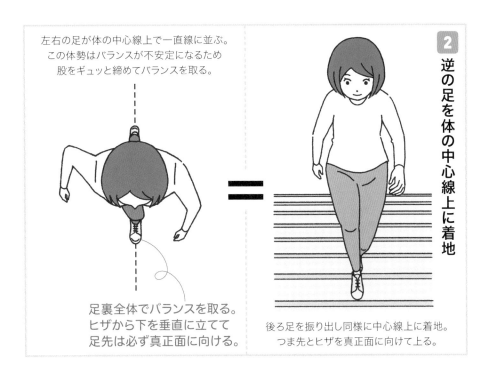

フォーム8 クロスステップで上《のぼ》る

内ももを強い負荷で鍛える

ターゲット
内転筋群《ないてんきんぐん》
大殿筋《だいでんきん》
中殿筋《ちゅうでんきん》

サブターゲット
大腿四頭筋《だいたいしとうきん》

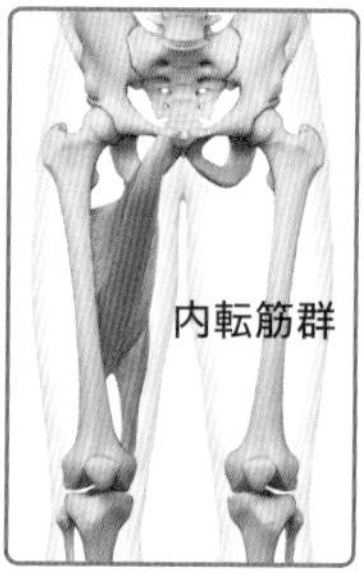

1 前足をクロスステップで着地

前足を内側へ振りながら踏み出し
体の中心線上の外側に着地させる。

足を体の中心線の外側に着地させて内転筋群《ないてんきんぐん》と大殿筋《だいでんきん》の下部をより強化

階段を上《のぼ》る基本動作に脚を大きく内側へ振る動き（股関節の内転）を加え、内転筋群《ないてんきんぐん》への負荷を高めるフォーム。半円を描くように足をクロスステップで踏み出し、体の中心線上より外側に着地させます。脚を大きく内側へ振ることで、もともと階段を上る動きに働いている内転筋群への負荷が増大。また股関節の内転には大殿筋《だいでんきん》の下部も一緒に働きます。

着地後は両脚の股関節を内転させてバランスを保持。さらに脚を内向きに捻ってヒザ下を垂直（正面から見て）に立てる内旋動作が加わるため、内転筋群だけでなく中殿筋《ちゅうでんきん》にも強い負荷がかかります。

2 逆の足をクロスステップで着地

左右の足が体の中心線を挟んで交差する。
この体勢はバランスがかなり不安定なので
股をギュッと締めてバランスを安定させる。

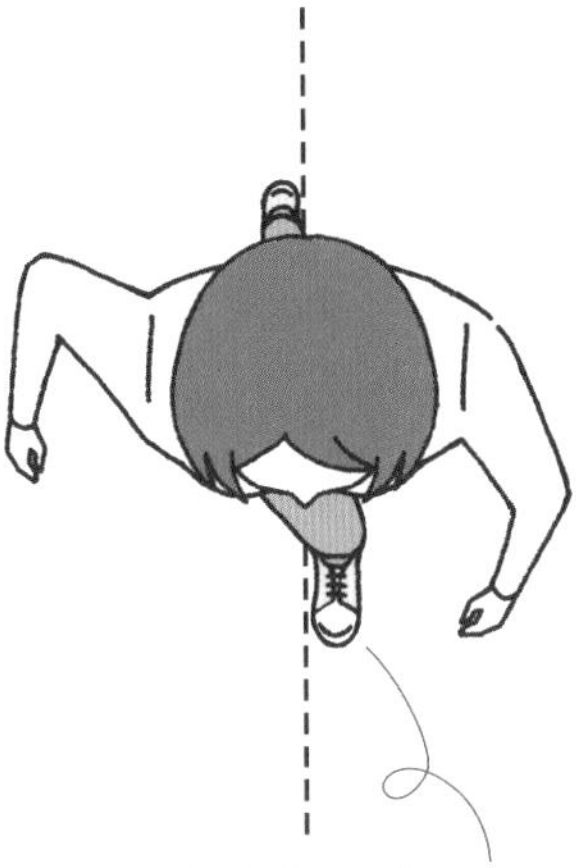

足裏全体でバランスを取る。
ヒザから下を垂直に立てて
足先は必ず真正面に向ける。

後ろ足を振り出し同様にクロスステップ。
つま先とヒザを真正面に向けて踏み出す。

股関節の内転

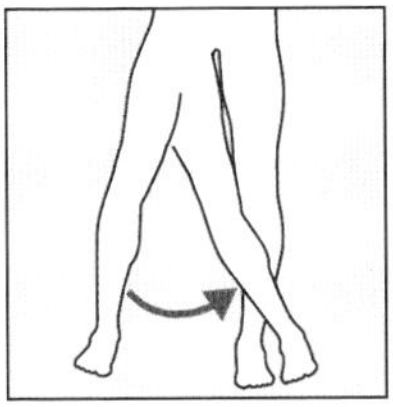

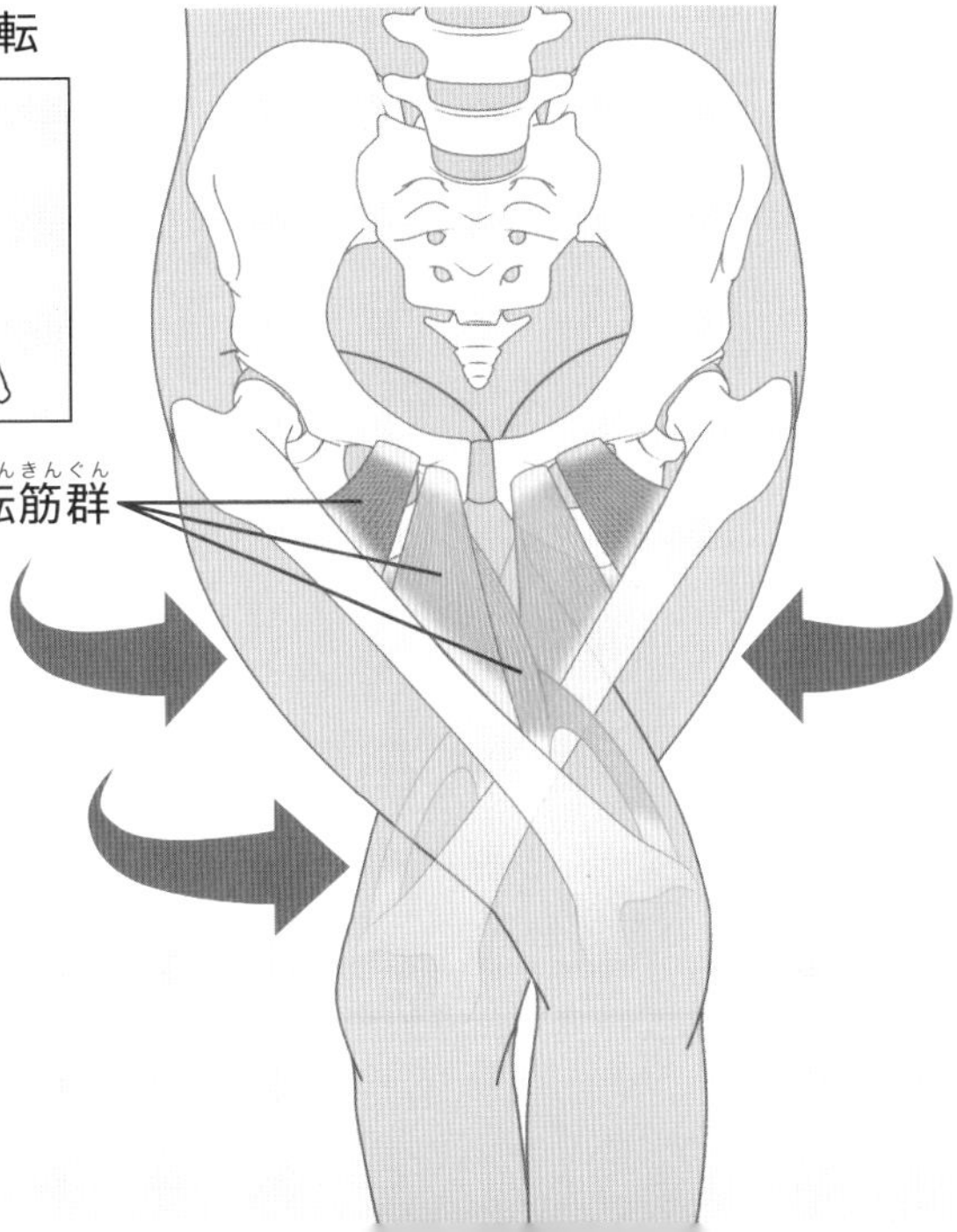

内転筋群《ないてんきんぐん》

脚を大きく内側へ振る股関節内転の動きを加えることで内転筋群の負荷が高まる。さらに左右の足が交差した体勢では、股関節から両脚を閉じて股を強く締める動きでバランスを安定させる。この動きも内転筋群による内転動作。

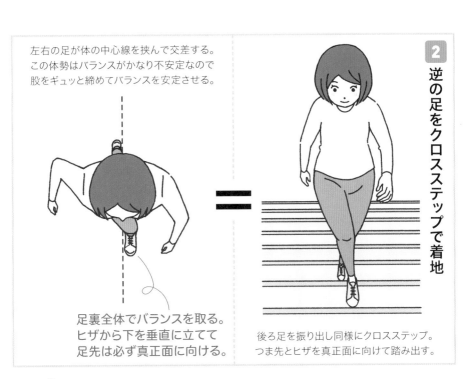

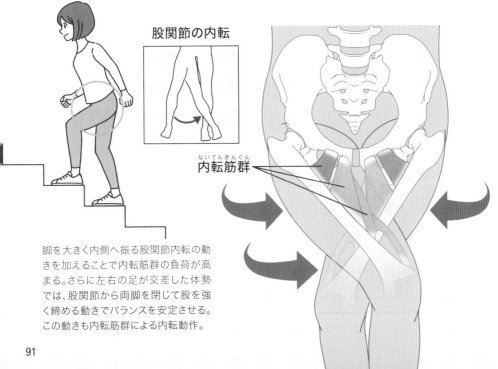

フォーム9 一段とばしでクロスステップ

お尻と内ももを追い込む

股をギュッと締めたまま上《のぼ》ることで内転筋群《ないてんきんぐん》と大殿筋《だいでんきん》下部を強く鍛える

ターゲット
大殿筋《だいでんきん》
内転筋群《ないてんきんぐん》
中殿筋《ちゅうでんきん》

サブターゲット
大腿四頭筋《だいたいしとうきん》

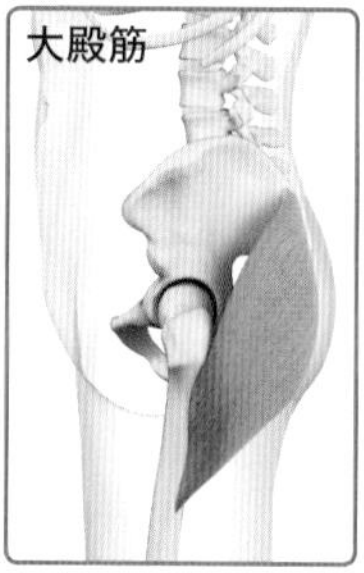

1 一段とばしでクロスステップで着地

前足を内側へ振りながら大きく踏み出し
体の中心線より外側に着地させる。

一段とばしでクロスステップをする難易度の高いフォーム。脚を大きく踏み出しながら内側へ振る（股関節の内転）ことで内転筋群《ないてんきんぐん》への負荷を高めます。また内転動作には大殿筋《だいでんきん》の下部も一緒に働きます。

前後に大きく開いた足を交差させる不安定な体勢では、両脚の股関節を内転して股を締める動きでバランスを取るため、内転筋群の負荷がより高くなります。さらに着地した前足のヒザ下を垂直（正面から見て）に立てるため、中殿筋《ちゅうでんきん》による股関節の内旋（脚を内向きに捻る）動作が強く働きます。このヒザ下を立てる動きにも内転動作は貢献しています。

2 逆の足を一段とばしでクロスステップ

左右の足が体の中心線を挟んで交差する。
この体勢はバランスがかなり不安定なので
股をギュッと締めて体のぐらつきを抑える。

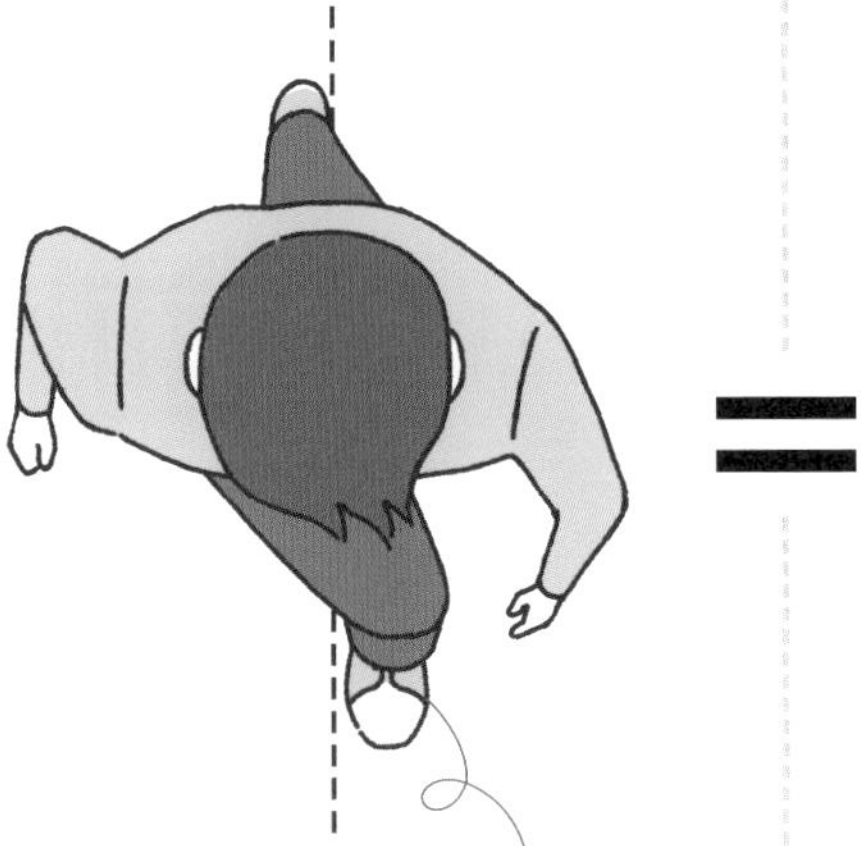

足裏全体でバランスを取る。
ヒザ下をできるだけ垂直に立てて
足先は必ず真正面に向ける。

後ろ足を振り出し同様にクロスステップ。
つま先とヒザを真正面に向けて踏み出す。

股関節の内転

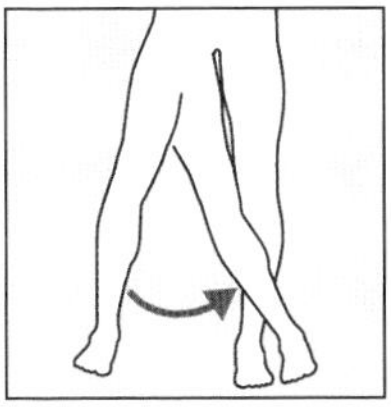

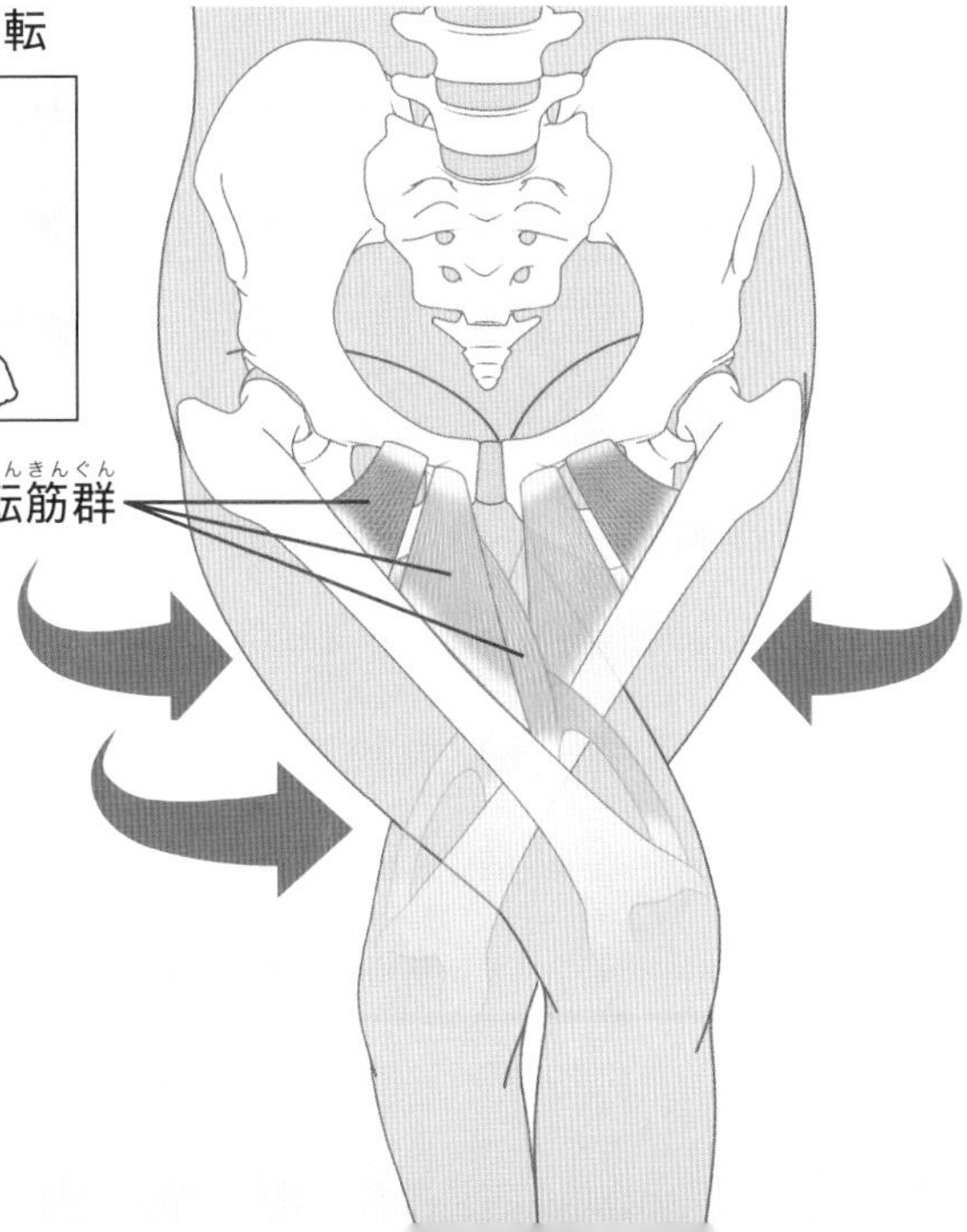

一段とばしのクロスステップは体勢が不安定なので股関節から両脚を閉じて股を強く締める動きでバランスを取る。さらに股を強く締める動きは着地した前足のヒザ下を垂直に立てる重要な動きにも貢献している。どちらの動きも内転筋群による股関節の内転動作。

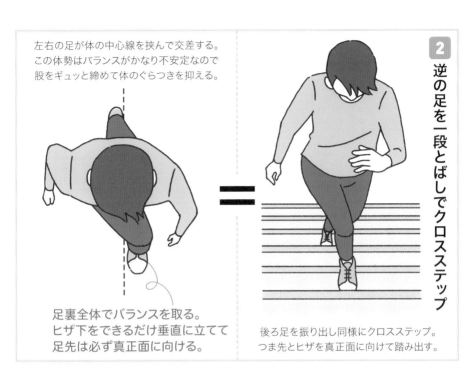

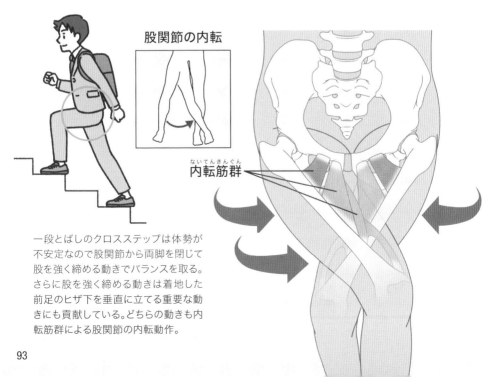

フォーム⑩ 足を高く上げて上《のぼ》る

骨盤を前傾させる腸腰筋《ちょうようきん》強化

ターゲット
腸腰筋《ちょうようきん》
大腿四頭筋《だいたいしとうきん》

サブターゲット
大殿筋《だいでんきん》

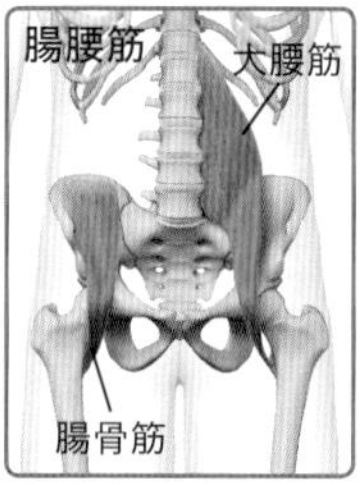
腸腰筋
大腰筋
腸骨筋

1 前足をソフトに着地

上体を立たせることにより股関節の屈曲範囲が広がる

カカトまで階段に乗せてソフトに着地。
足裏全体に体重をかけてバランスを取る。

股関節から脚を高く持ち上げることで股関節深部の腸腰筋《ちょうようきん》への負荷を高める

通常より足を高く上げて上《のぼ》るフォーム。太ももが水平になるぐらいまで脚を持ち上げることで、股関節を曲げる（股関節の屈曲）腸腰筋《ちょうようきん》（特に腸骨筋《ちょうこつきん》）への負荷が大きくなります。上体（上半身）を立たせたまま上ることで足を下ろした時に股関節が伸び、腸骨筋を強く刺激できます。上体を立たせたフォームではヒザ関節に体重が乗るため、体を持ち上げる動きはヒザを伸ばす動きが主体となります。

一段とばしで上る場合も同様に足を高く上げますが、前方に大きく振り上げる動きになるため腸骨筋よりも推進筋《すいしんきん》である大腰筋《だいようきん》への負荷が高まります。

2

後ろ足を高く振り出す

股関節から引き上げる意識で太ももを上げる

太ももが水平になる程度の高さまで上げる。
上体が立っているため上る動作はヒザ主体。

3

足をソフトに下ろす

腸腰筋が足を下ろす動きにブレーキをかけて減速する

靴音が鳴らないように足を下ろすことで、
足を下ろす局面でも腸腰筋に負荷がかかる。

脚の重さがバーベル代わりの負荷となるため、股関節から脚を高く持ち上げるほど、股関節を曲げる腸腰筋への負荷が高くなる。踏み込んで地面を蹴る勢いは使わずに、股関節から太ももを引き上げる意識で足を上げるのがポイント。足を下ろす動きにブレーキをかけるのも腸腰筋による股関節の屈曲動作であるため、着地をソフトにすれば腸腰筋への負荷はさらに高まる。

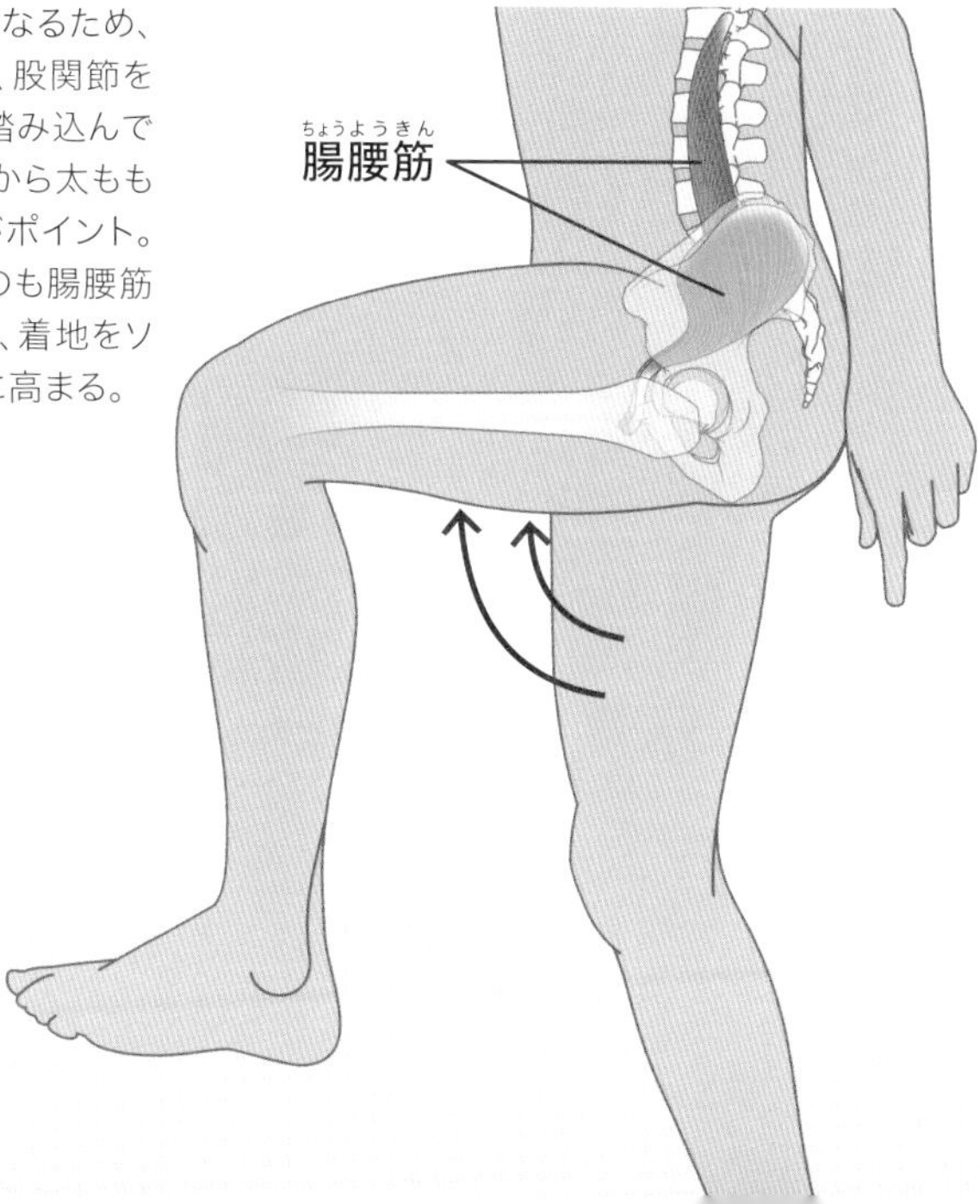
腸腰筋《ちょうようきん》

股関節の屈曲

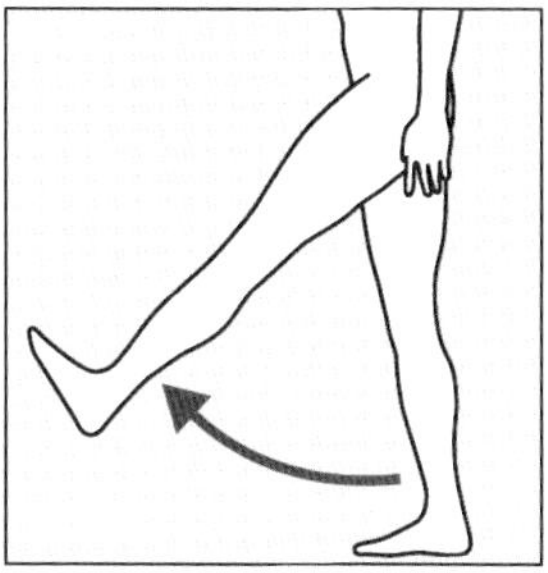

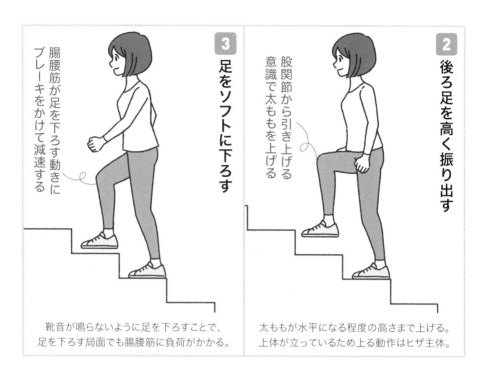

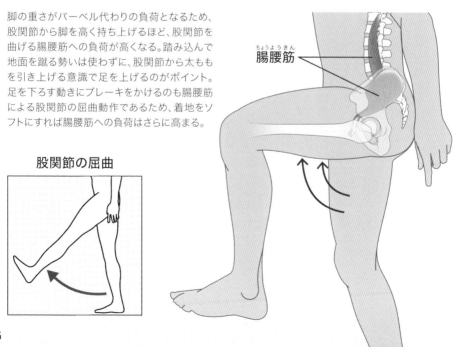

番外編

カカトをつけずに階段を下りる ふくらはぎを鍛える

ターゲット ヒラメ筋 腓腹筋《ひふくきん》

サブターゲット 大腿四頭筋《だいたいしとうきん》（広筋群《こうきんぐん》）

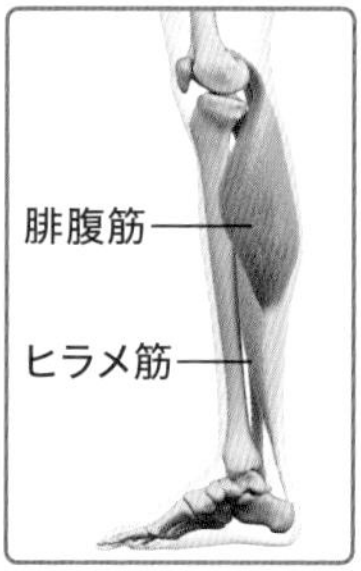
腓腹筋
ヒラメ筋

1 前足を下ろしてつま先部分で着地

着地時にヒザが前に出るとヒザに体重が乗るので注意
つま先重心

一段下の階段につま先部分で着地する。着地時にヒザが曲がらないようにする。

着地の衝撃を足首の動きで吸収し ヒラメ筋と腓腹筋《ひふくきん》を高負荷で鍛える

男性はふくらはぎにも筋肉をつけたいという人が多いので、階段を下りながらふくらはぎを鍛える番外編。階段を上《のぼ》る動きにもふくらはぎの筋肉は働いていますが、カカトをつけずにつま先重心のまま階段を下りることでより大きな負荷をかけられます。

ヒラメ筋と腓腹筋《ひふくきん》には、ともにカカトを持ち上げて背伸びをする（足関節の底屈《ていくつ》）働きがあります。つま先で着地した時、体重が乗った着地の衝撃でカカトが落ちる動きに対し、この背伸びをする動きでカカトがつかないように抗《あらが》うことによって、ヒラメ筋と腓腹筋が強大な力を発揮するのです。

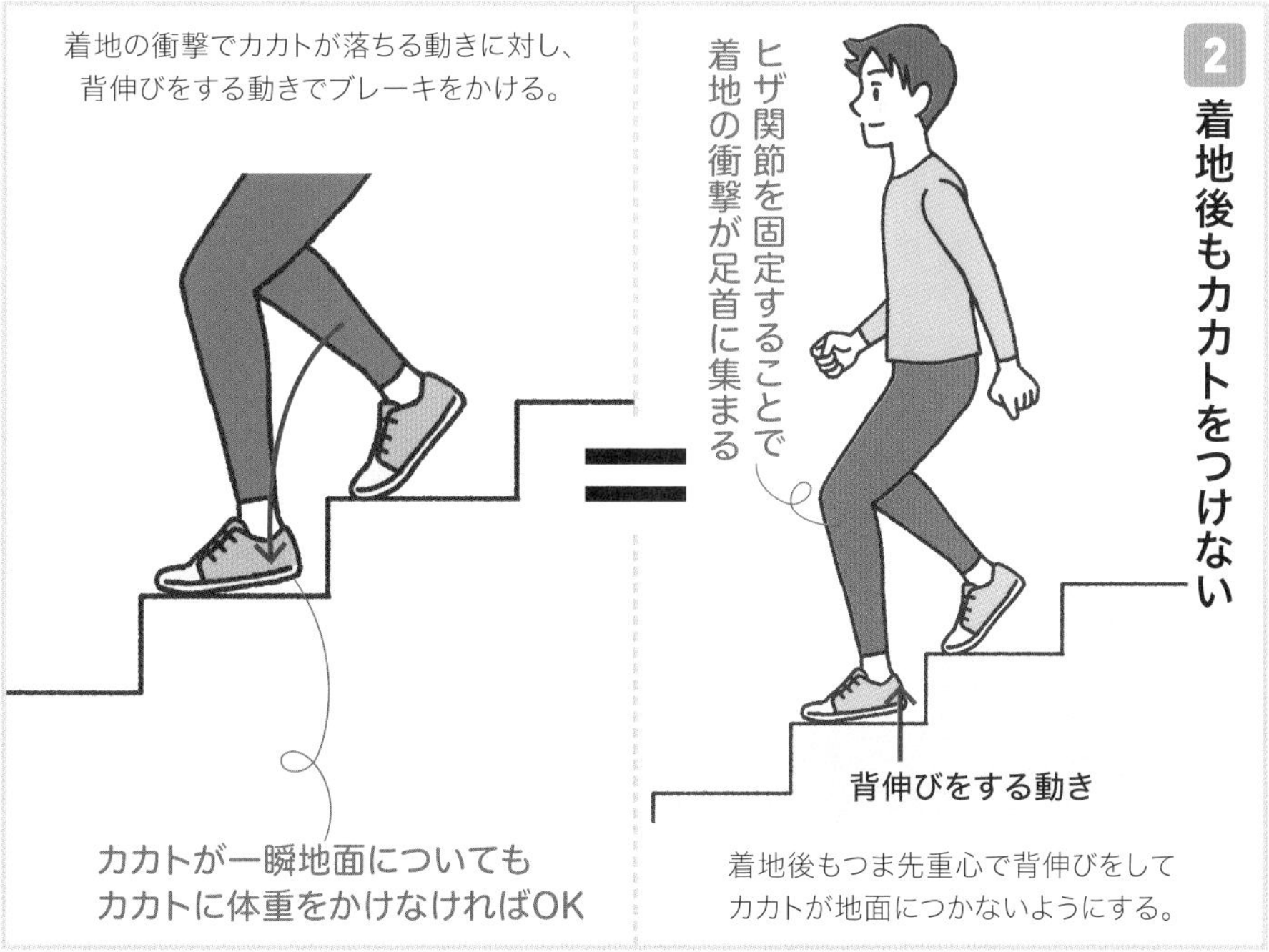
2
着地後もカカトをつけない
着地の衝撃でカカトが落ちる動きに対し、
背伸びをする動きでブレーキをかける。
カカトが一瞬地面についても
カカトに体重をかけなければOK
ヒザ関節を固定することで
着地の衝撃が足首に集まる
背伸びをする動き
着地後もつま先重心で背伸びをして
カカトが地面につかないようにする。

つま先で着地した時、着地の衝撃でカカトが落ちる動きに対し、カカトを持ち上げる動き（足関節の底屈）でブレーキをかける。この底屈動作には抗重力筋《こうじゅうりょくきん》であるヒラメ筋がより強く働く。ブレーキをかければカカトがついてもヒラメ筋・腓腹筋には強い負荷がかかる。足首で着地の衝撃を吸収することでヒザにかかる負担も軽減できる。

足関節の底屈

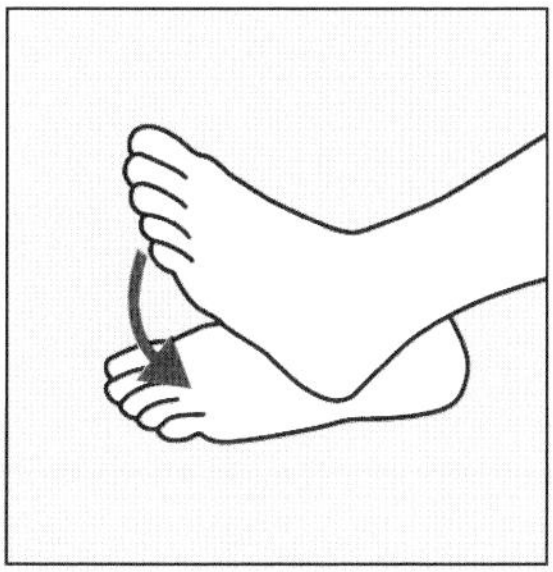

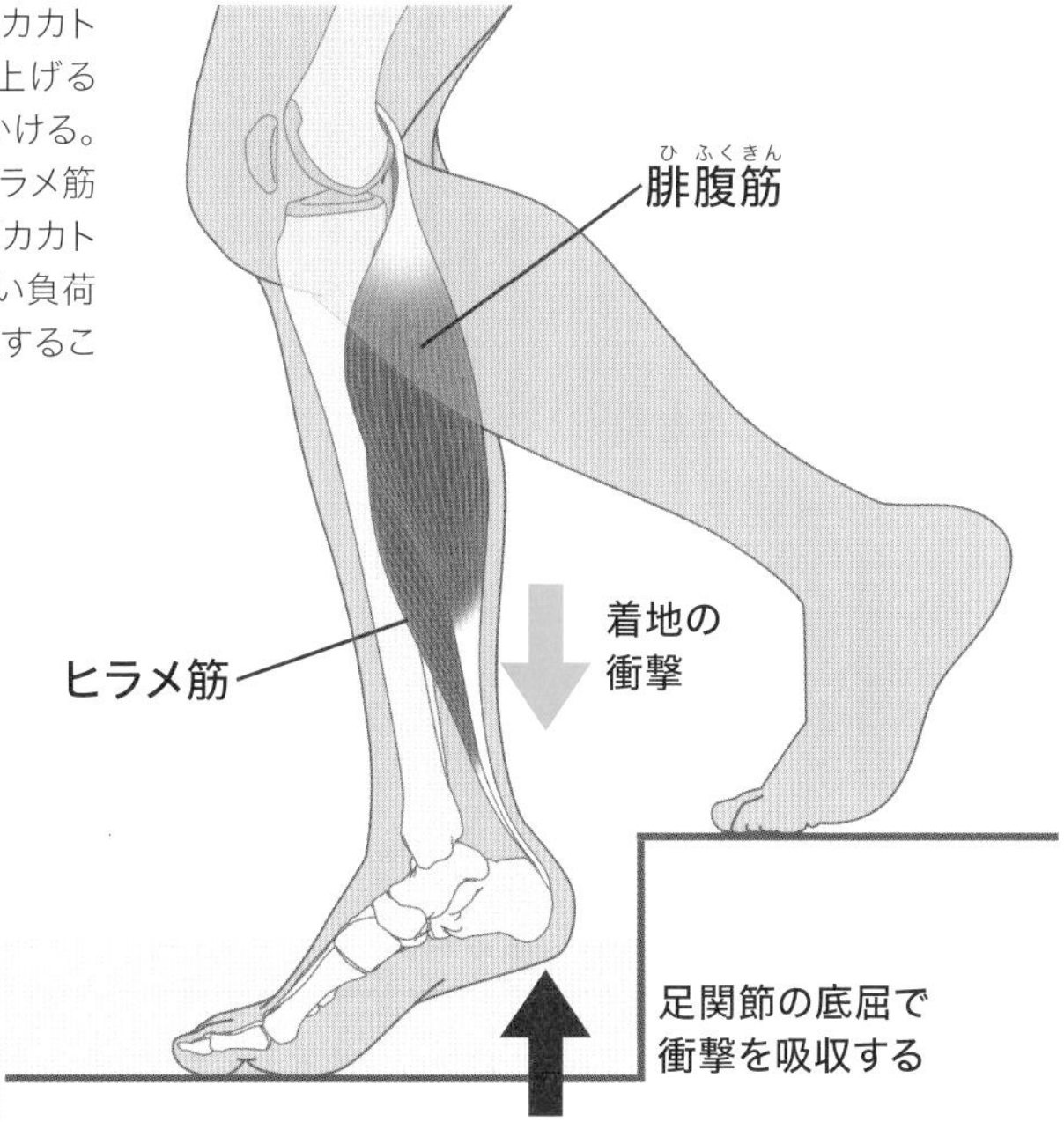
腓腹筋《ひふくきん》
ヒラメ筋
着地の
衝撃
足関節の底屈で
衝撃を吸収する

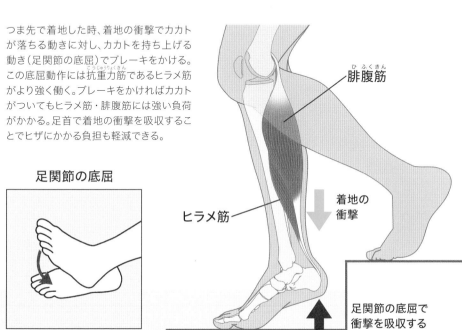

トレーニング強度の目安

「仕事量」と「運動量」の違い

階段トレーニングにおける「仕事量」とは階段を上《のぼ》る時の1歩の強度を表す目安。「運動量」はトータルのエネルギー消費量を表す目安となります※。一段とばしで上ると1歩の体を持ち上げる距離が長くなるため仕事量（力の大きさ×力の向きに動いた距離）が大きくなり、長い階段を上ると運動時間や歩数が増えるためエネルギー消費量が大きくなります。

歩数が同じなら1歩あたりの仕事量が大きい「一段とばし」で上るほうが運動量も増えますが、一段とばしでは「一段ずつ上る」よりも歩数が半分に減るため、実際は一段ずつ上る場合に比べてエネルギー消費量は同程度かやや少なくなると考えられます。

階段上りの「運動量」と「仕事量」

「運動量」

- **1回の階段上り運動で消費されるエネルギー量（運動時間や歩数で増減）**

一定のペースで上った場合、運動時間と歩数は比例する。

「仕事量」

- **階段上りにおける1歩あたりの運動強度（体重や上り方で増減）**

1歩の仕事量が大きいほどエネルギー消費量も大きい

一段とばしで上ると体を持ち上げる距離が長くなって仕事量は大きくなるが、歩数や運動時間は少なくなる。

ダイエット目的なら一段ずつ上ればいいのね♪

※物理学における「運動量」とは異なる。物理学の運動量は「質量×速度」で計算される

第5章

階段生活をはじめよう！

階段の上《のぼ》り方を覚えたらさっそく実践してみましょう。
「階段トレーニング」を無理なく継続するためには、
生活習慣の中に組み入れることがポイントとなります。
本章では、一週間の実践例をマンガで解説します。

（※階段トレーニングはお尻の大殿筋をメインターゲットとする上り方を中心に実践することが基本となります）

月曜　太もも前面

脚の筋力強化と
太ももの引き締め！

起床
今日から階段トレーニングがんばるぞ!!
服装は動きやすいパンツをチョイス。
脚も上がる♪
今日は同僚とランチの約束をしているから靴はお気に入りのショートブーツで♪
階段上《のぼ》りの準備運動だね
歩くのも歩幅を広めに！
電車の中で階段上りのポイントをチェック。
今日は太ももの前面ね
改札を出ていよいよ階段上りへ…
※地下鉄は駅が地下なので入場時で階段を下りて、退場時に上る場合が多い
やるぞ!!
Pi♪

階段を使う人ってこんなに少ないんだ
階段は使用率がとても低い…
けっこう段数があるのね。いつもエスカレーターだから気づかなかった
今日はベーシックな上り方で太もも前面の大腿四頭筋《だいたいしとうきん》に負荷をかけて鍛える。
急にイラストがリアルね
大腿四頭筋《だいたいしとうきん》
靴のヒールが高いほど重心がつま先寄りになり、ヒザ関節に体重が乗る。階段を上る動きでもヒザ関節の動きが主体に。
ヒールが高くてもちゃんと上れるね!

※このフォームは4章P.76〜77で解説

前足を着地

上体を立てたまま上《のぼ》ると
股関節に体重が乗りにくい

ヒザを前に出して着地するほど
つま先寄りに体重がかかる

通常、階段を上る動きでは
重心がつま先寄りになる。

上《のぼ》る

ヒザを伸ばす動きが主体で
体を持ち上げて上る

ヒザを前に出して着地するほど
ヒザ関節に体重が乗る

ヒザを伸ばす動きで上ると
太もも前面に負荷がかかる。

つま先重心になると

股関節よりヒザ関節に体重が乗るため、
太もも前面にある大腿四頭筋《だいたいしとうきん》の
ヒザを伸ばす力で上る動きになる。

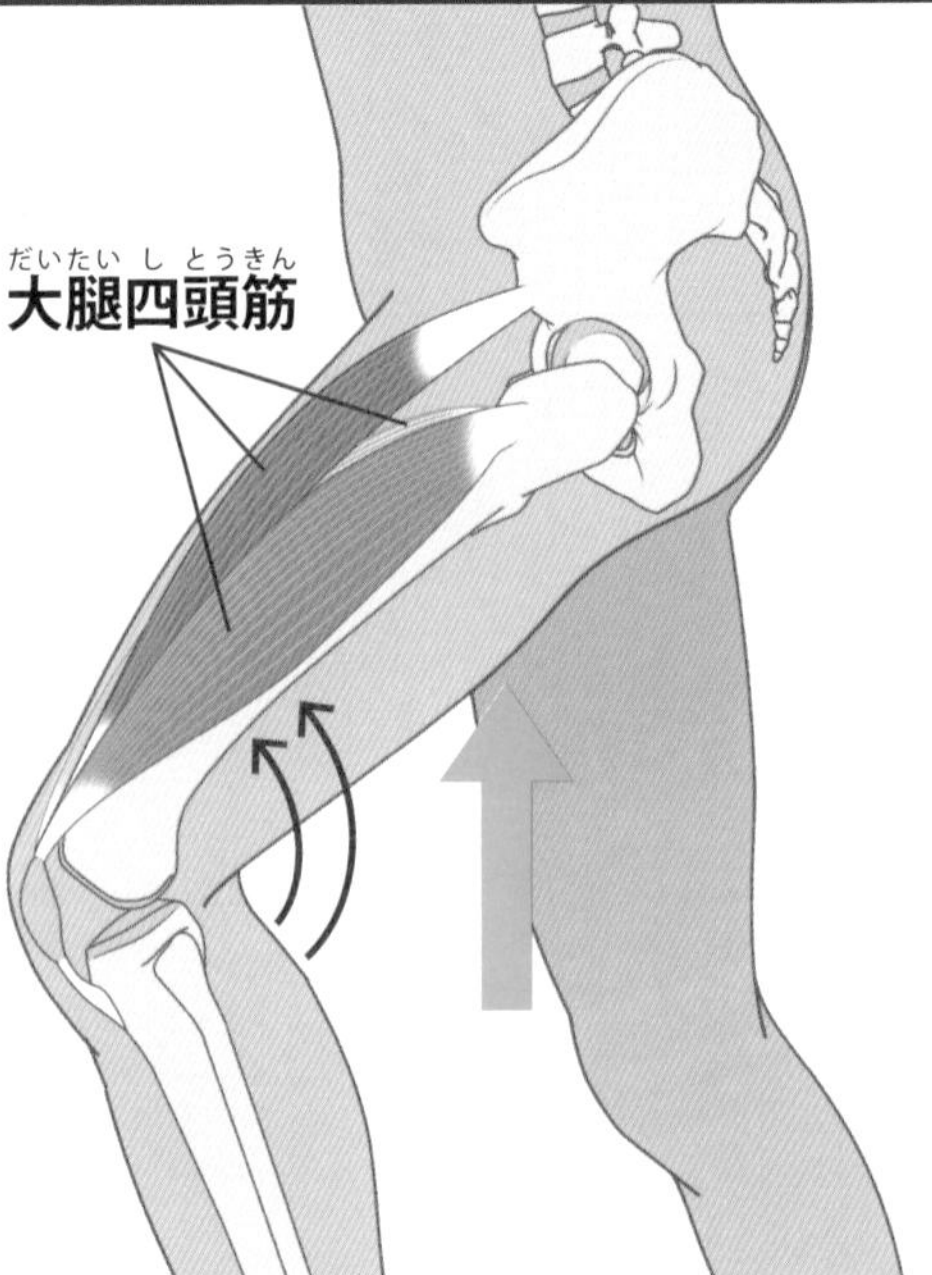

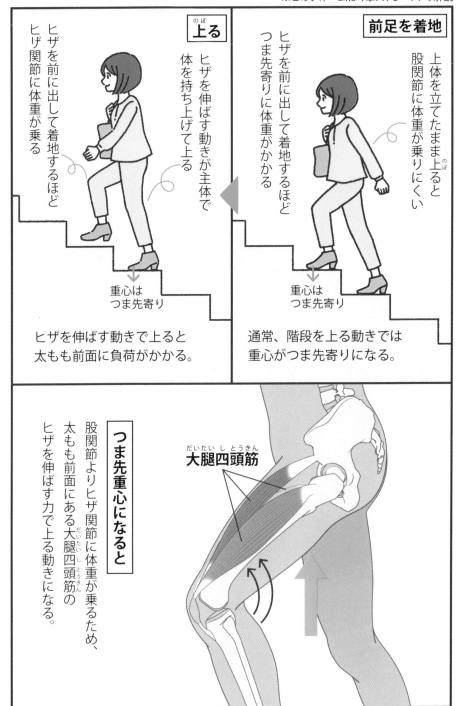

着地をソフトにすると骨盤を前傾させる腸骨筋《ちょうこつきん》がより鍛えられヒザにもやさしい。
そろり…
ガニ股や内股《うちまた》で上っているとヒザ関節がねじれてしまい骨格のゆがみにつながるためつま先は常に真正面に向ける。
つま先は常に真正面
A1
出口 Exit
A2
地下鉄の階段は二段式の場合も多いのよね
まだ上るのか…
ふぅ…
階段はゴールが見えるからがんばれるね
もう少し!
ハァハァ
いい運動になった!
○○○駅
GOAL!!
上り終わったら必ずターゲットの筋肉に効いているか確認。
ちゃんと太もも前面の筋肉に効いた。これから毎日階段を使うぞ!

仕事終了
今日はここまで
帰りも階段上《のぼ》りがんばろう！
帰りの階段上りのポイントを電車の中で再チェック。
帰りは腸腰筋の負荷をアップね
←〇〇方面
改札を出て再び階段上りにレッツトライ！
やるぞー！
帰りは行きより足を高く上げ骨盤前面の深部にある腸腰筋《ちょうようきん》の負荷を高くする。
腸腰筋は股関節を曲げて脚を前方に持ち上げる筋肉群の総称ね
腸腰筋《ちょうようきん》（※複合筋）
大腰筋《だいようきん》
腸骨筋《ちょうこつきん》

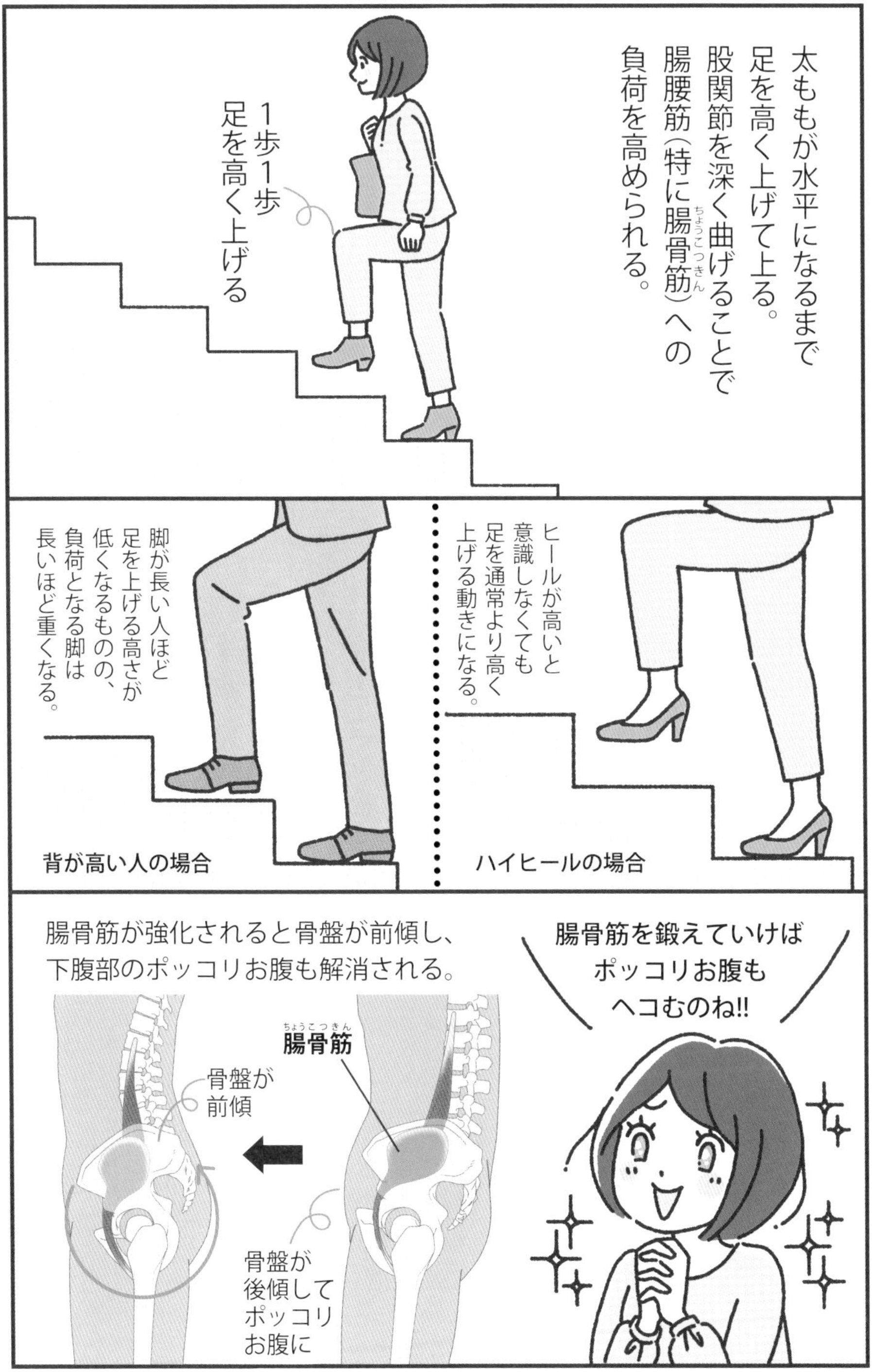
太ももが水平になるまで
足を高く上げて上る。
股関節を深く曲げることで
腸腰筋（特に腸骨筋《ちょうこつきん》）への
負荷を高められる。
1歩1歩
足を高く上げる
ヒールが高いと
意識しなくても
足を通常より高く
上げる動きになる。
ハイヒールの場合
脚が長い人ほど
足を上げる高さが
低くなるものの、
負荷となる脚は
長いほど重くなる。
背が高い人の場合
腸骨筋を鍛えていけば
ポッコリお腹も
ヘコむのね!!
腸骨筋が強化されると骨盤が前傾し、
下腹部のポッコリお腹も解消される。
腸骨筋《ちょうこつきん》
骨盤が
前傾
骨盤が
後傾して
ポッコリ
お腹に

※このフォームは4章P.94～95で解説

前足を着地

上体を立てたまま上《のぼ》ることで
股関節の可動範囲が広がる
靴音を立てずに着地

階段を上る動き自体は
足を高く上げても同じ。

上《のぼ》る

ヒザを伸ばす動きが主体で
体を持ち上げて上る
太ももが水平に
なるまで上げる

上りながら前足を高く上げる。
脚の重さが腸腰筋《ちょうようきん》の負荷になる。

足を高く上げると

股関節を曲げて脚を持ち上げる
腸腰筋への負荷が高くなる。
特に骨盤を引きつけて前傾させる
腸骨筋《ちょうこつきん》を強化することができる。

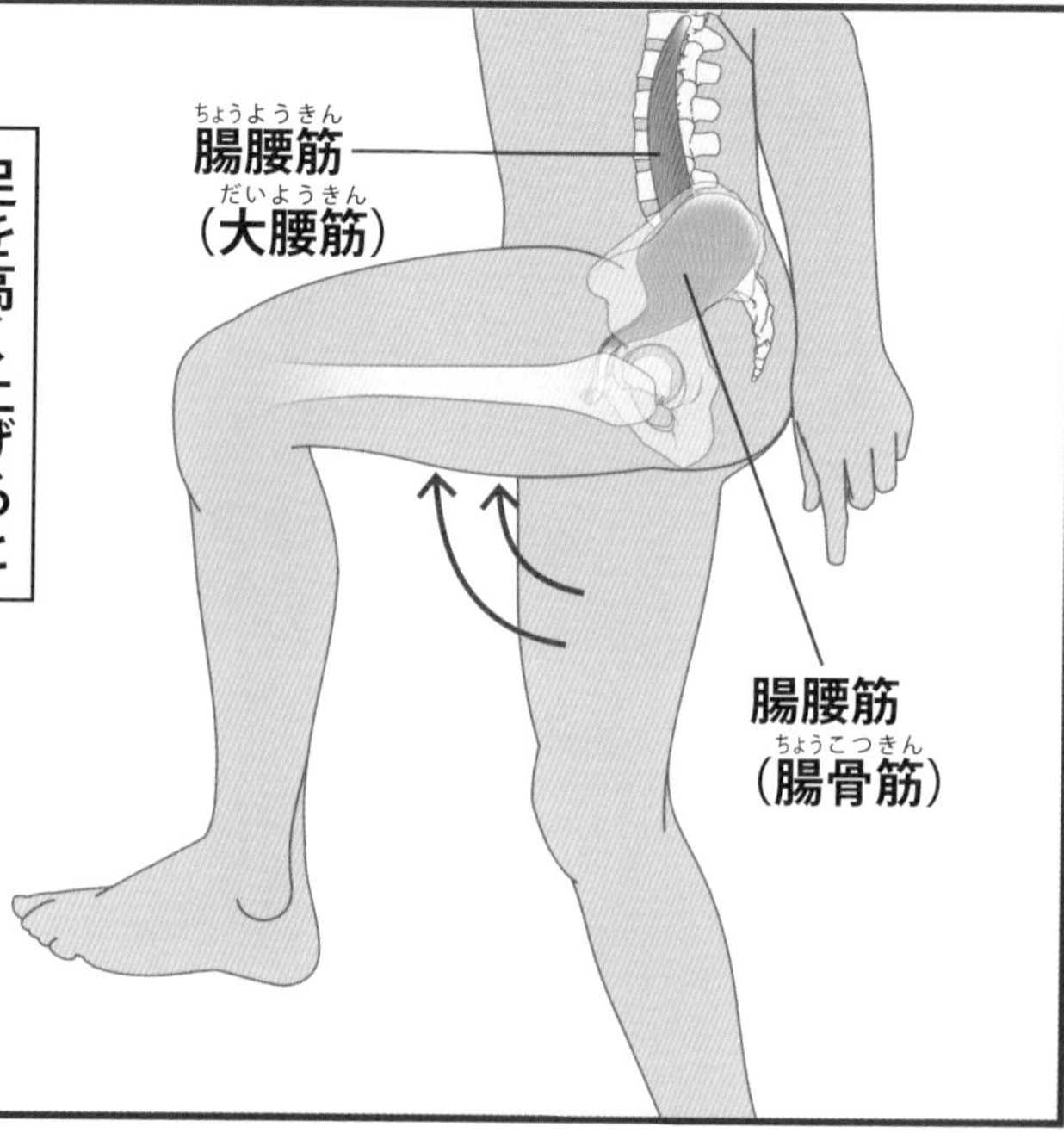
腸腰筋《ちょうようきん》
（大腰筋《だいようきん》）
腸腰筋
（腸骨筋《ちょうこつきん》）

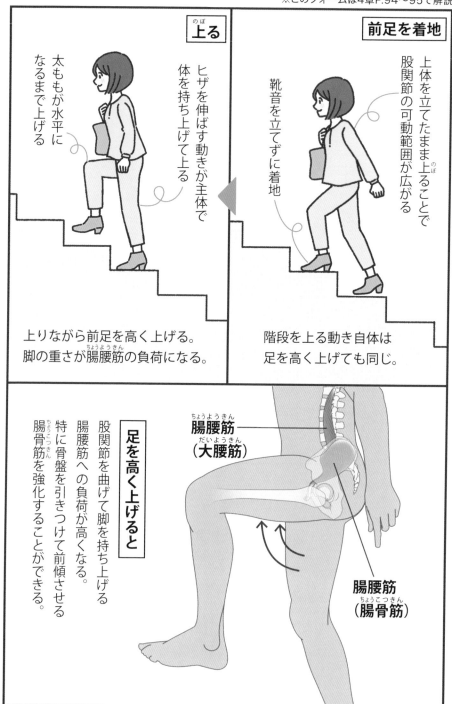

地面を蹴らずに太ももを引き上げるイメージで足を上げると腸腰筋に効かせやすくなる。

足を高く上げても着地はソフトに。腸腰筋が下ろす足にブレーキをかける。

そろりそろり…

早足も腸腰筋に効果的
足を高く上げなくても早足で上れば腸腰筋への負荷を高められる。

早足もキツい…
※早足で上る時はカカトの低い靴で
ローヒール
住んでる街の駅のほうが少し階段が長いのよね
ハーハーハァー…
〇〇駅
GOAL!!
足を高く上げるだけでけっこう違うのね
心地よい疲れ!!
帰りの階段上りでは脚の付け根の腸腰筋にもちゃんと効いたか確認。
脚の付け根の筋肉にしっかり効いてる。腸腰筋を鍛えていって骨盤を前傾させるぞ!

火曜　お尻

お尻＆股関節の筋力強化と
ヒップラインづくり！

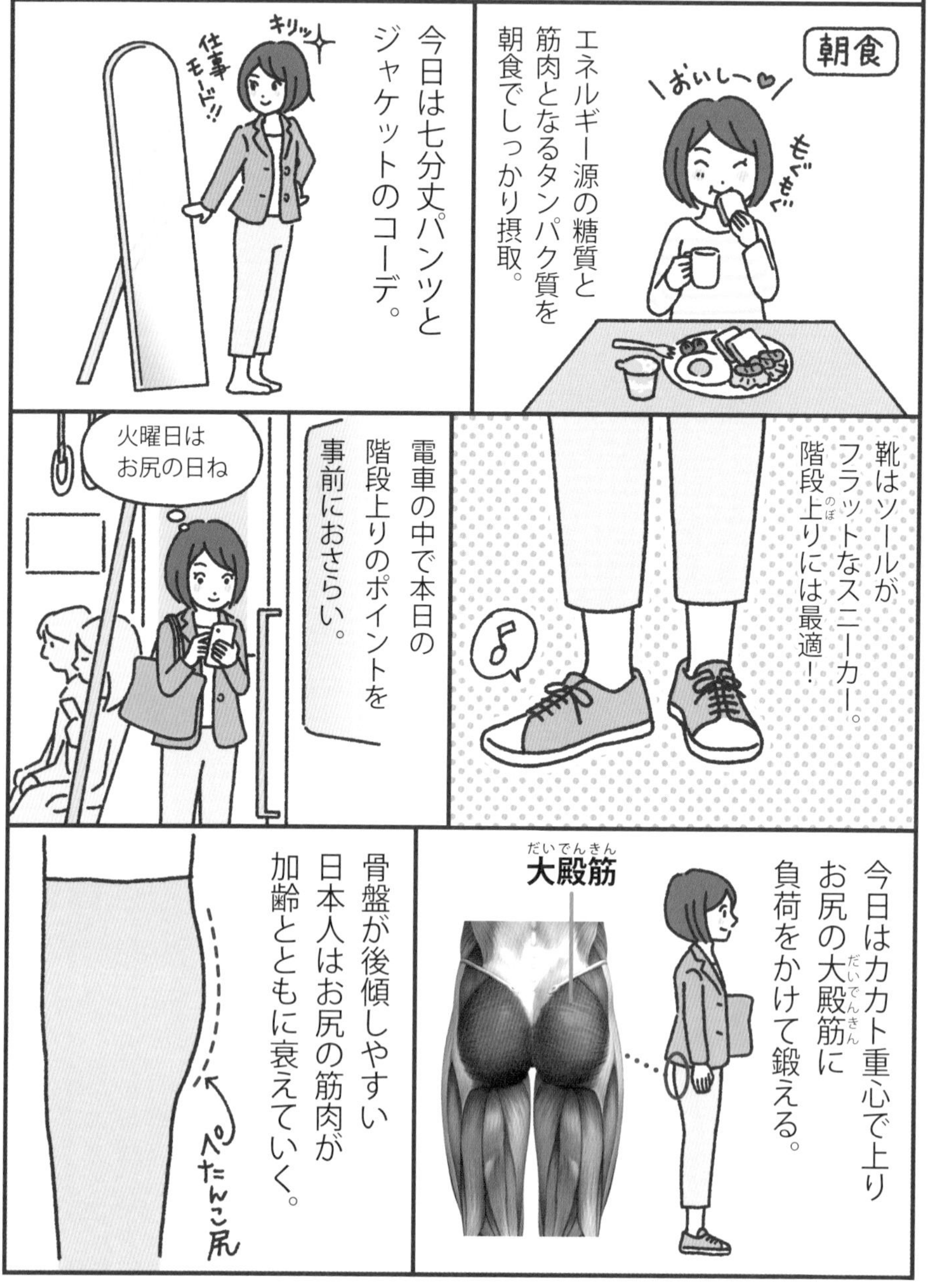

朝食
エネルギー源の糖質と筋肉となるタンパク質を朝食でしっかり摂取。
おいしー♡
もぐもぐ
今日は七分丈パンツとジャケットのコーデ。
キリッ
仕事モード!!
靴はソールがフラットなスニーカー。階段上《のぼ》りには最適！
電車の中で本日の階段上りのポイントを事前におさらい。
火曜日はお尻の日ね
今日はカカト重心で上りお尻の大殿筋《だいでんきん》に負荷をかけて鍛える。
大殿筋《だいでんきん》
骨盤が後傾しやすい日本人はお尻の筋肉が加齢とともに衰えていく。
ぺたんこ尻

火曜
お尻

美尻発見!

あの人のヒップライン、うらやましい…

ほわぁ♡

あの人も階段を使ってる!

おお!!

やっぱり美尻には階段だ!!

ゴオオオオオオオオオ
カカトに重心をかけて美尻への第一歩!

カカトに体重を乗せ、カカトで地面を押して階段を上っていくとお尻の大殿筋にしっかり負荷がかかる。

上体は少し前傾させる

※このフォームは4章P.78～79で解説

前足を着地

お尻を軽く後方に引いて股関節から上体を少し倒す
着地時のヒザ下の角度はできるだけ垂直にする
カカト重心

前足のカカトに体重をかけて
ヒザより股関節に体重を乗せる。

上《のぼ》る

股関節を伸ばす動きが主体で体を持ち上げる
上っているときも上体は少し倒したまま
カカト重心

カカトで地面を押して上《のぼ》ることで
お尻の大殿筋《だいでんきん》に負荷がかかる。

カカト重心にすると

ヒザより股関節に体重が乗るため、ヒザ関節を伸ばす動きよりも大殿筋の股関節を伸ばす力が主体となって上る動きになる。

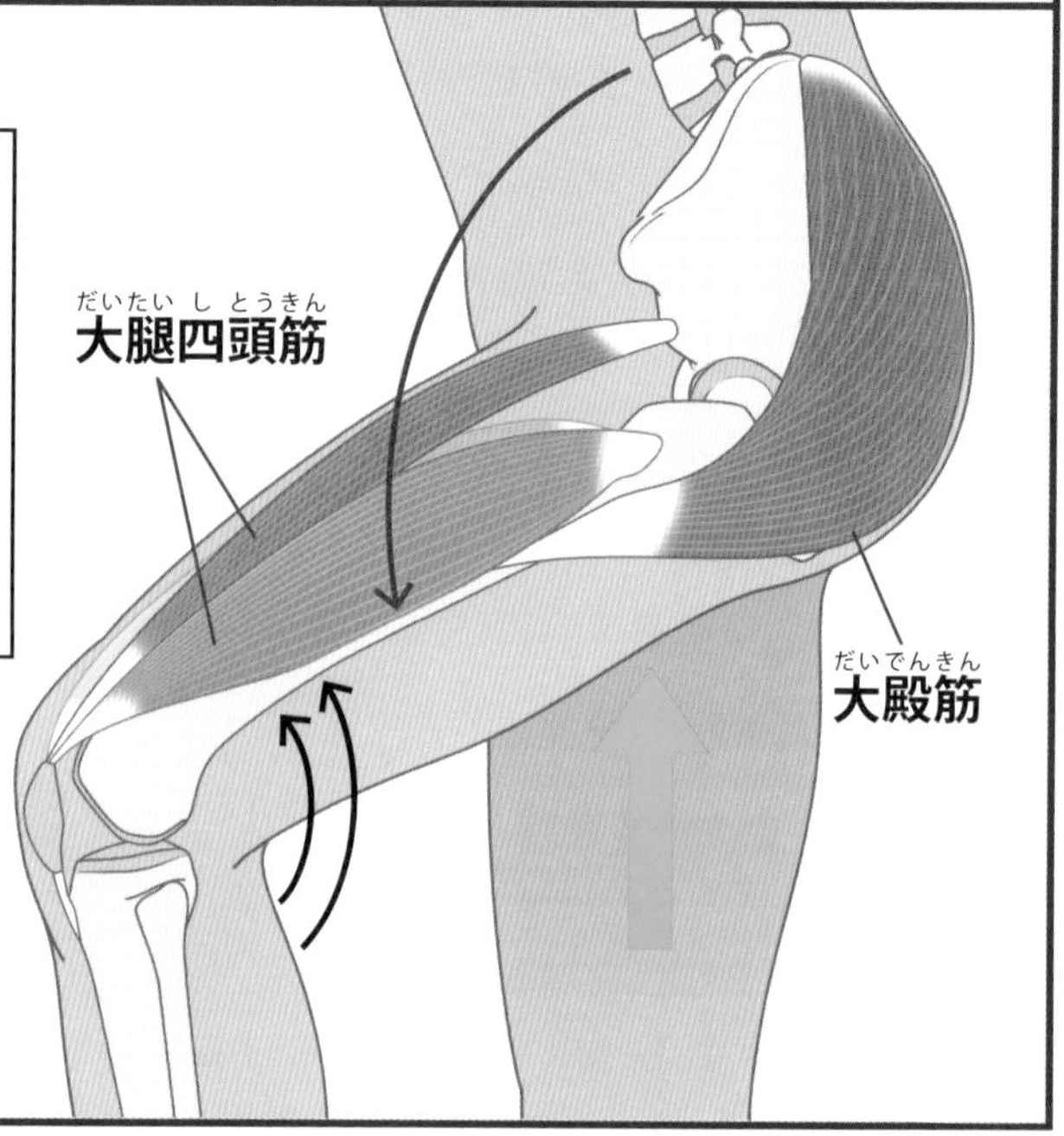
大腿四頭筋《だいたいしとうきん》
大殿筋《だいでんきん》

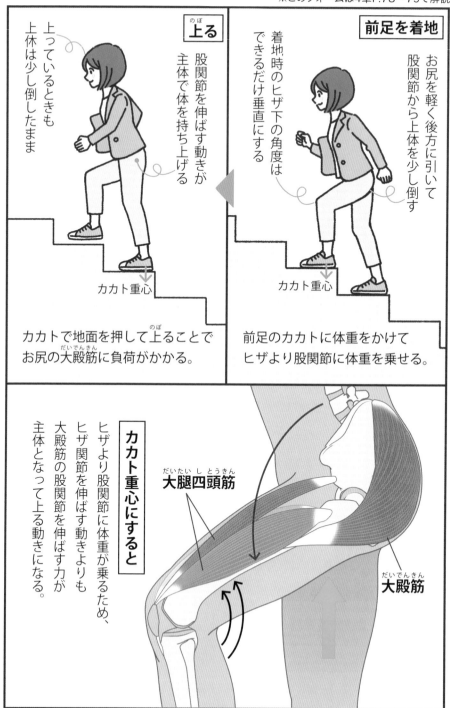

火曜 お尻

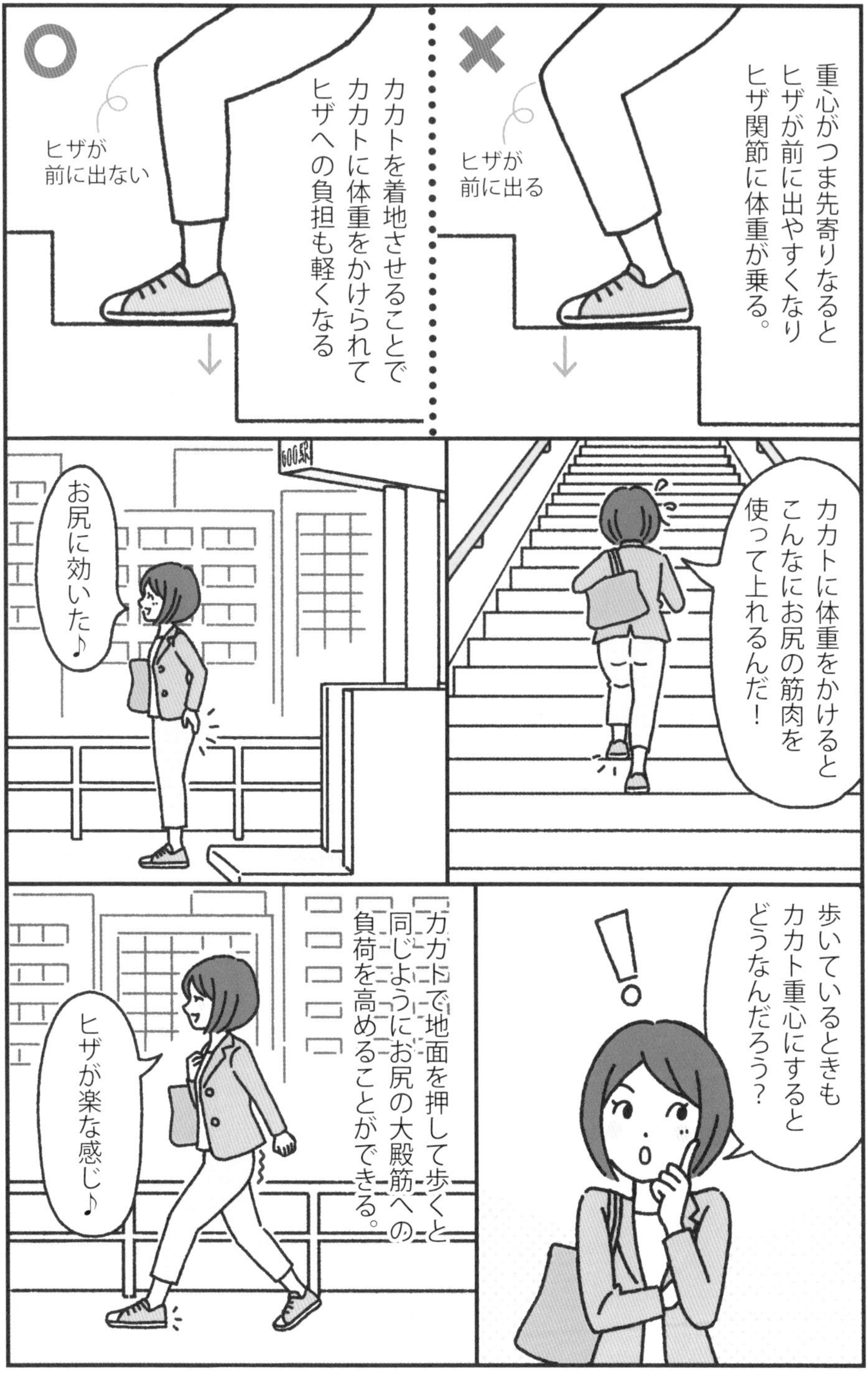
重心がつま先寄りなると
ヒザが前に出やすくなり
ヒザ関節に体重が乗る。
ヒザが前に出る
カカトを着地させることで
カカトに体重をかけられて
ヒザへの負担も軽くなる
ヒザが前に出ない
カカトに体重をかけると
こんなにお尻の筋肉を
使って上れるんだ!
お尻に効いた♪
歩いているときも
カカト重心にすると
どうなんだろう?
カカトで地面を押して歩くと
同じようにお尻の大殿筋への
負荷を高めることができる。
ヒザが楽な感じ♪

仕事終了
今日はがんばったー
帰りはお尻をハードに！
上《のぼ》る前にフォームを確認！
背すじを伸ばしてお尻を後方に引く
ヒザができるだけ前に出ないようにする。
こんな感じかな
お尻をしっかり引いたままカカト重心で上っていくとお尻の大殿筋《だいでんきん》により強い負荷をかけられる。
お尻を後方に引いて股関節から上体を倒す
お尻にくる～
カカト重心

火曜
お尻

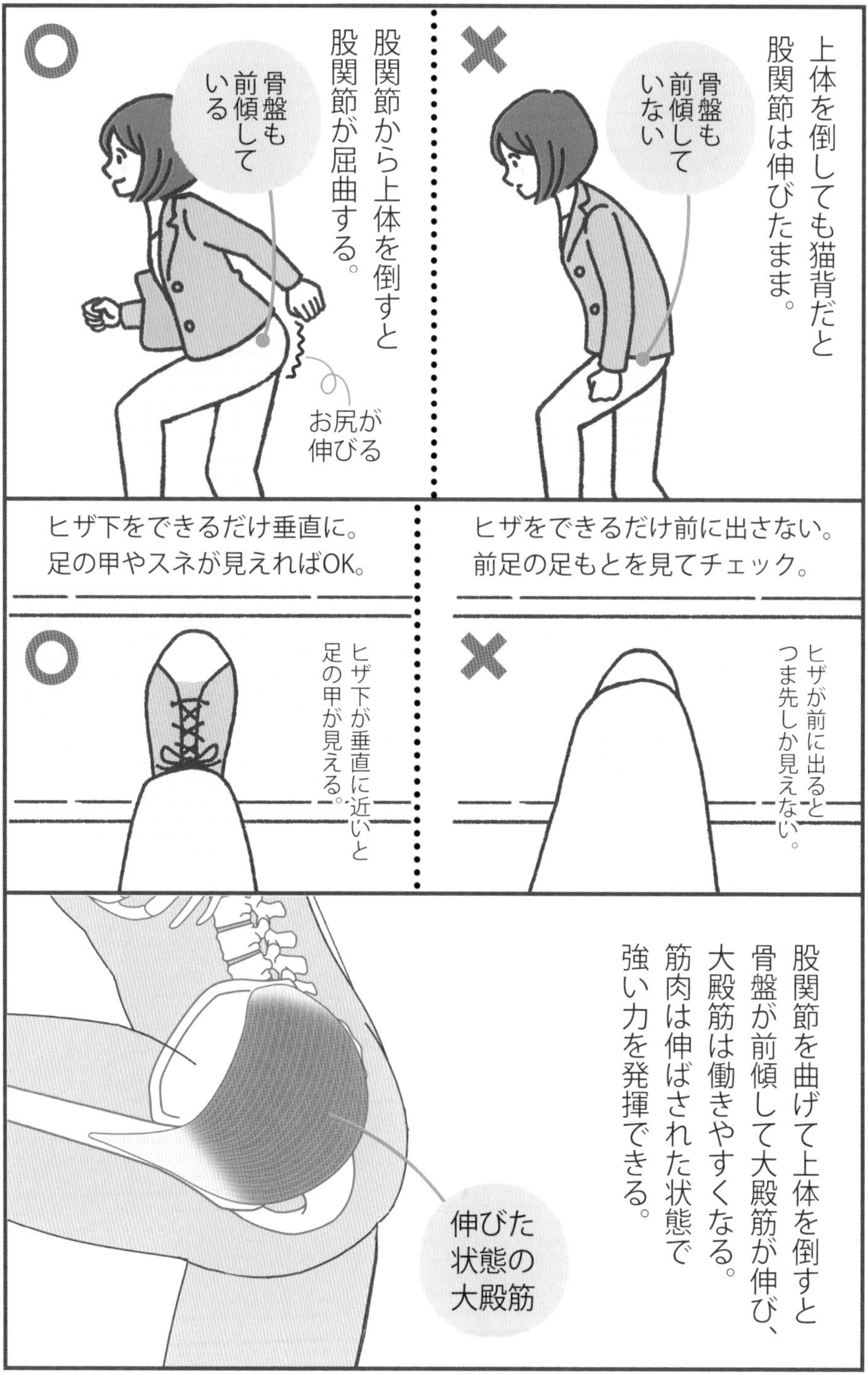
×
上体を倒しても猫背だと股関節は伸びたまま。
骨盤も前傾していない
○
股関節から上体を倒すと股関節が屈曲する。
骨盤も前傾している
お尻が伸びる
ヒザをできるだけ前に出さない。前足の足もとを見てチェック。
×
ヒザが前に出るとつま先しか見えない。
ヒザ下をできるだけ垂直に。足の甲やスネが見えればOK。
○
ヒザ下が垂直に近いと足の甲が見える。

股関節を曲げて上体を倒すと骨盤が前傾して大殿筋が伸び、大殿筋は働きやすくなる。筋肉は伸ばされた状態で強い力を発揮できる。

伸びた状態の大殿筋

※このフォームは4章P.80～81で解説

前足を着地
股関節から上体を倒し
股関節に体重を乗せる
着地時のヒザ下の角度は
できるだけ垂直にする
カカト重心
お尻を後方に引いたまま
カカトに体重をかけて着地。
上《のぼ》る
股関節を伸ばす
動きが主体で上る
上《のぼ》るときに上体が
起きないように注意
ヒザは
伸ばし
きらない
カカト重心
お尻を引いたままカカトで
地面を押して体を持ち上げる。
スクワットに近い動き
お尻を引いて上るフォームは
スクワットの動きに近い。
スクワットほど体を沈めないが
片脚で体を持ち上げて上るため
小さい動きでも負荷は高い。
お尻を引いて
しゃがむ

火曜
お尻

フォームをつかむまでは
足もとに目線が
行きがちなので
前方も随時確認。
キョロ キョロ
前方確認
ヒザが前に
出ないように
目で確認
階段上りは筋トレと違い
移動が主目的なので
キツくても続けられる。
この上り方は
キツい〜
攻めたフォームで上ると
周囲の目線が気になる…。
ちらっ
しかし他人の階段上りを
眺める人など皆無である。
誰も見て
なかった
○○駅
GOAL!!
ふぉ〜
しんど
かった〜
これを続ければ
ヒップアップも
間違いナシね!!
ウフッ
お尻がパンパン。

水曜　下半身全体

お尻と脚の筋肉を
一段とばしで強化！

一段とばしで上っても実は見た目の動きはそこまで大きく変わらない。
ふぅ…
小心者…
一段とばしで上ることを恥ずかしがることはないんだ。少し安心。
階段を一段とばしで上ると歩幅が広がりヒザも股関節も深く曲げる動きになるため、体を持ち上げる距離が長くなり脚・お尻への負荷が高まる。
足を前後に大きく開くため重心が下がる
ハムストリング
着地
ヒザを曲げる
体重移動
一段とばしで上ると着地後に太もも裏のハムストリングの力で前足のヒザを曲げ、前足に体重を移動させる動きも加わる。

※このフォームは4章P.82〜83で解説

前足着地&体重移動

着地後にヒザを曲げて
前足に体重を乗せる
カカトはハミ出してOK
重心は土踏まず部分

2段上の階段の角に着地して
土踏まず部分に体重をかける。

上《のぼ》る

土踏まずに体重をかけることで
お尻の大殿筋《だいでんきん》にも負荷がかかる
足を高く上げるため
腸腰筋《ちょうようきん》の負荷も高まる
重心は土踏まず部分

ヒザと股関節を伸ばす動きで
体を大きく持ち上げて上《のぼ》る。

ウォーキングランジに近い動き

一段とばしはウォーキングランジという筋トレの動きに近い。
前足のヒザと股関節を伸ばして体を持ち上げる動きはほぼ同じ。
足を左右交互に大きく踏み出して前進し、下半身を強化する。
太もも前面の大腿四頭筋《だいたいしとうきん》やお尻の大殿筋などが鍛えられる。

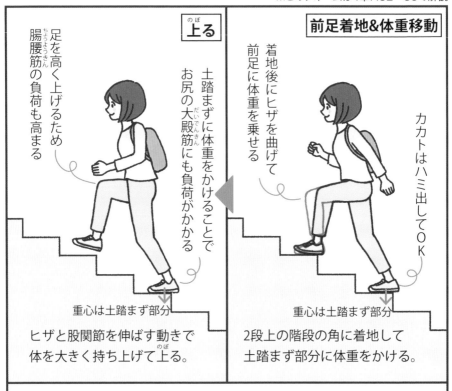

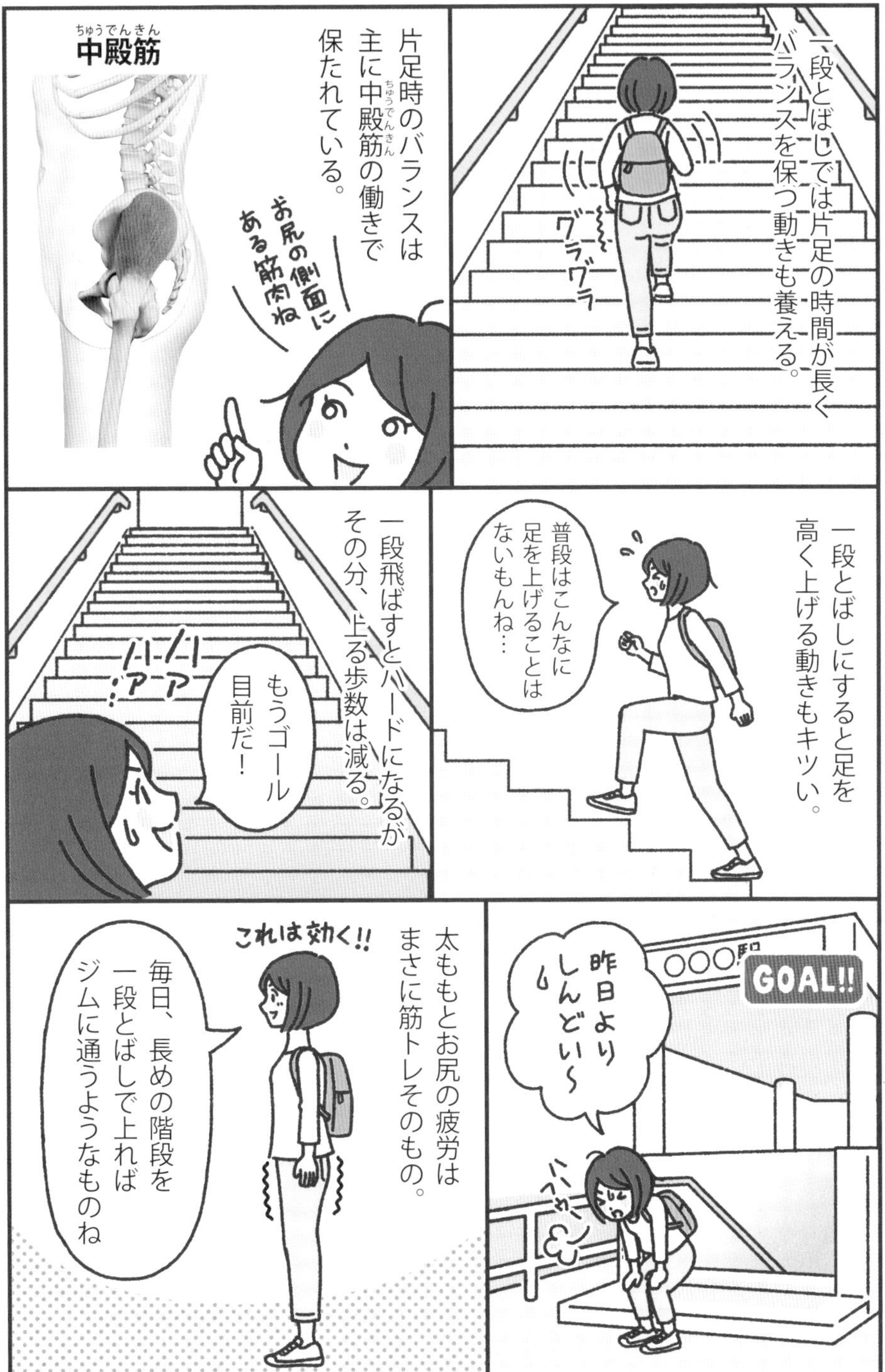
一段とばしでは片足の時間が長く
バランスを保つ動きも養える。
グラグラ
中殿筋《ちゅうでんきん》
片足時のバランスは主に中殿筋《ちゅうでんきん》の働きで保たれている。
お尻の側面にある筋肉ね
一段とばしにすると足を高く上げる動きもキツい。
普段はこんなに足を上げることはないもんね…
一段飛ばすとハードになるがその分、上る歩数は減る。
ハァハァ
もうゴール目前だ！
GOAL!!
昨日よりしんどい〜
太ももとお尻の疲労はまさに筋トレそのもの。
これは効く!!
毎日、長めの階段を一段とばしで上ればジムに通うようなものね

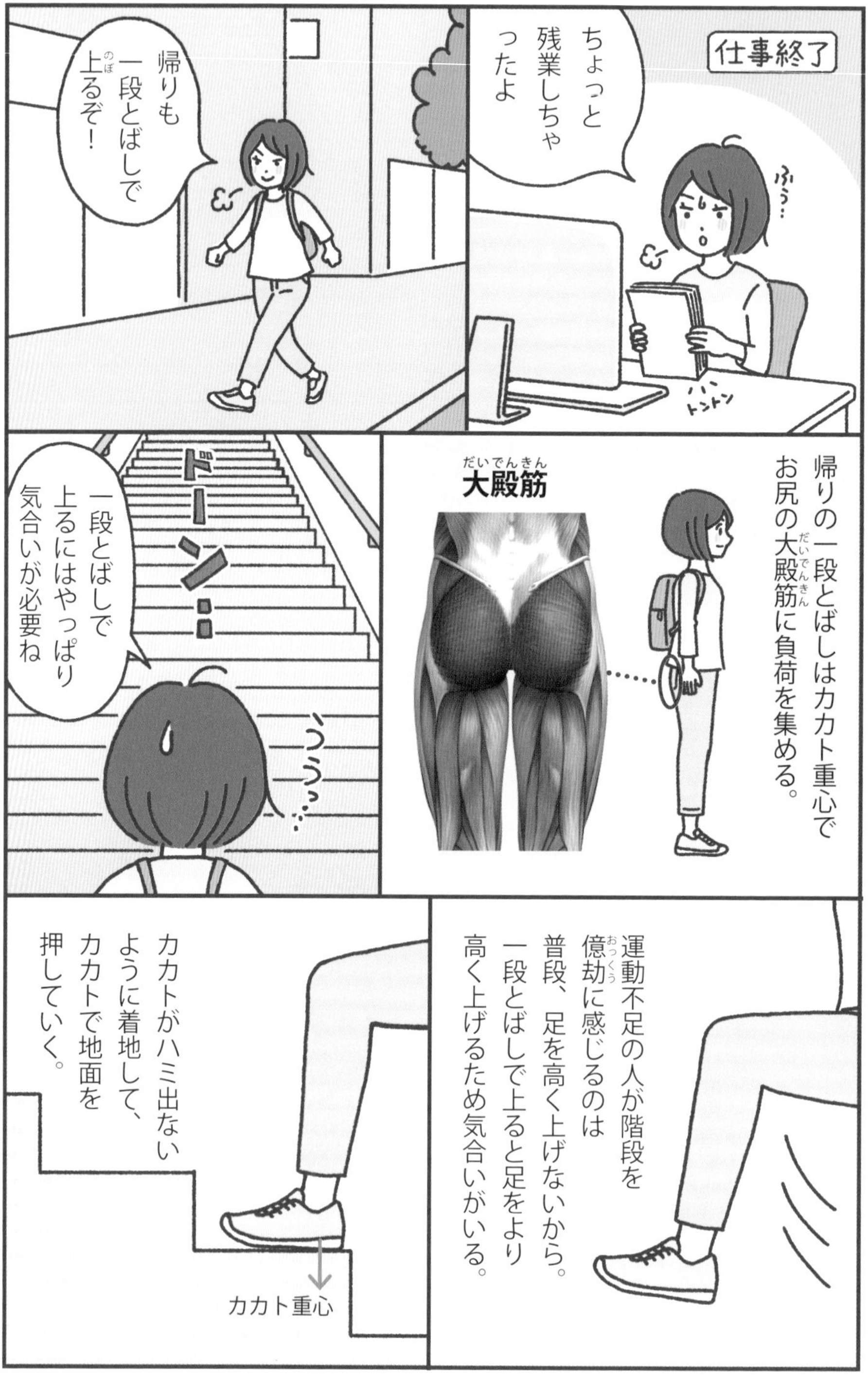
仕事終了
ちょっと残業しちゃったよ
ふぅ…
トントン
帰りも一段とばしで上《のぼ》るぞ！
帰りの一段とばしはカカト重心でお尻の大殿筋《だいでんきん》に負荷を集める。
大殿筋《だいでんきん》
ドーン…
一段とばしで上るにはやっぱり気合いが必要ね
ううう…
運動不足の人が階段を億劫《おっくう》に感じるのは普段、足を高く上げないから。一段とばしで上ると足をより高く上げるため気合いがいる。
カカトがハミ出ないように着地して、カカトで地面を押していく。
カカト重心

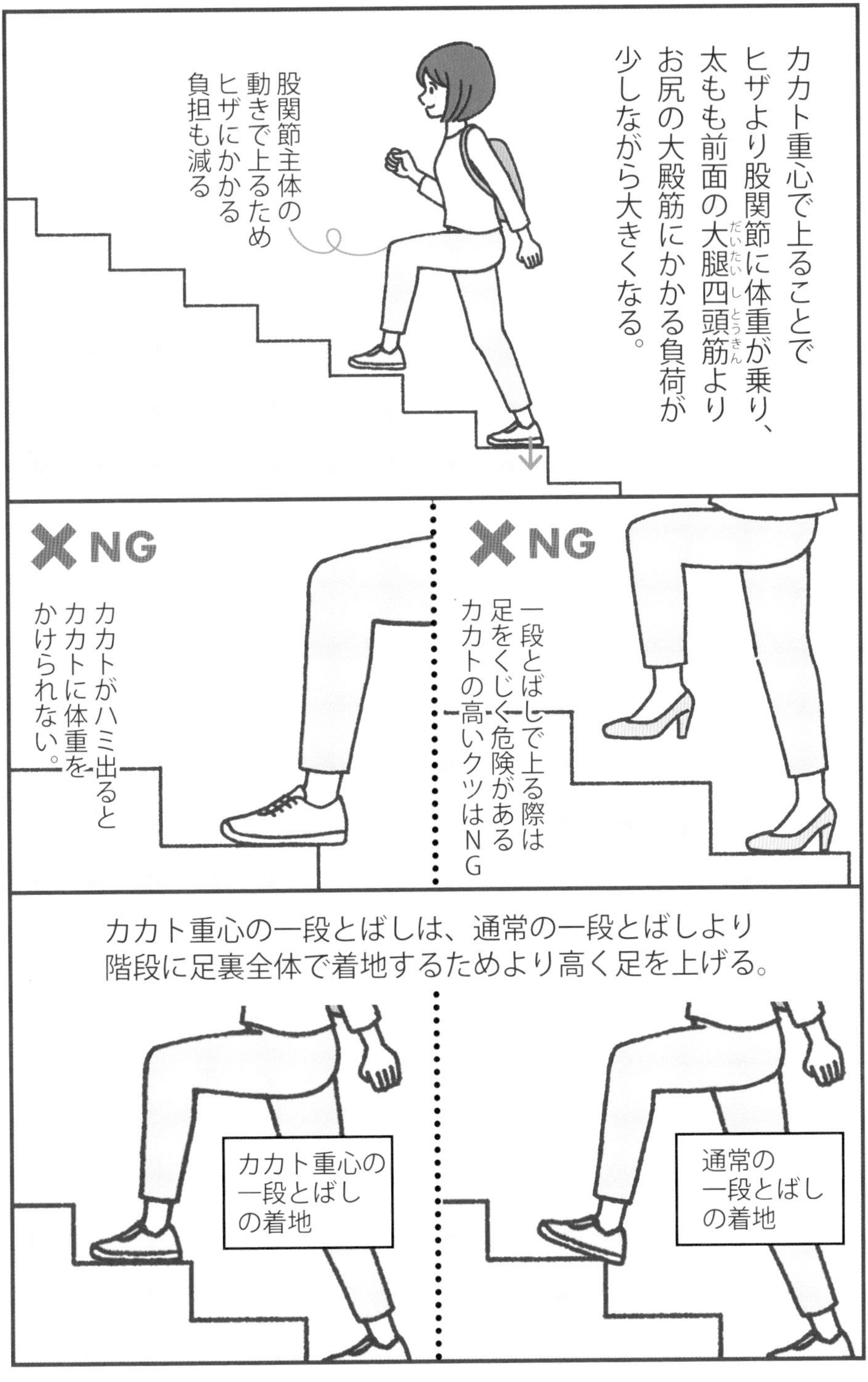
カカト重心で上ることで
ヒザより股関節に体重が乗り、
太もも前面の大《だい》腿《たい》四《し》頭筋《とうきん》より
お尻の大殿筋にかかる負荷が
少しながら大きくなる。
股関節主体の
動きで上るため
ヒザにかかる
負担も減る
NG
カカトがハミ出ると
カカトに体重を
かけられない。
NG
一段とばしで上る際は
足をくじく危険がある
カカトの高いクツはＮＧ
カカト重心の一段とばしは、通常の一段とばしより
階段に足裏全体で着地するためより高く足を上げる。
カカト重心の
一段とばし
の着地
通常の
一段とばし
の着地

※このフォームは4章P.84～85で解説

前足を着地
着地時はヒザを前に出さない
後ろ足のヒザは伸ばしきらない
カカト重心
2段上の階段に着地してカカトに体重をかける。
体重移動
着地後に上体を前傾させる
ヒザが少し前に出る
カカト重心
上体を前方へ倒しながら前足のヒザを曲げて体重移動。
上《のぼ》る
上体は起き上がってOK
股関節を伸ばす動きが主体で体を持ち上げる
カカト重心
●着地のポイント
着地後に上体を前方に倒すことで前足のヒザを深く曲げなくても前足の股関節に体重を乗せられる。

脚の付け根で股関節の屈曲を感じる

水曜
下半身全体

✕NG
前足のヒザが前に出すぎるとヒザに体重が乗って過度な負担がかかってしまうためヒザがつま先より前に出ないように注意する。
ヒザが前に出すぎ
ハァハァ…
これはキツい
一段とばしはキツい分、進みが速い。
いつの間にこんなに上《のぼ》ったの!?
あと少し!!
○○駅
GOAL!!
この上り方が一番ハードかも
ふう～っ
お尻の筋肉がパンパン。最高のヒップアップトレーニングね♪

木曜 太もも内側

たるんだ内ももの
内転筋群《ないてんさんぐん》を引き締める

起床
今日もガンガン階段を上っちゃうぞ〜♪
パシャパシャ
今日の服装はシックなワイドパンツ。
お気に入り♪
靴は服に合わせてパンプス。ただし歩きやすいローヒール。
本日の階段上《のぼ》りはたるんできた内ももがターゲット。
左右の内ももの
お肉がぶつかる
内転筋群《ないてんきんぐん》
内ももの大内転筋《だいないてんきん》、長内転筋《ちょうないてんきん》、短内転筋《たんないてんきん》などの内転筋群に負荷をかける。
改札を出て階段へ
フォームの予習もバッチリ!
Pi♪

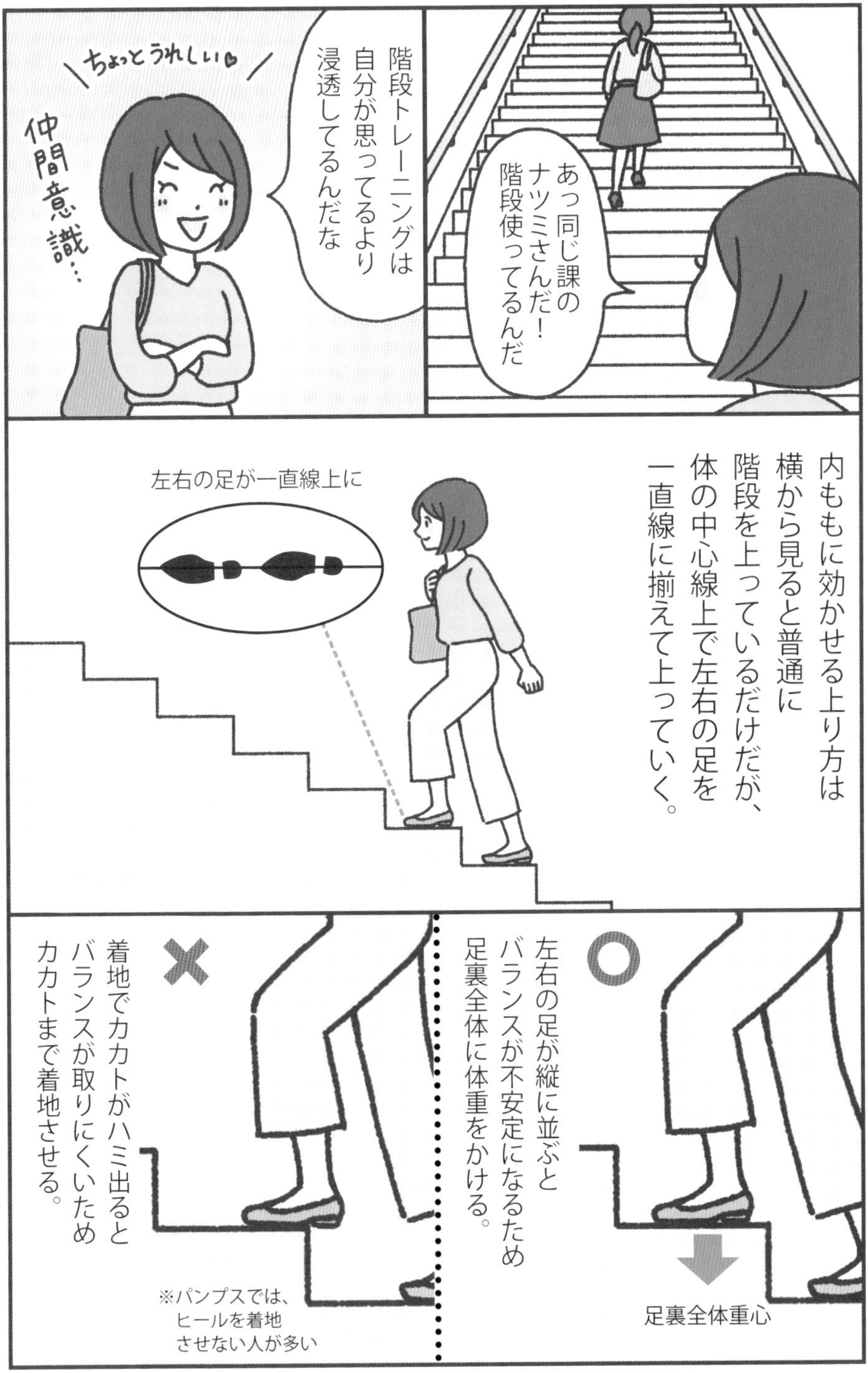

あっ同じ課のナツミさんだ！階段使ってるんだ
階段トレーニングは自分が思ってるより浸透してるんだな
ちょっとうれしい
仲間意識…
内ももに効かせる上り方は横から見ると普通に階段を上っているだけだが、体の中心線上で左右の足を一直線に揃えて上っていく。
左右の足が一直線上に
○
左右の足が縦に並ぶとバランスが不安定になるため足裏全体に体重をかける。
足裏全体重心
×
着地でカカトがハミ出るとバランスが取りにくいためカカトまで着地させる。
※パンプスでは、ヒールを着地させない人が多い

※このフォームは4章P.88～89で解説

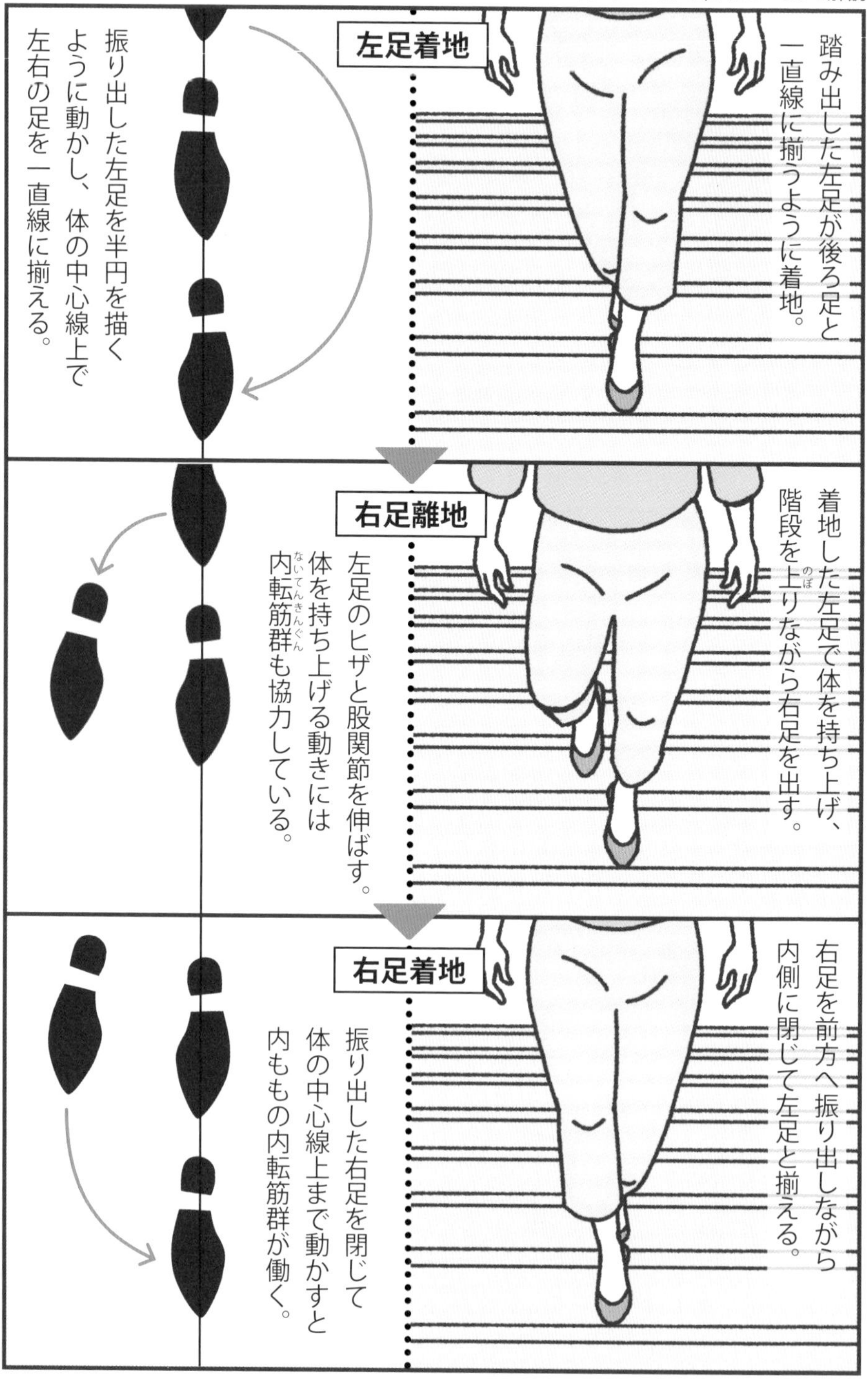
左足着地
踏み出した左足が後ろ足と一直線に揃うように着地。
振り出した左足を半円を描くように動かし、体の中心線上で左右の足を一直線に揃える。
右足離地
着地した左足で体を持ち上げ、階段を上《のぼ》りながら右足を出す。
左足のヒザと股関節を伸ばす。体を持ち上げる動きには内転筋群《ないてんきんぐん》も協力している。
右足着地
右足を前方へ振り出しながら内側に閉じて左足と揃える。
振り出した右足を閉じて体の中心線上まで動かすと内ももの内転筋群が働く。

階段上りのフォームに脚を内側に振る股関節内転の動きを取り入れることで、内ももの内転筋群により大きな負荷がかかる。
股関節内転
内転筋群《ないてんきんぐん》
階段に石材のつなぎ目など床に直線の目印があれば左右の足を真っすぐ揃えやすい。
左右の足を揃えようとすると下ばかり見てしまうので注意。
前方確認も忘れずに！
○○○駅
クリアー♪
GOAL!!
内ももの筋肉に効いた～。今までの階段上りにはなかった刺激ね!!

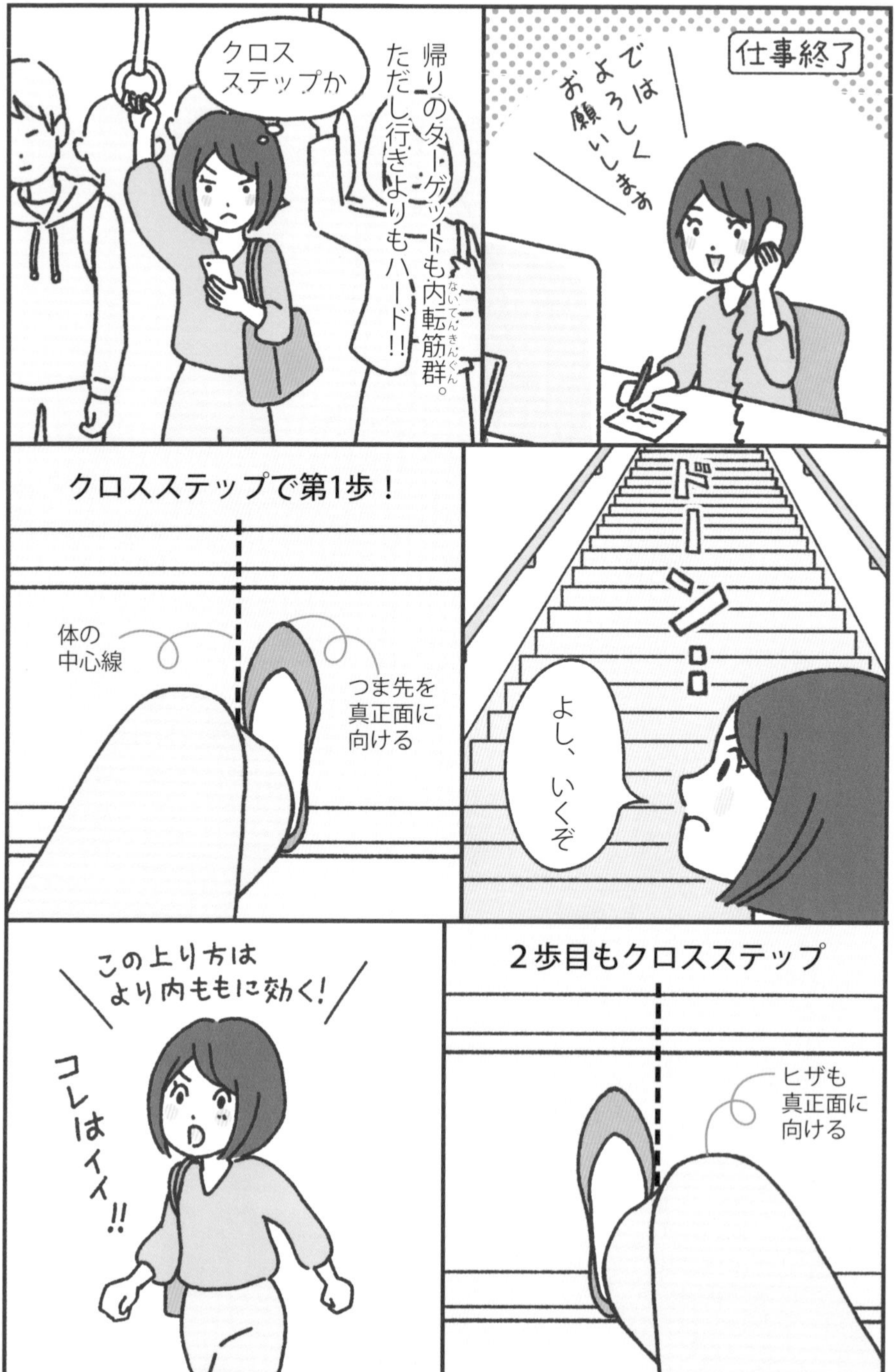

仕事終了
ではよろしくお願いします
帰りのターゲットも内転筋群《ないてんきんぐん》。ただし行きよりもハード!!
クロスステップか
ドーン
よし、いくぞ
クロスステップで第1歩！
体の中心線
つま先を真正面に向ける
2歩目もクロスステップ
ヒザも真正面に向ける
この上り方はより内ももに効く！
コレはイイ!!

クロスステップ

横から見ると普通に
階段を上《のぼ》っているだけだが、
左右の足を体の中心線より
外側の位置に着地させて
クロスステップで上っていく。

クロスバックランジに近い動き

前足ではなく
後ろ足を引き
左右の足を
交差させる

クロスステップで上るフォームは、動かす脚が違うものの、足を交差する動きがクロスバックランジという筋トレに近い。股を締める動きでバランスを取りながら体を持ち上げるため、股関節から両脚を閉じる内転筋群への負荷が高くなる。

※このフォームは4章P.90～91で解説

左足着地

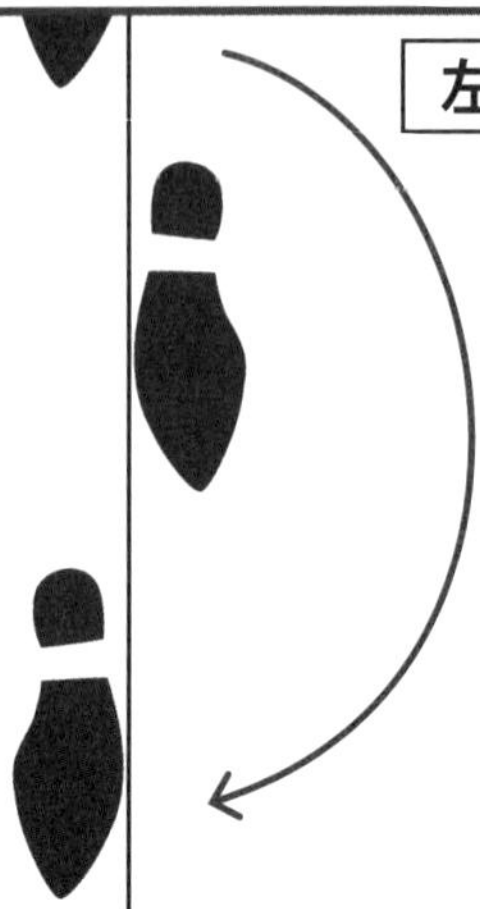

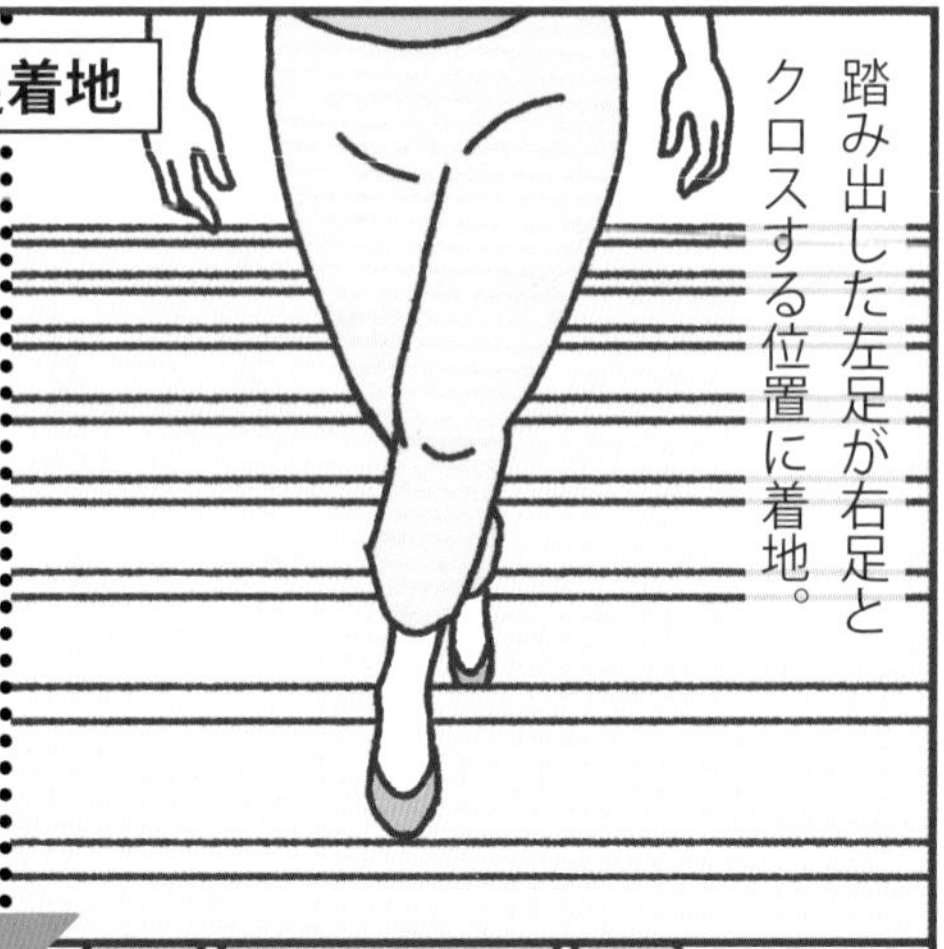

踏み出した左足が右足とクロスする位置に着地。

左足を半円の軌道で動かし、左右の足がクロスするように体の中心線の外側に着地。

右足離地

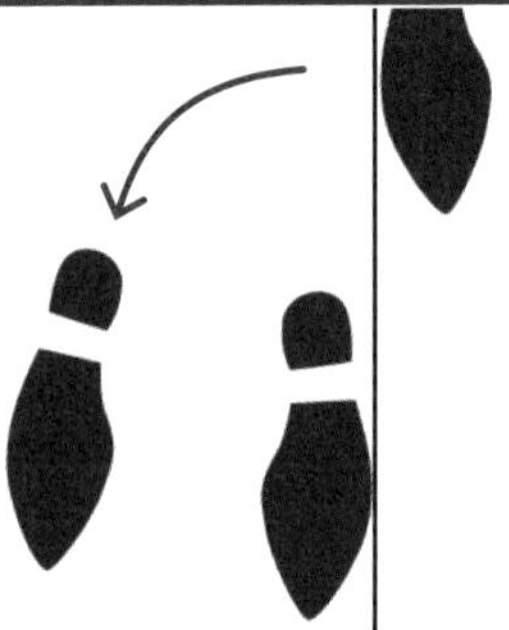

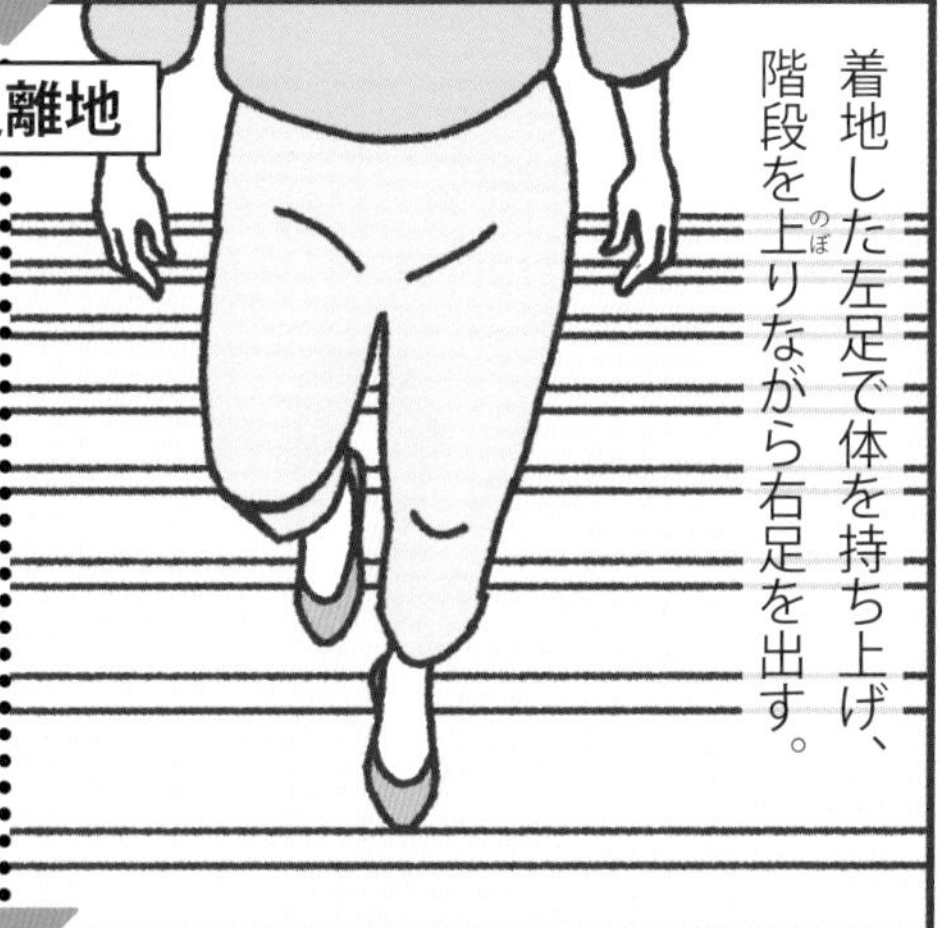

着地した左足で体を持ち上げ、階段を上《のぼ》りながら右足を出す。

左足のヒザと股関節を伸ばす。体を持ち上げる動きには内転筋群《ないてんきんぐん》も協力している。

右足着地

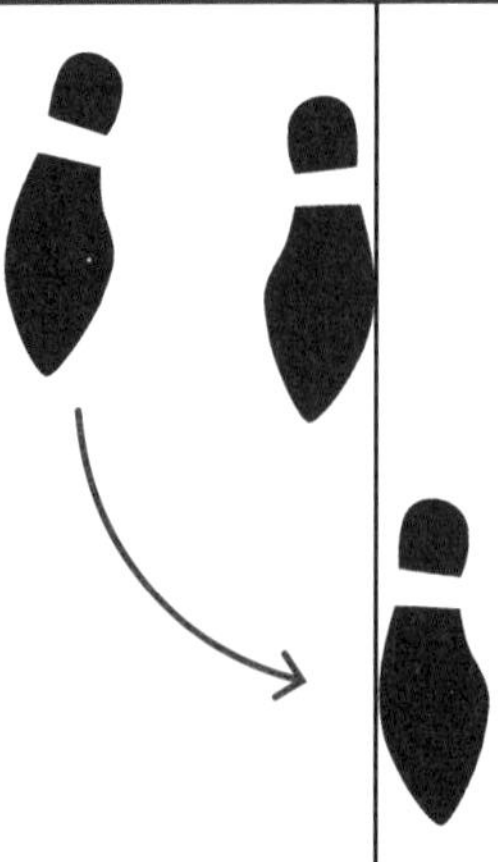

右足を内側に閉じながら体の中心線の外側に着地。

右足を内側に閉じてクロスステップすると内ももの内転筋群が働く。

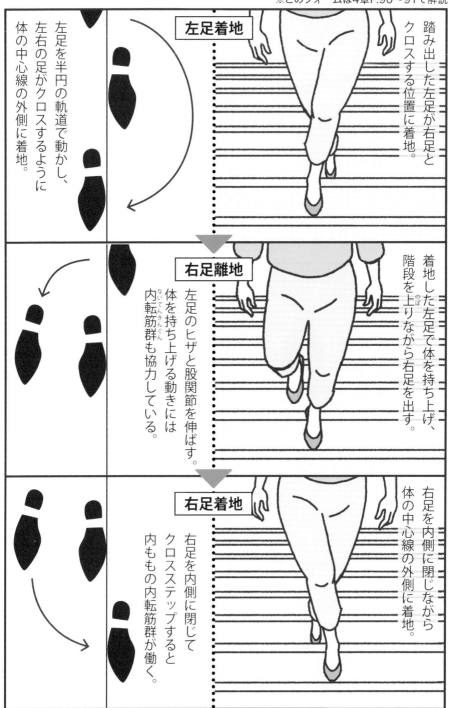

足を斜めの向きで着地するとヒザに負担がかかるのでNG。つま先とヒザの向きは真正面に。

✕ NG
クロスステップで上る際、カカトの高い靴やブーツは足をくじきやすいのでNG。

✕ NG
階段に石材のつなぎ目など床に直線の目印があればクロスステップしやすい。

上がる段数が多くなると思ってた以上にキツい！

こんな上り方もあるんだ
GOAL!!

ふぉぉ…

通常の階段を上る動きでも内転筋群は多少鍛えられるが、ステップをアレンジすればさらに負荷を高められる。

内ももの引き締めはクロスステップね！

金曜　お尻

ロング階段を踏破して
大殿筋《だいでんきん》を追い込む!!

金曜 お尻

階段トレーニングはスカートでも問題ナシ。真冬にコートを着ていても無理なく実践できる唯一無二のトレーニング。
私服のままできるから本当に手軽
一段とばしで上らなければスカートでも全然イケルね！
階段さえあればいつでも誰でもできるからこそ階段トレーニングは一生続けられる。
服装 自由
フォーム 簡単
安全性 高い
なるほど。
良いことだらけね
あともう少しだ！
フウハア…
GOAL!!
○○○駅
朝から気分爽快!!

仕事終了
今週もがんばった!
今日は自分へのご褒美でデパートショッピングへ♪
わくわく♪
ニヤニヤ
ソワソワ
ありゃ…
改札までエスカレーターしかない位置で降りちゃった…
エスカレーターではふくらはぎをほぐすストレッチを実施!!
つま先をエスカレーターに乗せ
そこからカカトを深く下ろして
ふくらはぎの筋肉を伸ばす。
体重をかけることにより
強く伸ばすことができる。
腓腹筋《ひふくきん》
ストレッチされる
ヒラメ筋

金曜
お尻

繁華街に来るの久しぶりだな♪
CICI
デパートに到着！
OOO FAIRE
OODEPART
お目当てのお店は6Fね
エスカレーターもエレベーターもスルー。
今日は階段!!
スタスタ
ドーン
おーし。6Fまで階段で上がるぞ!!
気合い!!
商業施設の階段は鉄道駅の階段よりも踏《ふ》み面《づら》の幅が少し狭く、上《のぼ》るときにカカトまで踏み面に乗せるとやや窮屈に感じられる。
デパートの階段
約32cm
鉄道駅の階段
約34cm
※踏み面の寸法は平均的な数値

長い階段を上《のぼ》る際、
バッグや荷物が重い場合は
途中で逆の肩（手）に持ち替え
左右のバランスを整えるとよい。
バッグを
逆の肩に
持ち替える
長い階段を上るほど
歩数も多くなるため、
筋肉が疲労するまで追い込める。
さらにエネルギー消費量も大きくなる。
長い階段を上る際は
踏み面にカカトまで乗せて
カカト重心で上ると効果的。
カカト重心
着地でカカトがハミ出ると
重心がつま先寄りになって
ヒザに負担がかかるので注意。
ヒザが前に出る
つま先重心

※このフォームは4章P.80〜81で解説

前足を着地
※火曜日の帰りの上り方と同じ
着地時のヒザ下の角度はできるだけ垂直にする
お尻を引いて上体を倒す
カカト重心

お尻を後方に引いたまま
カカトに体重をかけて着地。

上《のぼ》る
股関節を伸ばす動きが主体で体を持ち上げる
※ハードに鍛えたい人はこの上り方で上ろう
カカト重心

お尻を引いたままカカトで
地面を押して上っていく。

長い階段をカカト重心で上ることにより
ヒザ関節への負担を減らせるだけでなく、
鍛えにくい大殿筋《だいでんきん》をハードに追い込める。

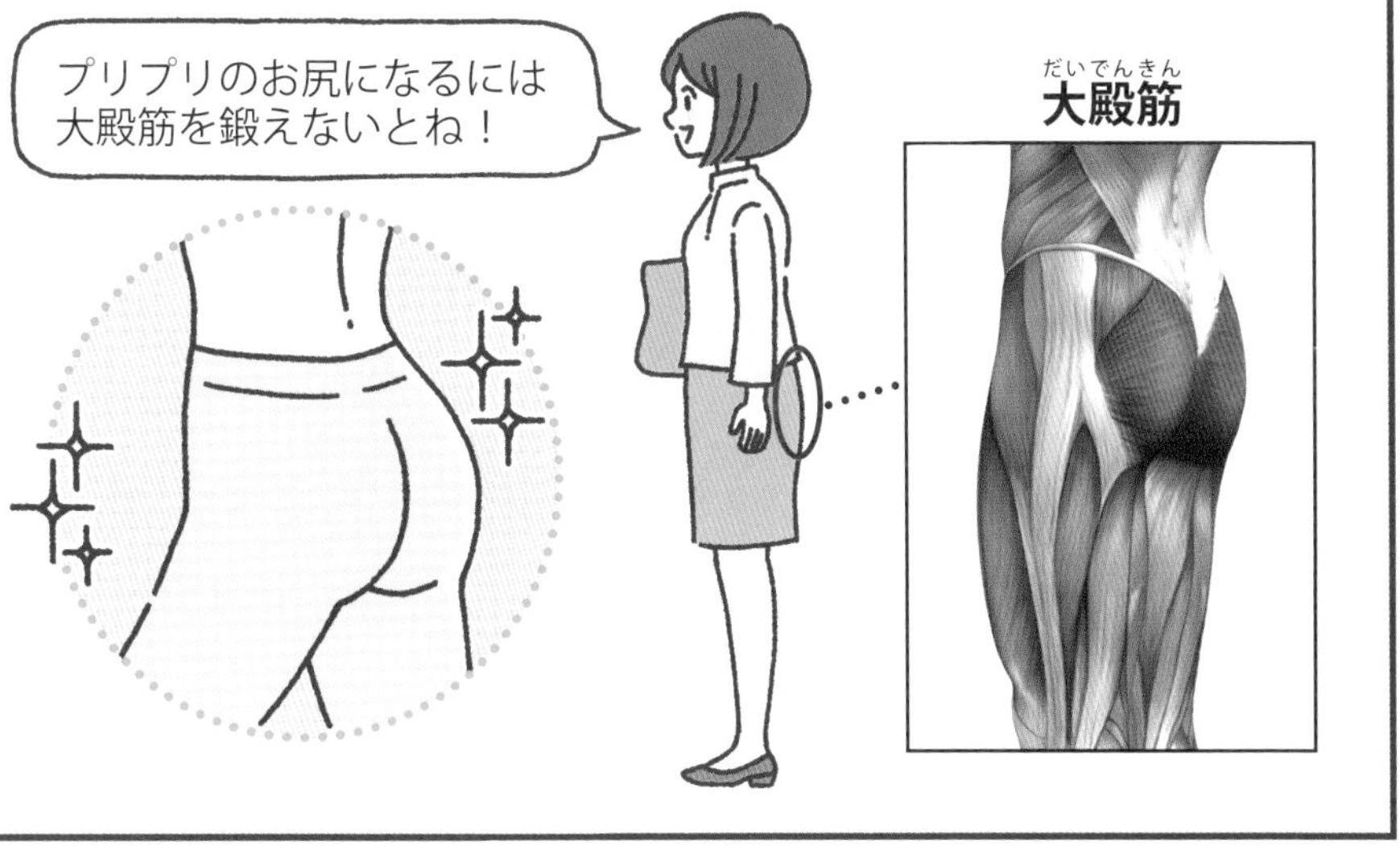
プリプリのお尻になるには
大殿筋を鍛えないとね！
大殿筋《だいでんきん》

デパートの階段は誰も使わないのね
貸し切りだ
やっぱり段数が多くなると筋肉の疲労度も大きくなるね
キツい～っ
まだ4Fかぁ
5F
4F
ハーへー
でかい…
6Fに到着
6F
やっと着いた
ハァフゥ…
ダイエットや体力づくりに有効だからロング階段は週1回は上《のぼ》ることにしよう
あせだく…
ふう――っ
買い物をしながらトレーニングもできてまさに一石二鳥!!
買いすぎちゃった

第6章

階段生活を極めよう！

ハードに鍛えたい人は長い階段や負荷の高い上《のぼ》り方を取り入れ
階段トレーニングのメニューをレベルアップしてみましょう。
本章では、生活の中で身近にある階段を最大限に活用している
中・上級者の実践例をマンガでわかりやすく紹介します。

（※階段トレーニングはお尻の大殿筋をメインターゲットとする上り方を中心に実践することが基本となります）

レベルアップ編
オール一段とばしで下半身を徹底強化！
起床
よく寝た～！
ふあぁ…
服装は動きやすいストレッチ素材のスーツ
機動性を重視！
ビシッ
靴はスーツにも合うウォーキングシューズ
パソコンも入ってるリュックの重さがいい負荷になるね。
改札を入って階段へ…
※高架に線路がある駅はホームに上がるまでの階段が長い場合も多い
Pi♪
おーし!!
今日もすべて一段とばしで上《のぼ》るぞ！

普通に一段とばしで上ると重心がつま先寄りになってヒザ関節に体重が乗るため、お尻よりも太ももの前面の筋肉に強い負荷がかかる。
足音を立てず着地するとヒザにやさしい
太ももがターゲットなら階段の角に土踏まず部分を押しつけて着地させると一段とばしがやりやすい。
女性は大腿四頭筋《だいたいしとうきん》をあまり鍛えたがらないが男性はたくましい太ももを目指して鍛えよう!!
大腿四頭筋《だいたいしとうきん》
朝の階段上りはまだ終わりではない。
勤務する会社のあるオフィスビルに到着。

エレベーターをスルー。
今日も階段♪
5Fのオフィスまで途中で休まず一気に上《のぼ》るぞ
最近は階段を使う人も増えてきたなぁ
仲間だ♡
●標準サイズ
オフィスビルの階段は踏《ふ》み面《づら》が鉄道駅よりも数cm程度狭い場合が多い。
●幅狭サイズ
25cm前後しかなくカカトがハミ出る狭い階段もある。
一段とばすだけでなくクロスステップで第一歩。
つま先とヒザは真正面に向ける
二歩目も一段とばしでクロスステップ！

※このフォームは4章P.92～93で解説

右足着地

右足を半円の軌道で動かし、
左右の足がクロスするように
体の中心線の外側に着地。

つま先とヒザの向きは常に真正面

一段とばしで右足を振り出し、
左足とクロスする位置で着地。
前足の力で体を持ち上げる。

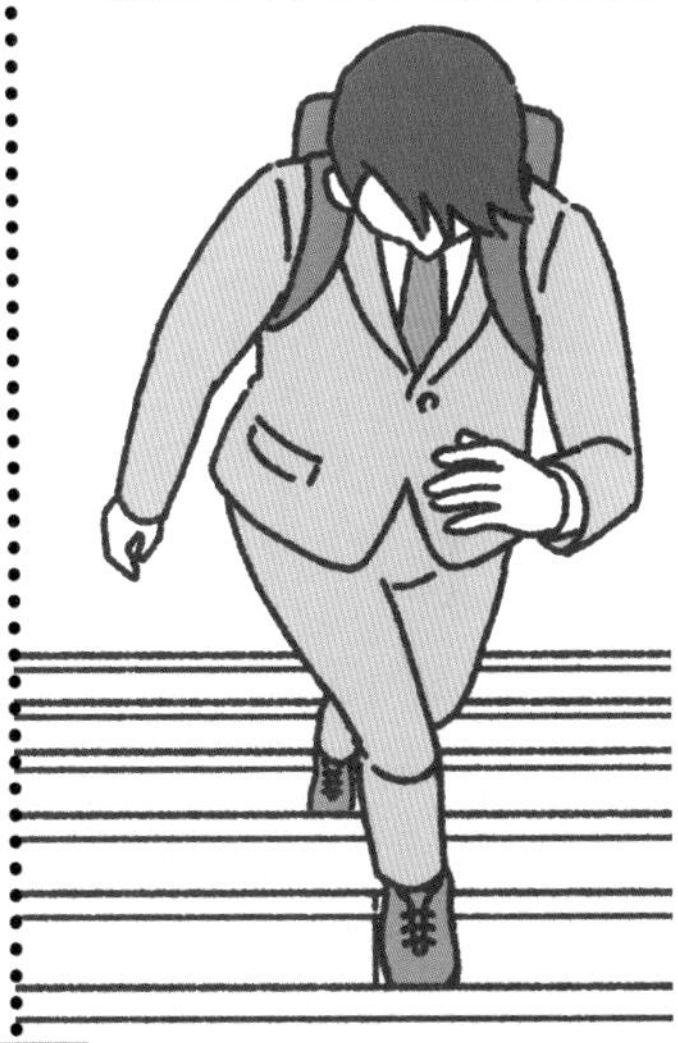

着地後に左右の太ももを締め両足交差の体勢を安定させる。

左足離地

続けて左足をクロスステップ。
脚を内側へ振る動きにも
内ももの内転筋群が働く。

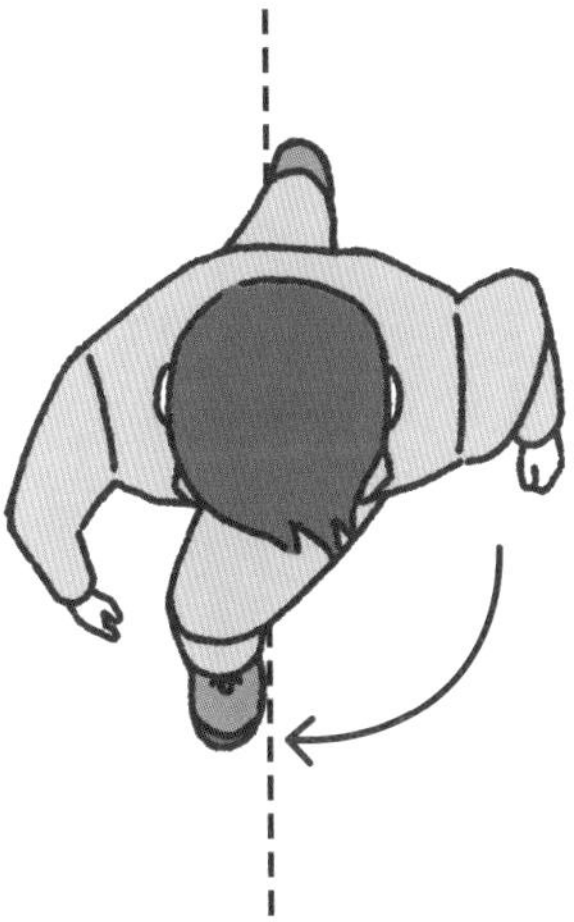

上る動きにも内転筋群は働いている。

右足とクロスする位置で着地し、
ヒザと股関節を伸ばして上る。
一段とばしは上る負荷も高い。

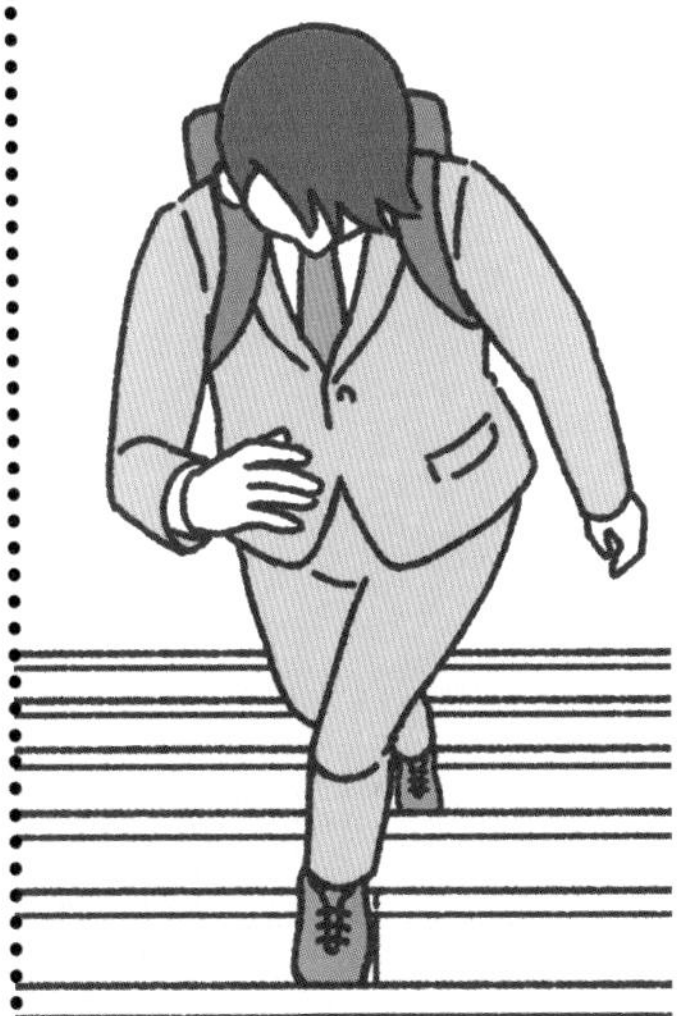

左右の太ももをギュッと締めることで内転筋群《ないてんきんぐん》にしっかり負荷がかかる。

内ももにくる…
足裏全体に体重をかけて
しっかりバランスを取る

一段とばしで歩幅を広げると
ヒザも股関節も深く曲げるため
体を持ち上げる距離が長くなり
太もも前面の大腿四頭筋《だいたいしとうきん》や
お尻の大殿筋《だいでんきん》への負荷も高まる。

クロスバックランジとほぼ同じ動き

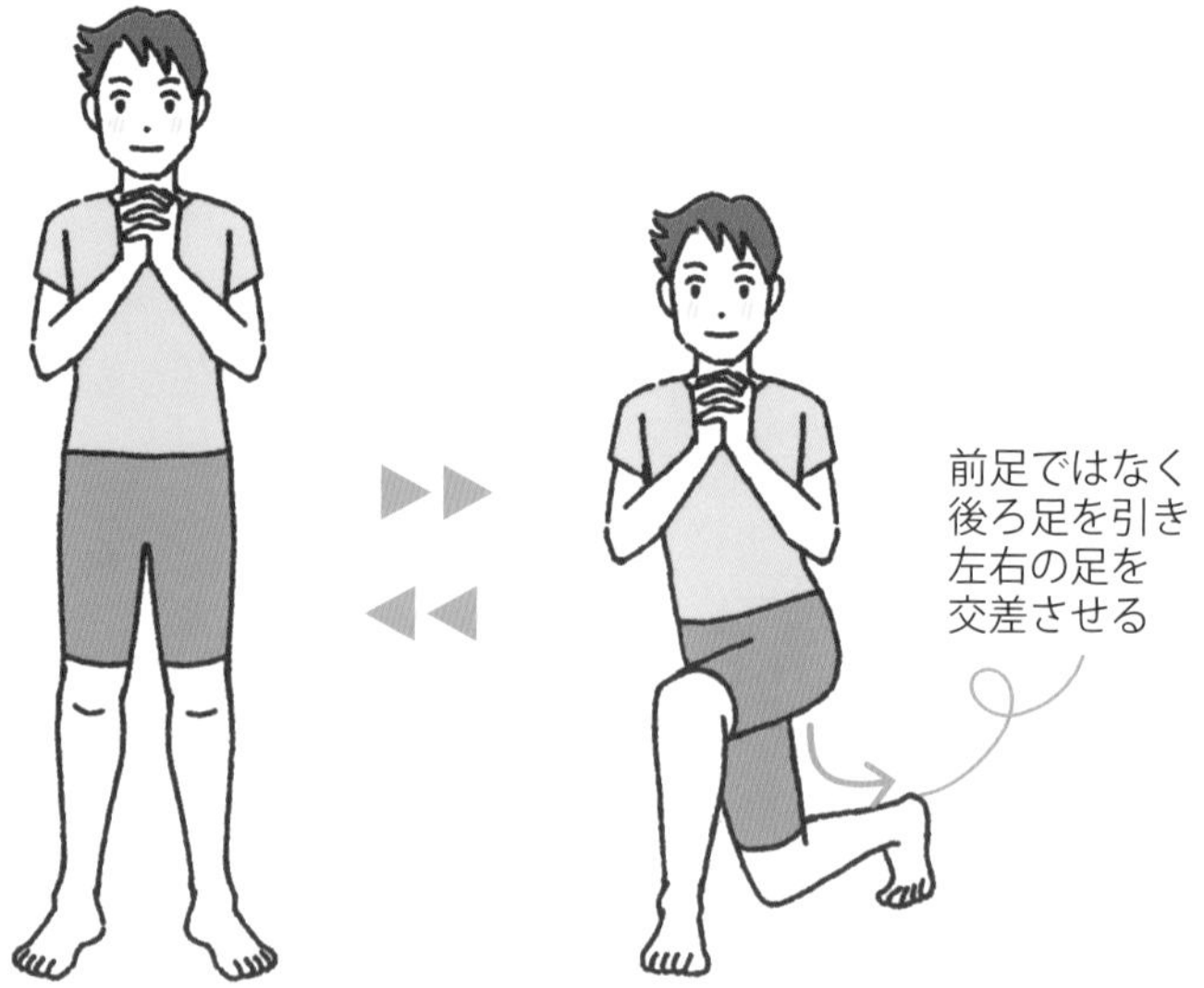
前足ではなく
後ろ足を引き
左右の足を
交差させる

歩幅の広い一段とばしのクロスステップで上《のぼ》るフォームは、
足を交差させて腰を落とすクロスバックランジの動きと同じ。
股を締める動きでバランスを取りながら体を持ち上げる。
股関節を締める動きには内転筋群《ないてんきんぐん》とともに大殿筋も働く。

5Fに到着
オッシャー!!
がっつり効いてるぜぃ
今日も仕事が山積みだな
カタカタカタ…
もうこんな時間…
取引先まわりに出かける時間だ
取引先に向かう途中の乗り換え駅では驚愕の超ロング階段が!!
今日もやるぞ!!
Pi!
ドーン
相変わらずかすんで見える頂上が

※このフォームは4章P.84～85で解説

着地&体重移動
着地後にヒザを曲げながら上体を倒し
前足の股関節に体重を乗せる
ヒザが少し
前に出る
カカト重心
前足を一段とばしで着地し
カカトに体重をかける。
上《のぼ》る
股関節を伸ばす動きが
主体で体を持ち上げる
大腿四頭筋にも
負荷がかかる
カカト重心
股関節に体重を乗せて上《のぼ》れば
お尻の大殿筋《だいでんきん》への負荷が高まる。
筋肉を限界まで追い込むことが
筋肉の成長・発達につながるため、
長い階段を上り歩数を重ねるほど
筋肉の発達が促進される。
お尻がパンパン…
※ロング階段なら
一段とばしでも
十分な歩数になる
大殿筋《だいでんきん》
大殿筋は体積が大きく
強力な筋肉であるため、
限界まで追い込むには
かなりの歩数が必要。

やっとゴールが近づいてきた!!

GOAL!!

何回上ってもキツい!!

取引先と商談
ぜひ当社にお任せください
フムフム…

長い階段を今度は下る。

階段を下りる時はふくらはぎの筋肉を鍛えられるんだよね
振り出した足を一段下に下ろし、つま先で着地する。

着地後もつま先に体重をかけ、着地の衝撃によってカカトが床につかないように踏ん張る。

つま先重心

※このフォームは4章P.96〜97で解説

足首で体重を受け止めるため
ヒザにかかる着地の衝撃が減る

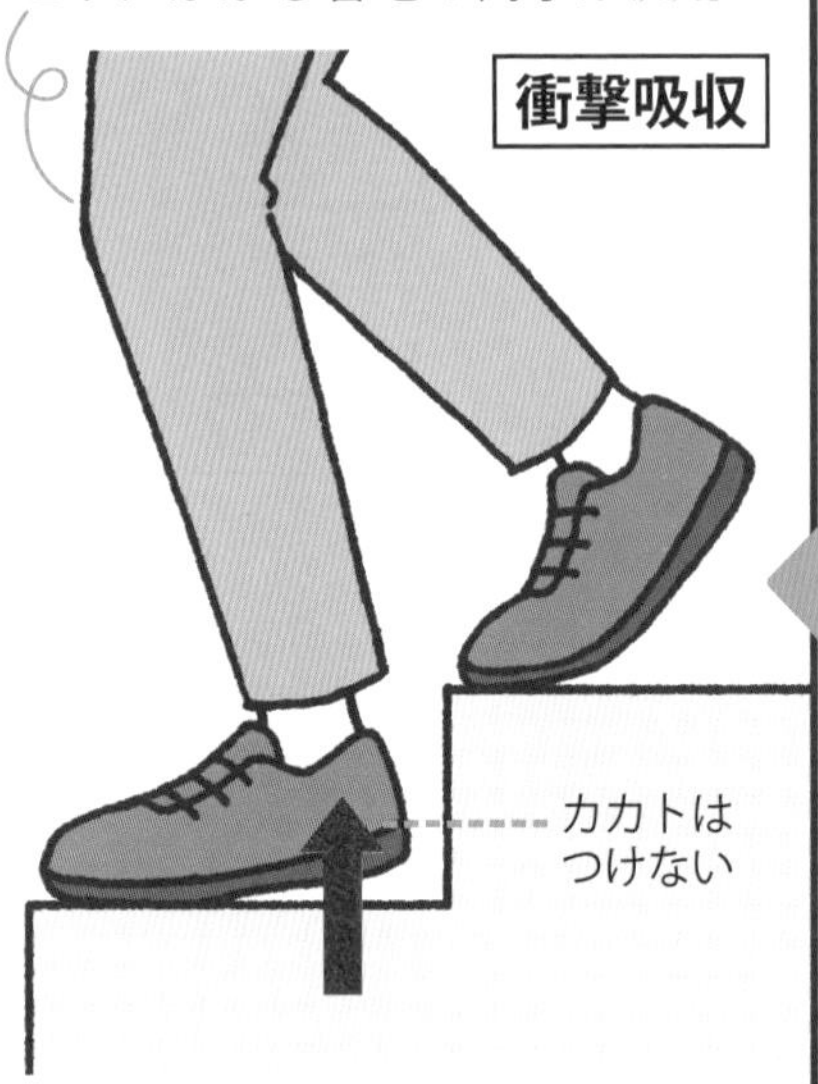
衝撃吸収
カカトは
つけない

背伸びする動きでカカトを上げ
足首で着地の衝撃を吸収する。

一段下に前足を下ろす時は
ヒザの動きを固定した状態に

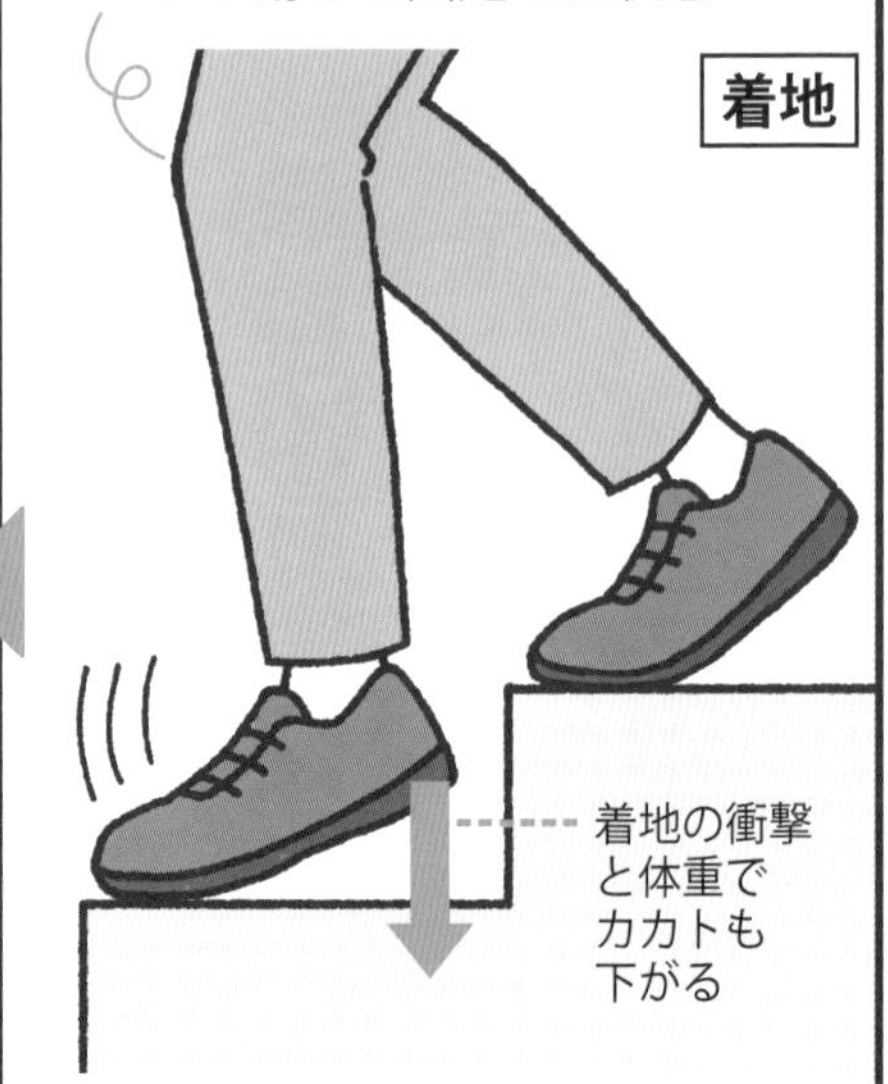
着地
着地の衝撃
と体重で
カカトも
下がる

カカトが床につかないように
下ろした足はつま先で着地する。

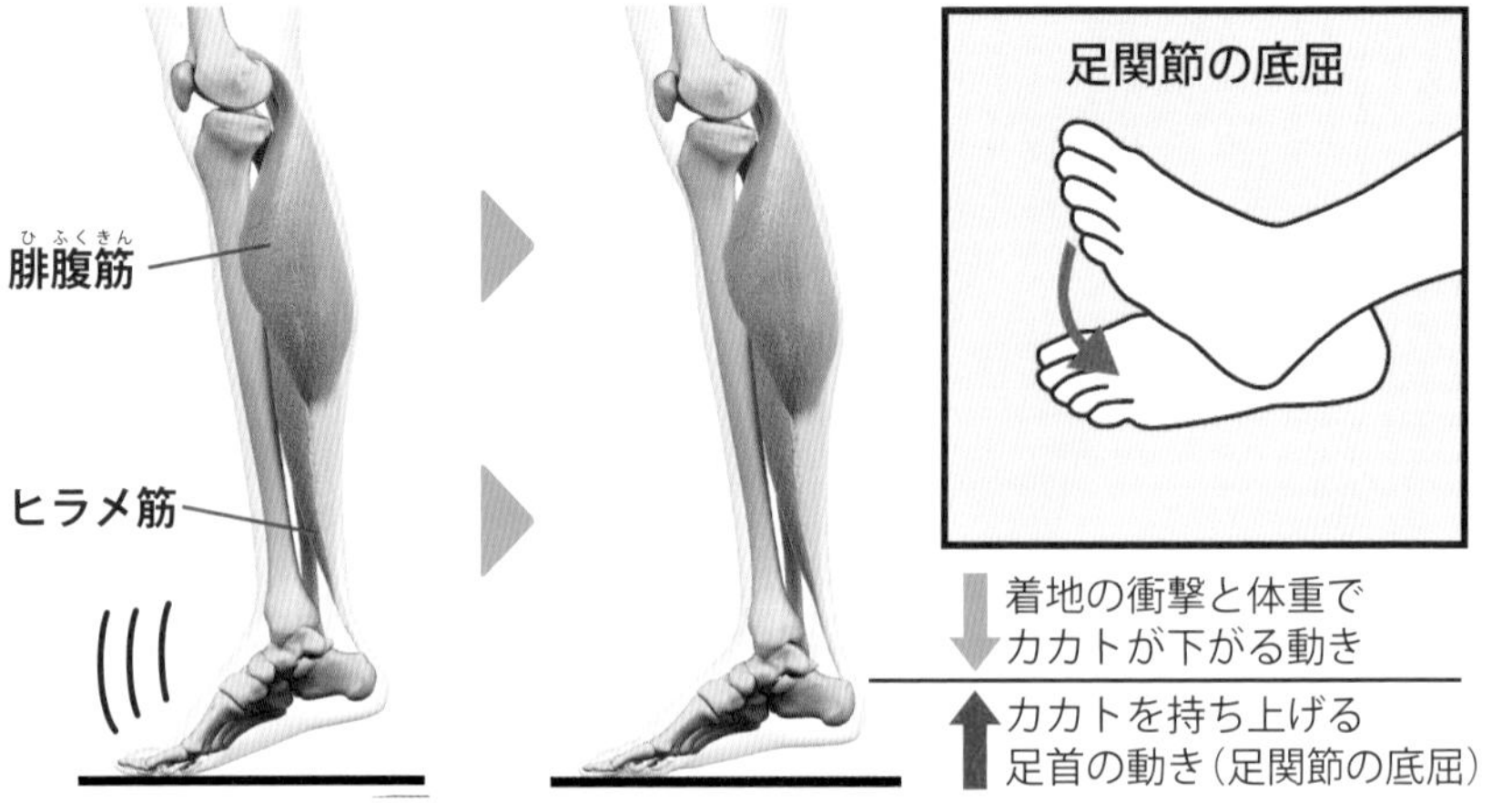
腓腹筋《ひふくきん》
ヒラメ筋
足関節の底屈
着地の衝撃と体重で
カカトが下がる動き
カカトを持ち上げる
足首の動き（足関節の底屈）

着地の衝撃と体重でカカトが下がる動きに対して、
カカトを持ち上げる動き（足関節の底屈）で反発。
この底屈動作ではヒラメ筋を中心に鍛えられる。

男はふくらはぎも筋肉でカッコよくなりたいからね
GOAL!!
ふくらはぎの筋肉にじわっと効いたぁ
2件目の商談
ではよろしくお願いします
ありゃりゃ
もうこんな時間か。今日はこのまま直帰だな
帰りの駅の階段も一段とばしで上《のぼ》っちゃうぞ!!
今日もぐっすり眠れそうだな♪

レベルアップ編2

お尻を引いたフォームで美しくヒップアップ!!

平日の午後
あら もうこんな時間…
そろそろ買い物に行かなきゃ
行きつけのショッピングセンターへ
今日はお肉が特売♪
BIGGS
SUPER BIGGS
いろいろ買うぞ
FOOD COAT
今日も階段!!
大特価
2F
1F
売り場の最上階から買い物をスタート
まずは3Fの生活用品売り場ね

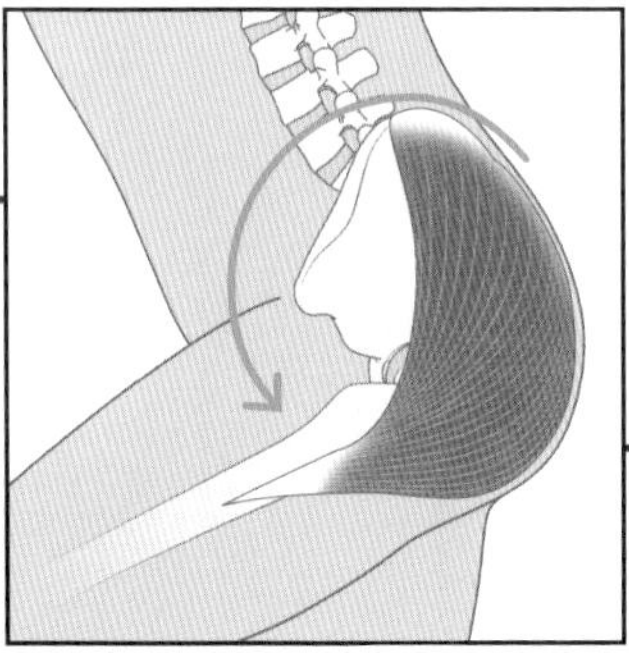
骨盤が前傾した体勢では
大殿筋が働きやすくなる

お尻を引いて上体を前方に倒し
骨盤を前傾させたまま上る
カカト重心

お尻を引いたままカカトに体重をかけて階段を上《のぼ》る。一段とばしで上ることで股関節の可動範囲が広がり、お尻の大殿筋《だいでんきん》により強い負荷をかけて鍛えられる。

スクワットとほぼ同じ動き

カカト重心で階段を上ると
足裏全体重心のスクワット
より股関節に体重が乗る。
お尻を引いて
しゃがむ

お尻を引いて股関節から上体を倒したまま歩幅の広い一段とばしで階段を上るとスクワットの動きとほぼ同じになる。階段では片脚で体を持ち上げるためトレーニング強度はより高くなる。

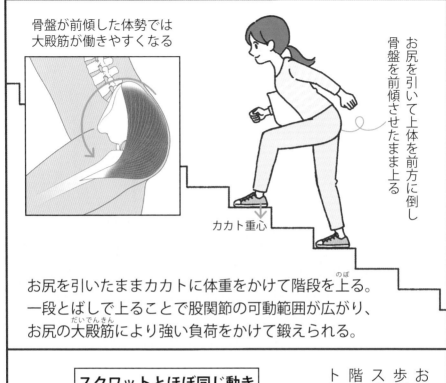

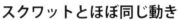

※このフォームは4章P.86～87で解説

前足を着地

股関節から上体を前傾させたまま上《のぼ》る
後ろ足のヒザはできるだけ伸ばしきらないようにする
カカト重心

お尻を引いたまま一段とばしで
着地してカカトに体重をかける。

体重移動

ヒザはつま先より前には出さない
強く伸ばされたお尻と太もも裏に負荷がかかる
カカト重心

着地後に前足のヒザを少し曲げて
前足の股関節に体重を乗せる。

上《のぼ》る

上るときに上体が起きないように注意
股関節を伸ばす動きが主体で体を持ち上げる
カカト重心

できるだけお尻を引いたまま
カカトで地面を押して上る。

●体重移動のポイント

上体をしっかり倒したまま
前足のヒザを少し曲げると
お尻を引いたカカト重心でも
前足側の股関節に体重が乗る。

上体の前傾をキープする

着地でカカトがハミ出すと
重心がつま先寄りになって
大殿筋《だいでんきん》への負荷が下がる
✕ NG
カカトの高い靴やブーツを
履いてるときは不安定なので
一段とばしでは上らない。
✕ NG
3F
2F
階段はいつも貸し切りね♪
お尻に効いてる〜
くぅ〜…
3Fにゴール!
3Fまででも
このフォームだと
やっぱりキツい
ふーっ
最上階まで階段を上って上の階から
巡ることで、長い階段を上る機会を
増やすことができる。
ヘアケア
あら お買得♫

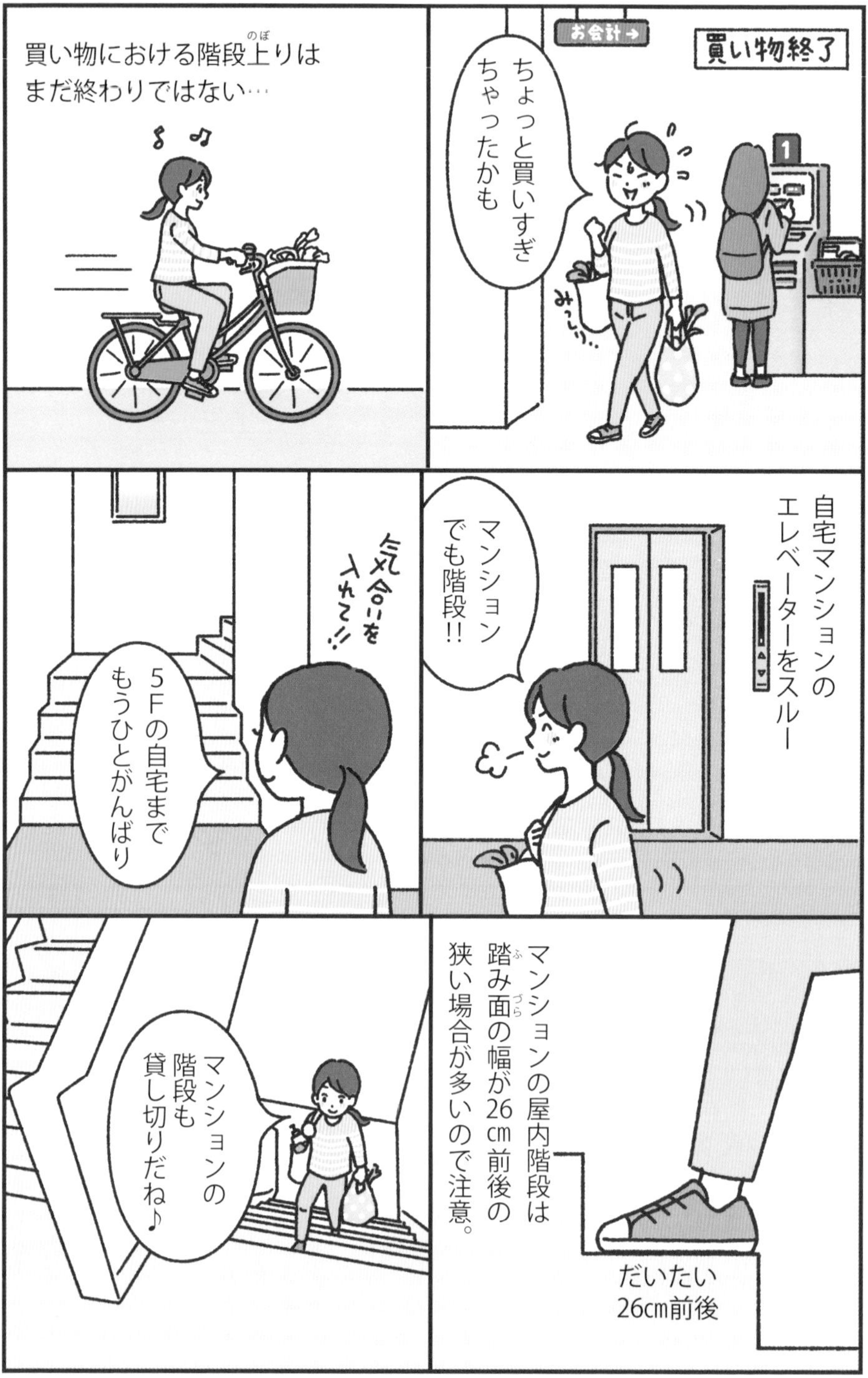

お会計→
買い物終了
ちょっと買いすぎちゃったかも
みっしり…
買い物における階段上《のぼ》りはまだ終わりではない…
自宅マンションのエレベーターをスルー
マンションでも階段!!
気合いを入れて!!
5Fの自宅までもうひとがんばり
マンションの屋内階段は踏《ふ》み面《づら》の幅が26㎝前後の狭い場合が多いので注意。
だいたい26㎝前後
マンションの階段も貸し切りだね♪

ここでもお尻を引いたまま一段とばしで大殿筋《だいでんきん》を追い込む。マンションの階段は踏み面が幅狭で歩幅も少し狭まるためお尻を引いたまま上りやすい。
（※階段上りのフォームを見せるため このコマでは両手の荷物を割愛）
お尻に効く〜
カカト重心
買い物帰りの階段上りは荷物の重さが負荷を高める。
ムう〜っ 重っ…
ずっしり…
5Fにゴール!
ハァフウ
ウチまであと少しだ!
上がれば家に到着だからキツくてもがんばれる
ウフフ♥
階段上りの効果でだいぶヒップアップしてきたみたい
お尻がパンパン♪
筋肉を鍛えた日は夕食でタンパク質をしっかり摂取！
お肉をたっぷり♥
ジュウ

そして…
週末の夕刻
カァカァ
週末は夕食前に夫婦でウォーキングするのが習慣になっている。
夕食の仕込みも終わったから行くわよ〜!
OK!
風が気持ちいいね!
うん
スタスタ
ウォーキングコースのハイライトは近所の神社。ここには長い階段がある。
千段神社
今日も上るわよ!
ドーン
長いうえに傾斜がキツいのよね
何度来てもひるむわ…
おーし!!
ノンストップで上《のぼ》りきるよ!!

神社やお寺の階段はサイズが千差万別で
段差が大きい急傾斜の階段も少なくない。
段差が大きいと体を持ち上げる距離も
長くなるためハードに鍛えられる。
大腿《だいたい》
四頭筋《しとうきん》
大殿筋《だいでんきん》
踏《ふ》み面《づら》が狭い階段の場合、男性はカカトをハミ出しつま先寄りに体重をかけ一段とばし。大腿四頭筋を中心に下半身を強化！
男は太ももにも筋肉つけたいからね
重心はつま先寄り

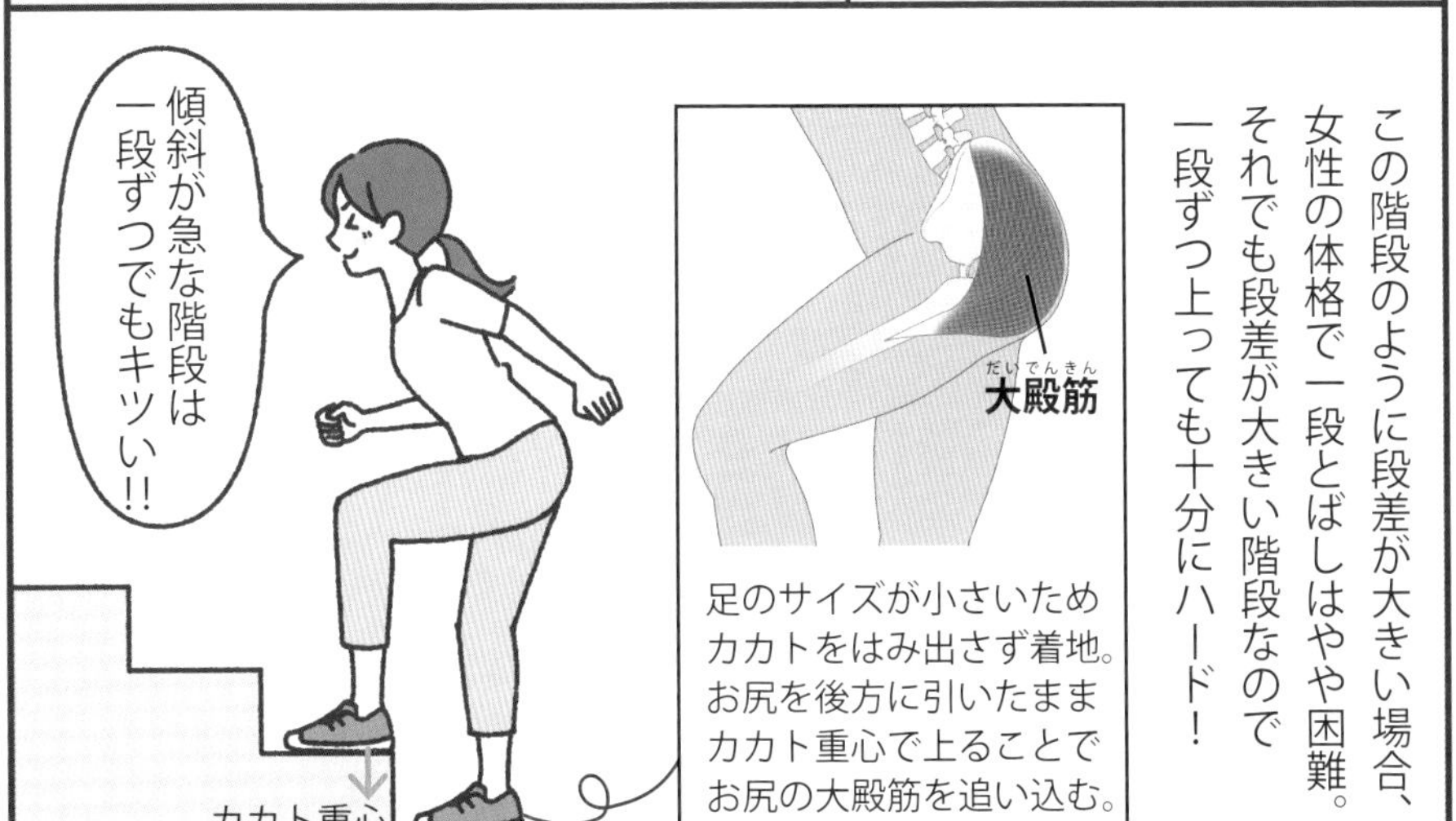
この階段のように段差が大きい場合、
女性の体格で一段とばしはやや困難。
それでも段差が大きい階段なので
一段ずつ上っても十分にハード！
大殿筋《だいでんきん》
足のサイズが小さいためカカトをはみ出さず着地。お尻を後方に引いたままカカト重心で上ることでお尻の大殿筋を追い込む。
傾斜が急な階段は一段ずつでもキツい!!
カカト重心

※このフォームは4章P.80〜81で解説

第7章

「階段上り」のための自宅エクササイズ

骨盤が前傾する動きを感じたり、股関節の可動域を広げたり、自宅でできる簡単なストレッチやエクササイズを行うことで「階段トレーニング」はより正しく効果的に実践できます。

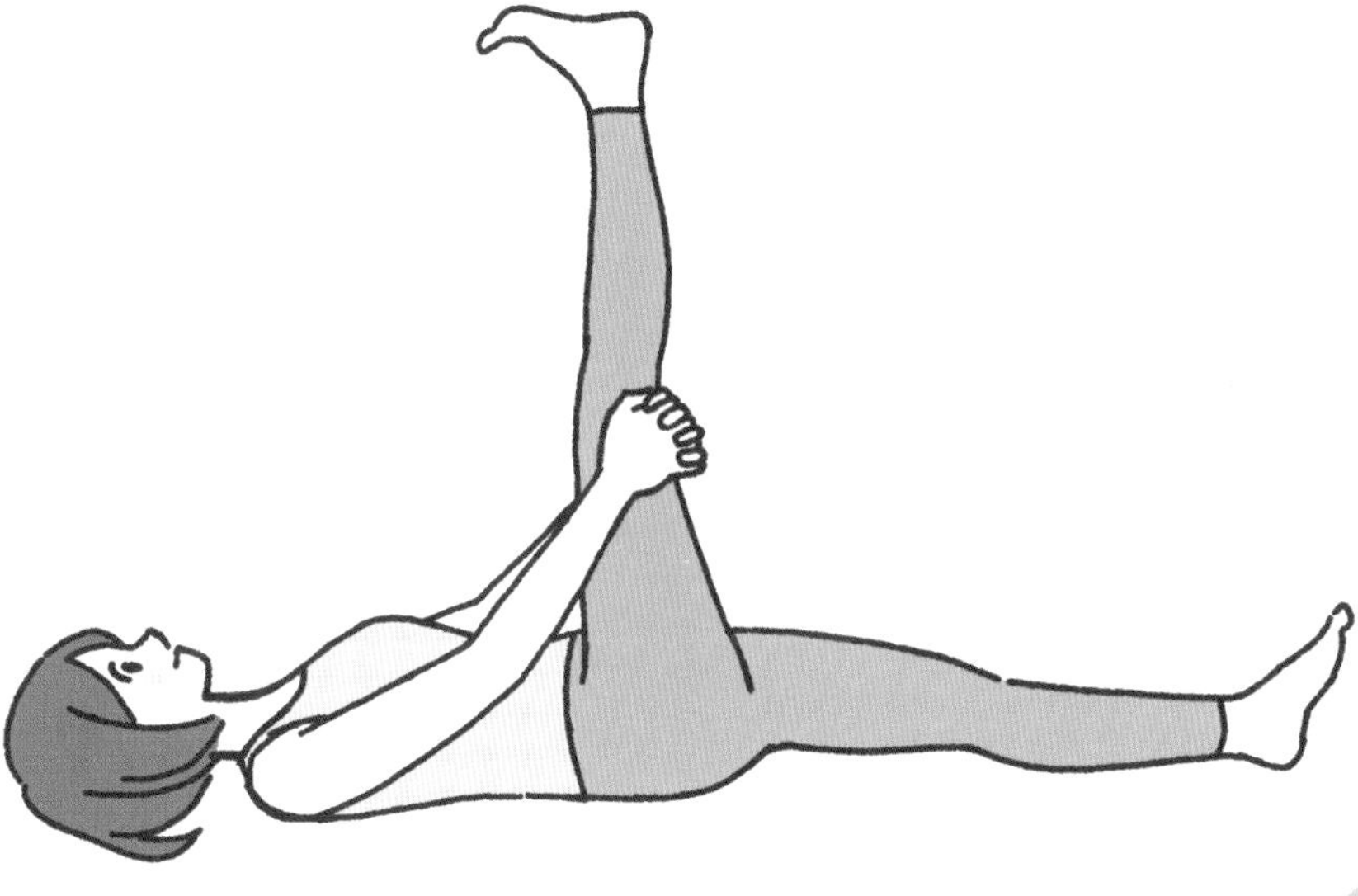

骨盤の前傾エクササイズ

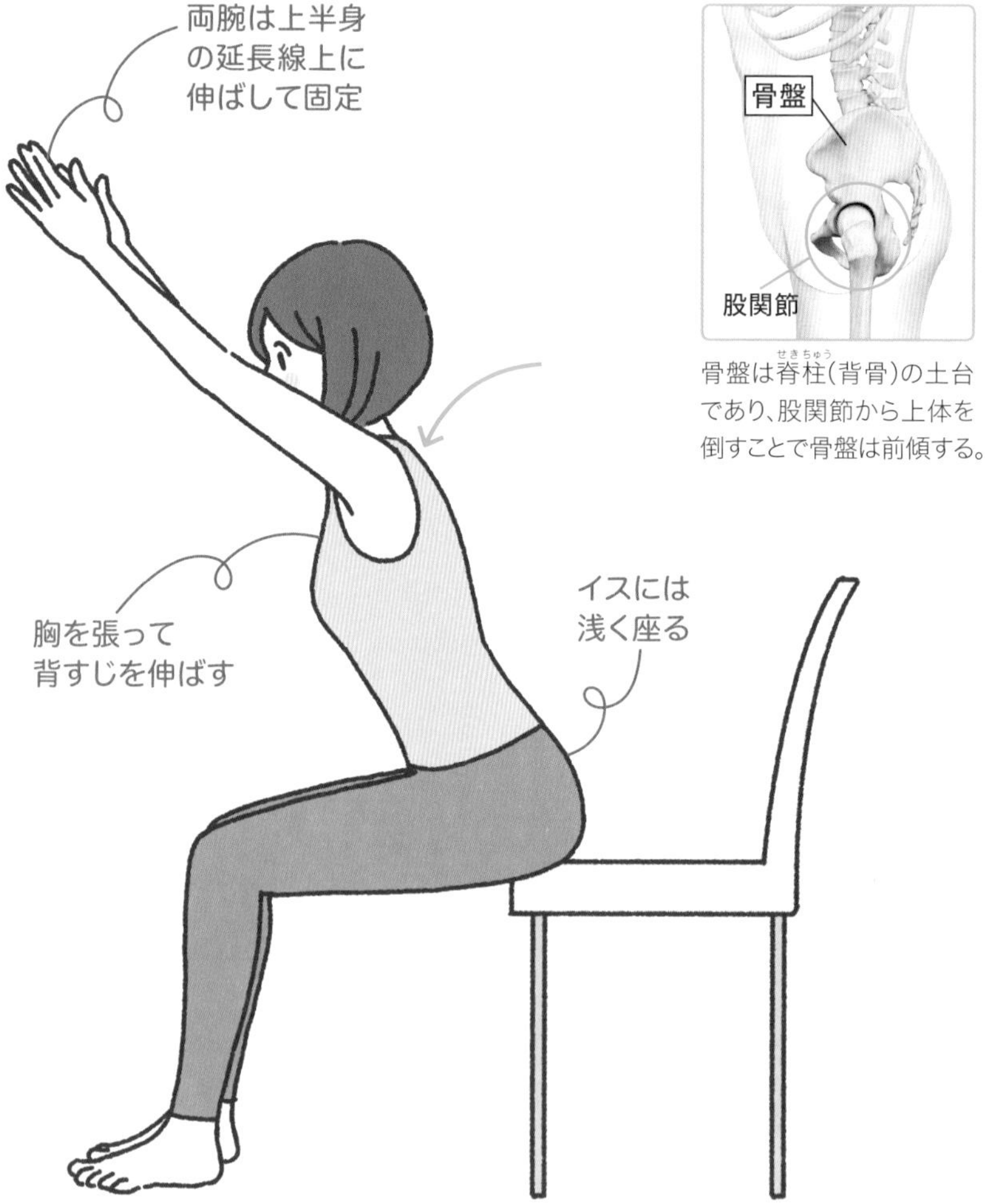
両腕は上半身
の延長線上に
伸ばして固定
胸を張って
背すじを伸ばす
イスには
浅く座る
骨盤
股関節

骨盤は脊柱《せきちゅう》(背骨)の土台であり、股関節から上体を倒すことで骨盤は前傾する。

上体を60度の角度まで前傾させる

イスに浅く座って両足を10㎝程度開き、つま先を真正面に向ける。
背すじを伸ばしたまま股関節から上体を60度の角度まで前傾させる。
上体を前傾させたまま固定して、この体勢を1分間キープする。

イスに座ったまま股関節を曲げて骨盤を前傾

イスに座って上体(上半身)を倒し、骨盤を前傾させるエクササイズ。
骨盤がイスの座面で固定されるため、骨盤の前傾を意識しやすくなる。

レベルアップ編

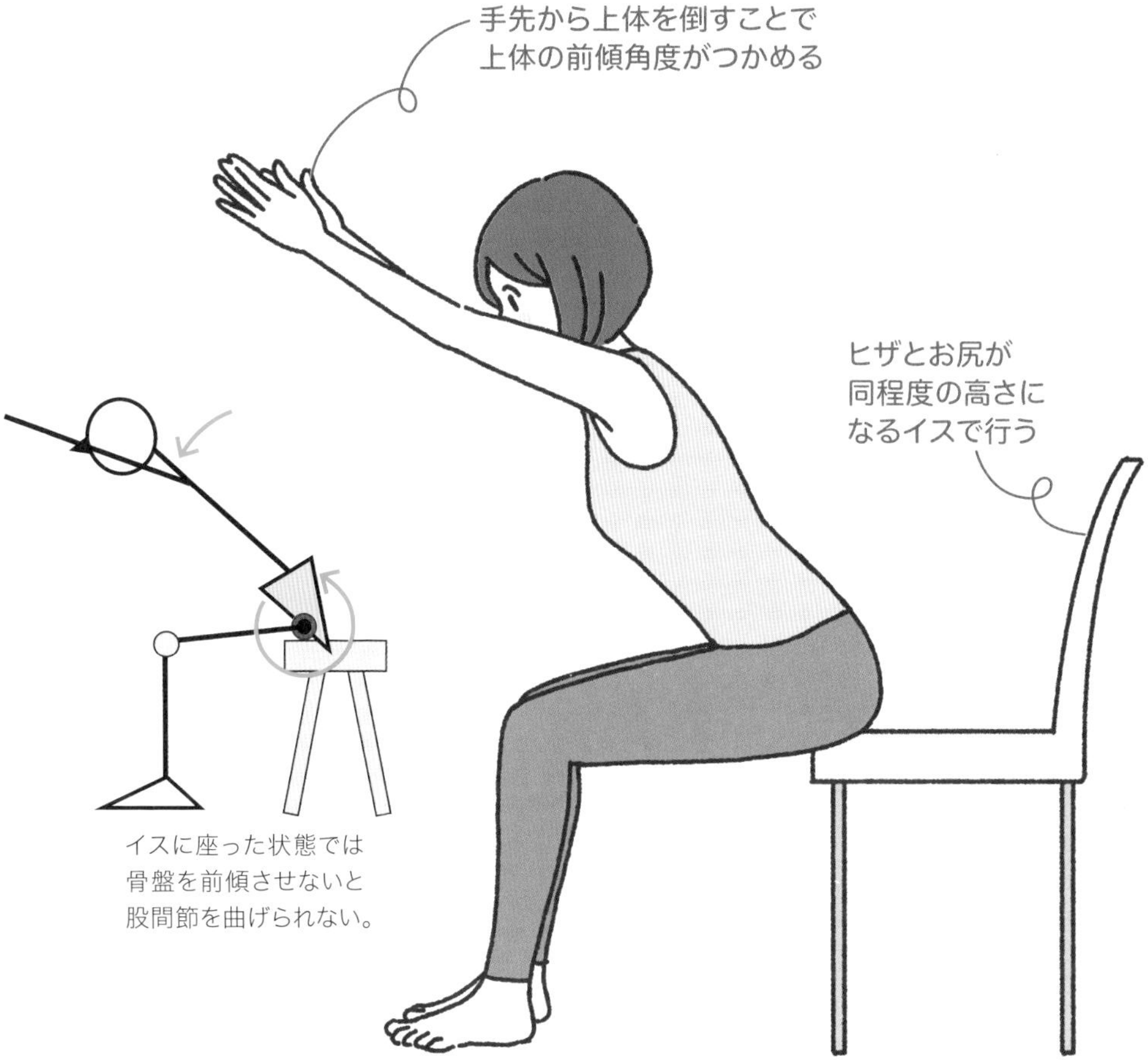
手先から上体を倒すことで
上体の前傾角度がつかめる
ヒザとお尻が
同程度の高さに
なるイスで行う
イスに座った状態では
骨盤を前傾させないと
股関節を曲げられない。

上体を45度の角度まで前傾させる

60度の前傾に慣れてきたら上体の前傾を深くして難易度を高める。
上体を45度の角度まで前傾させて、そのまま1分間キープする。
上体の前傾角度を固定する動きに対してお尻の筋肉がしっかり働く。

「階段上《のぼ》り」のための自宅エクササイズ 2

骨盤前傾ウォーク

胸を張って
背すじを伸ばす
ヒザをできるだけ
前に出さないで
お尻を引く
骨盤に両手を
当てて動きを
感じるとる
つま先とヒザは
真っすぐ
前に向ける

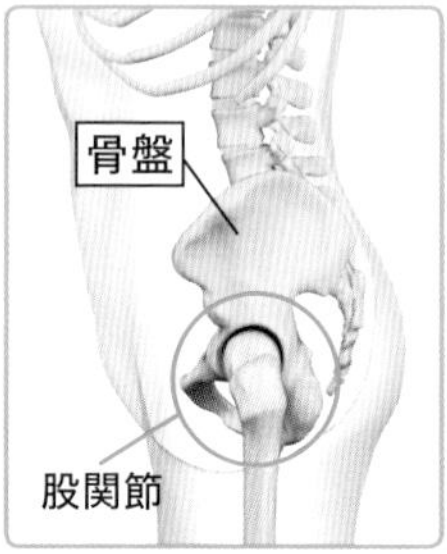

骨盤
股関節

骨盤は脊柱《せきちゅう》(背骨)の土台なので、股関節から上体を倒すことで骨盤は前傾する。

1 お尻を引いて骨盤を前傾させる

両足を10㎝程度開いて立ち、ヒザを曲げながらお尻をゆっくり後方に引いて上体を前傾させる。股関節から上体を倒すことで骨盤が前傾する。

骨盤を前傾させたままその場でウォーキング

骨盤が前傾した体勢を維持したままその場でウォーキングをすることで、上体を倒して骨盤を前傾させたまま階段を上《のぼ》るフォームを身につける。

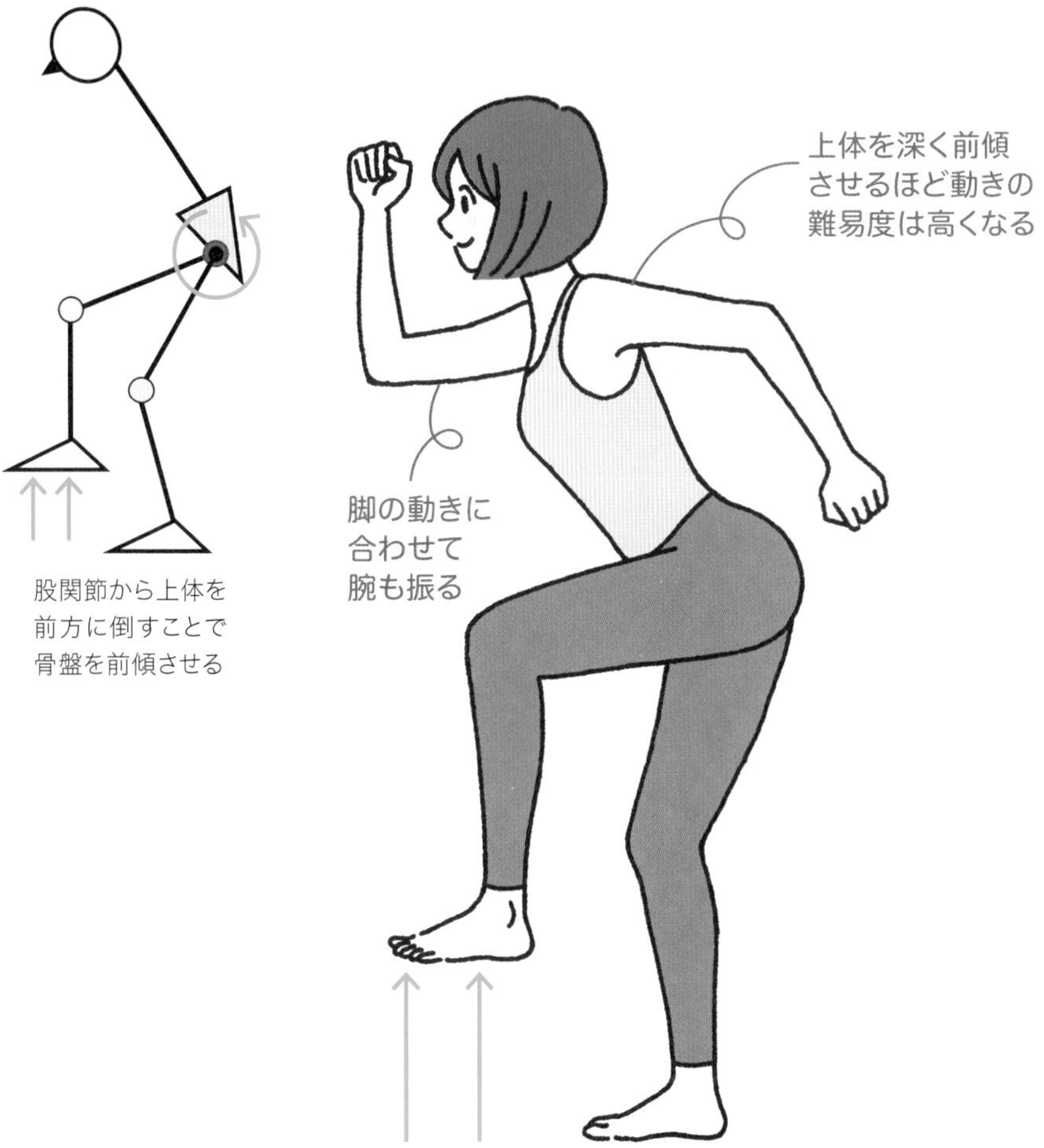
股関節から上体を
前方に倒すことで
骨盤を前傾させる
脚の動きに
合わせて
腕も振る
上体を深く前傾
させるほど動きの
難易度は高くなる

② お尻を引いたまま足を上げる

お尻を引いて骨盤が前傾した体勢を維持したまま
片足を引き上げてその場でウォーキングをする。
腕を軽く振りながら左右の足を交互に上げる。

「階段上《のぼ》り」のための自宅エクササイズ 3

足上げ片足バランス

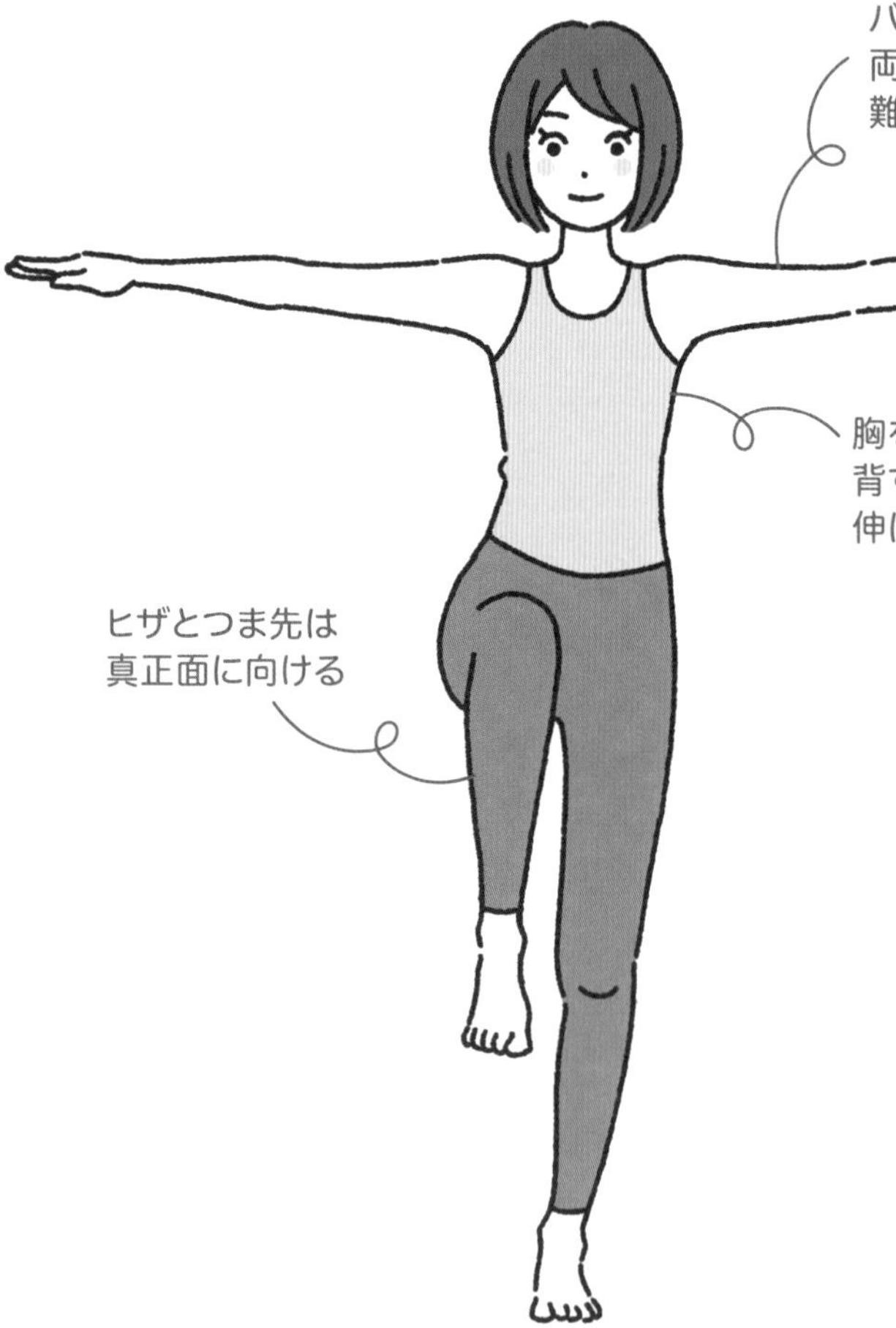
バランス力が高い人は
両手を後頭部に添えて
難易度を高めてみよう
胸を張って
背すじを
伸ばす
ヒザとつま先は
真正面に向ける

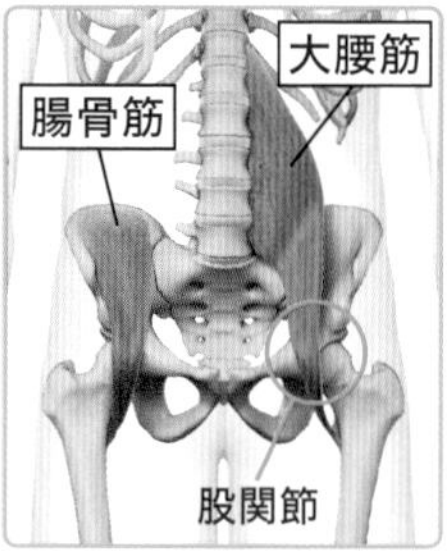
大腰筋
腸骨筋
股関節

腸腰筋（腸骨筋・大腰《だいよう》筋《きん》）はともに股関節を曲げて太ももを前方に持ち上げる筋肉（複合筋）。

片足立ちで太ももを水平の高さに上げる

両足を10㎝程度開いて立ち、つま先を真正面に向ける。
両腕を水平に伸ばし、片足の太ももを水平の高さまで上げる。
この体勢を30秒間キープする。同様に脚を左右替えて行う。

片足での安定性と足を高く上げる動きを強化

片足立ちの体勢でバランスを取りながら足を高く上げるエクササイズ。片足時のバランス力と腸腰筋《ちょうようきん》（主に腸骨筋《ちょうこつきん》）の反応を一緒に高める。

レベルアップ編

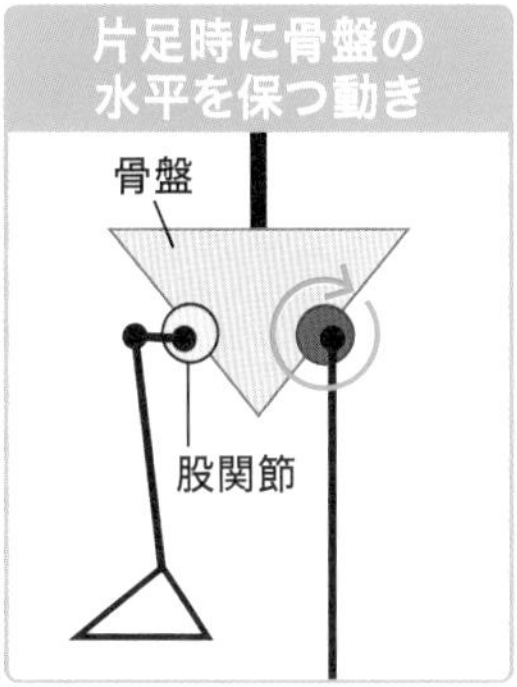
片足時に骨盤の
水平を保つ動き
骨盤
股関節

片足時は骨盤が傾かないように中殿筋《ちゅうでんきん》などが股関節を外転させる動きで水平を保っている。

背すじを伸ばし
頭から足首を
一直線にして
足を上げる
足裏全体に
体重をかけて
バランスを
安定させる
足を上げたまま
上下させていく

上げた足をさらに高く上げて上下する

水平の高さまで持ち上げた太ももをさらに10㎝程度高く上げる。
バランスを取りながらこの脚を上げ下げする動きを10回繰り返す。
同様に脚を左右替えて行う。動作中に背中が丸まらないように注意。

お尻のストレッチ

大殿筋は股関節をまたいで骨盤の後面と大腿骨《だいたいこつ》(太ももの骨)をつないでいる筋肉。

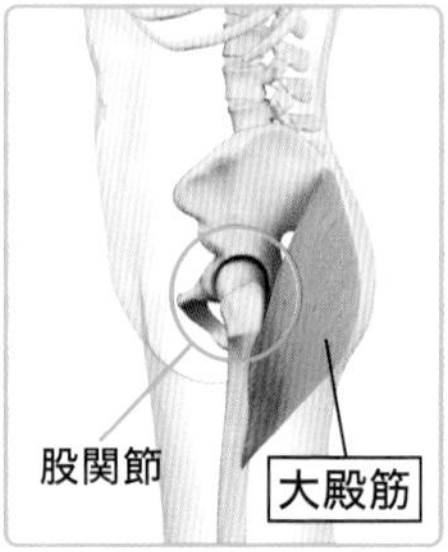
股関節
大殿筋

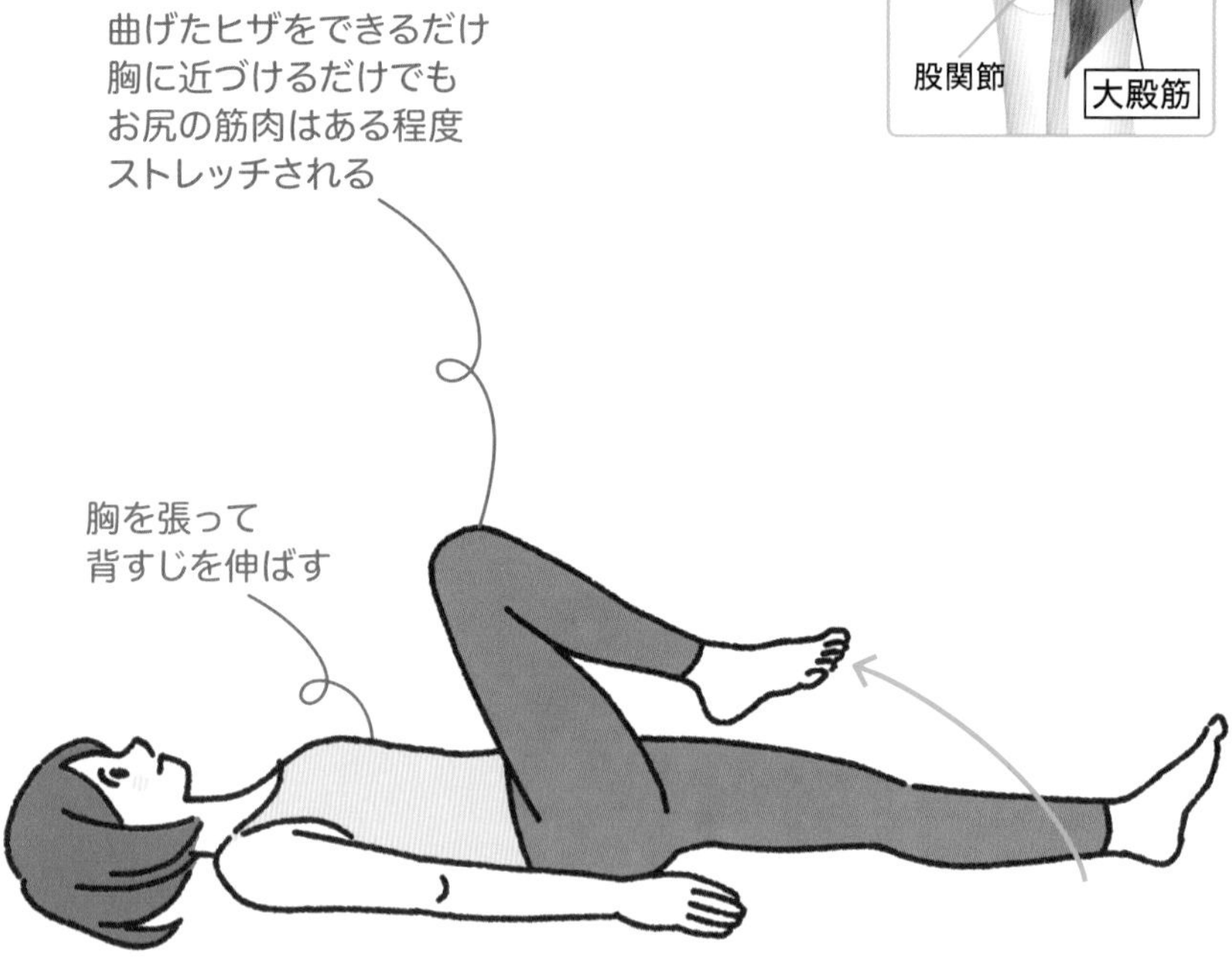
曲げたヒザをできるだけ
胸に近づけるだけでも
お尻の筋肉はある程度
ストレッチされる
胸を張って
背すじを伸ばす

1 片脚を曲げてヒザを胸に近づける

あおむけに寝た体勢で片脚を曲げてヒザをできるだけ胸に近づける。
もう片方の脚はヒザを真っすぐ伸ばし、床から浮かないようにする。

大殿筋《だいでんきん》をほぐし股関節の可動性を高める

寝た体勢でお尻の大殿筋《だいでんきん》を伸ばし、股関節の可動性を高めるストレッチ。大殿筋が硬くなると骨盤が前傾しにくくなるので伸ばして筋肉をほぐす。

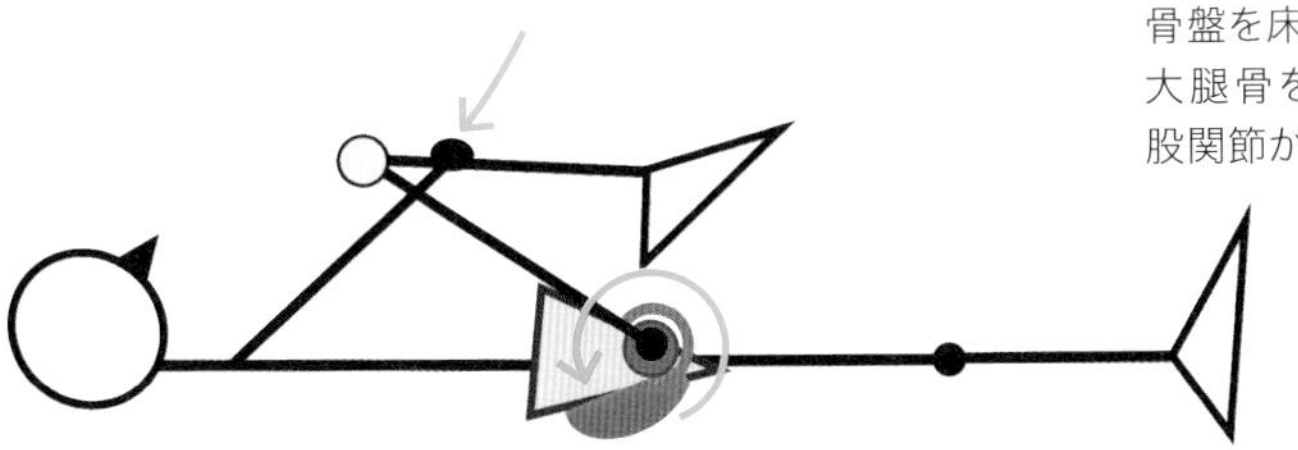
骨盤を床に固定した状態で
大腿骨を引き寄せるため、
股関節が深く屈曲する。

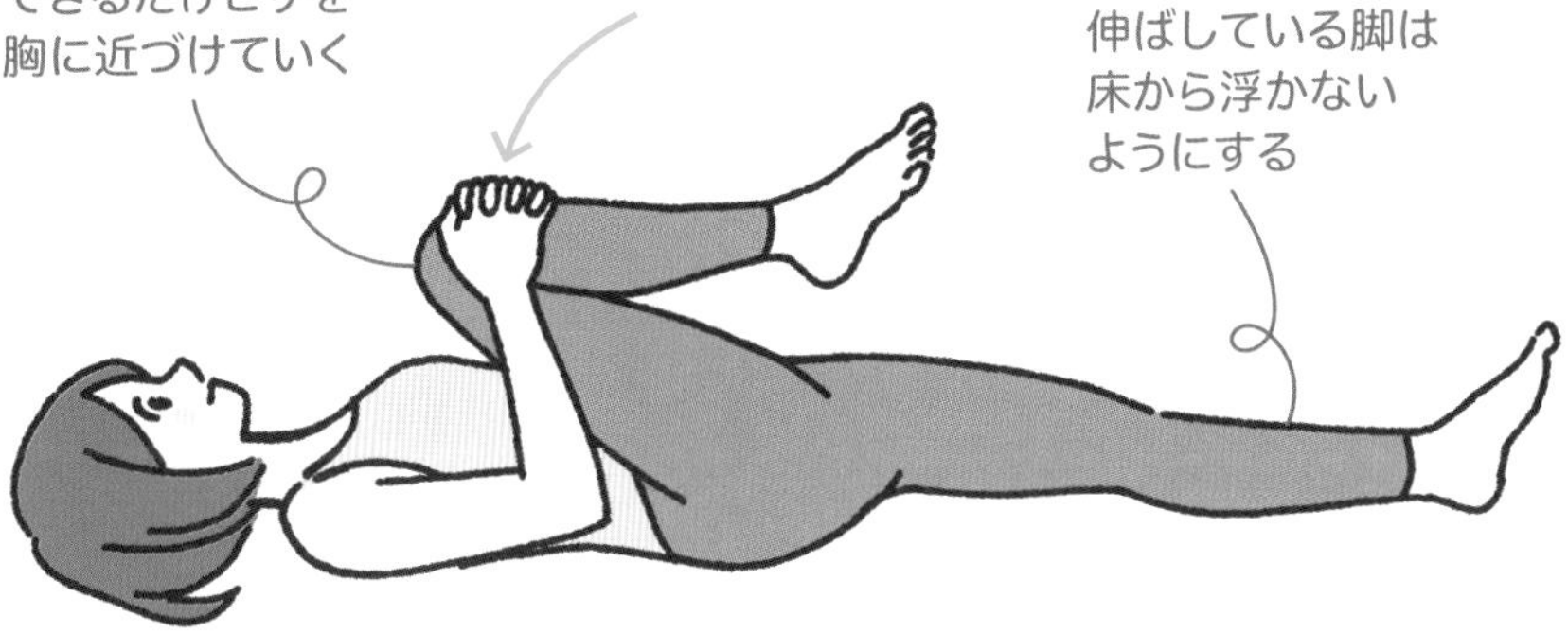
できるだけヒザを
胸に近づけていく
伸ばしている脚は
床から浮かない
ようにする

② 曲げたヒザを両手で引き寄せる

曲げたヒザを両手で抱えて引き寄せ、できるだけ胸に近づけていく。
股関節を深く曲げることでお尻が伸びる。同様に脚を左右替えて行う。

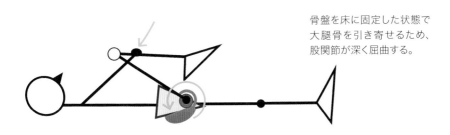

股関節まわりのストレッチ

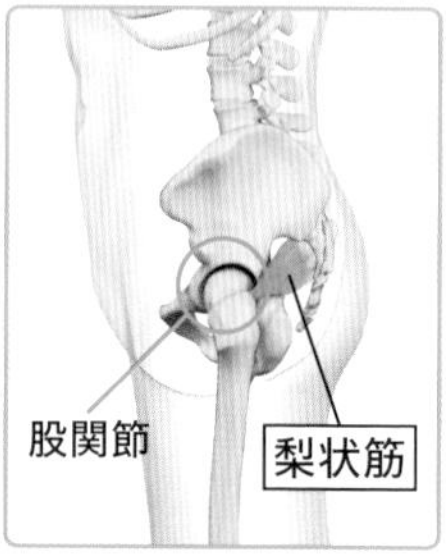
股関節
梨状筋

梨状筋は股関節をまたいで骨盤と大腿骨《だいたいこつ》(太ももの骨)の先端をつないでいる小さなインナーマッスル。

後ろ脚は
真っすぐ
伸ばす
ヒザを体の前で
90度に曲げる

① 片脚を体の前に出し90度に曲げる

腹ばいで上体を起こし、片脚を体の前に出してヒザを90度に曲げる。もう片方の脚は後ろへ伸ばす。この体勢でも股関節の深部が伸びる。

股関節の深部にある小さな筋肉群をほぐす

股関節の動きに関与する梨状筋《りじょうきん》などの小さな筋肉群を伸ばしてほぐす。股関節の深部にある筋肉群をほぐすことで股関節の機能性が高まる。

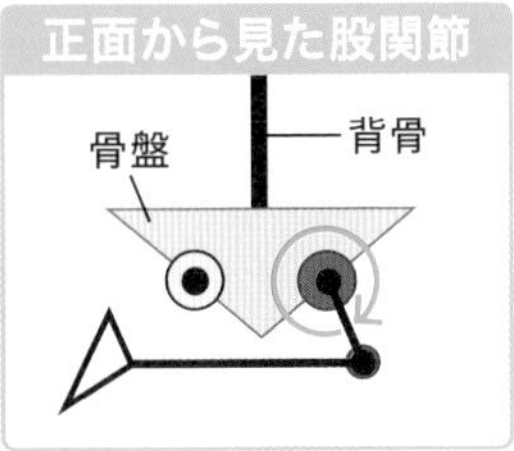
正面から見た股関節
骨盤
背骨

股関節は外向きに捻られた（外旋した）状態で屈曲するため、股関節まわりの小さい筋肉まで伸ばすことができる。

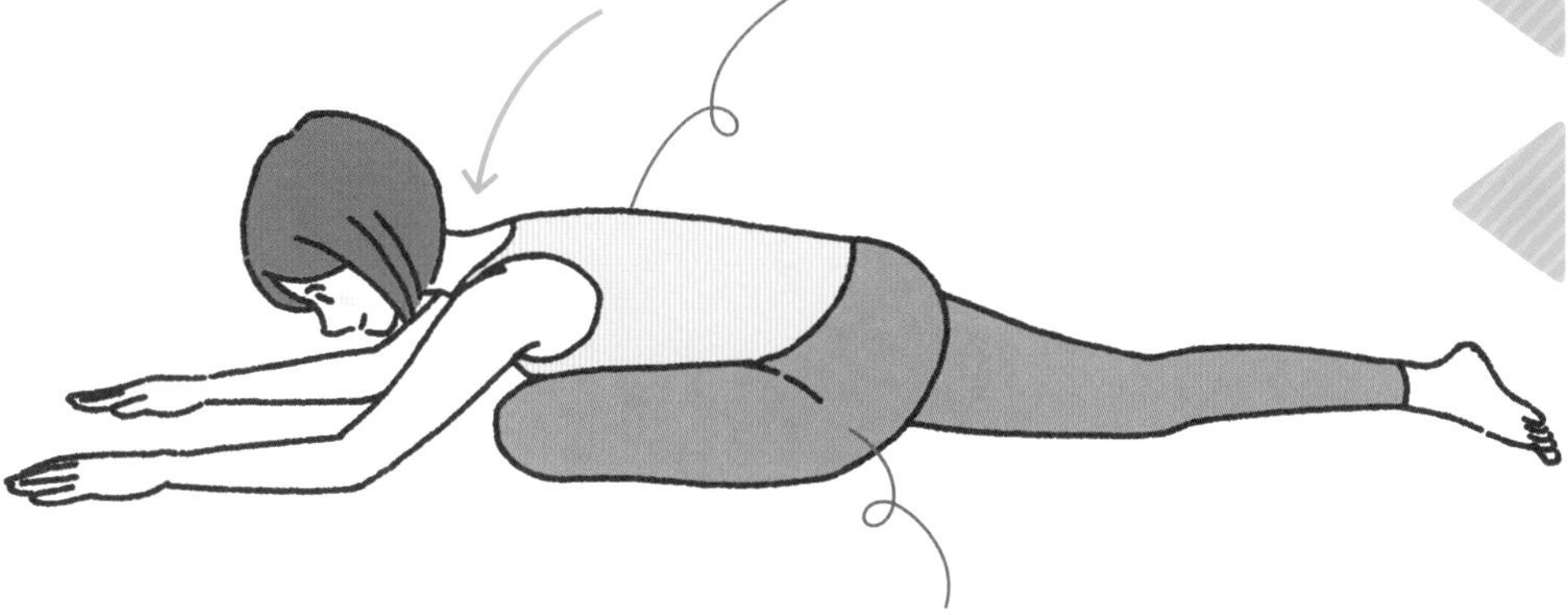
できるだけ背すじを伸ばして
上体を倒すと骨盤が前傾する
股関節は捻りながら
深く曲げた状態になる

② 股関節から上体を倒して前屈する

股関節から上体（上半身）を倒し、できるだけ骨盤を前傾させる。この体勢を30秒間キープする。同様に脚を左右替えて行う。

太もも裏のストレッチ

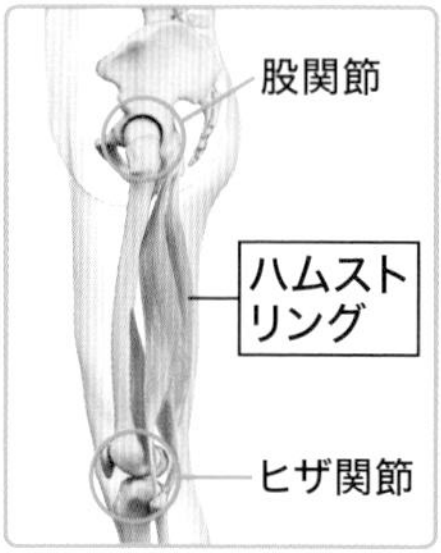
股関節
ハムストリング
ヒザ関節

ハムストリングは股関節とヒザ関節をまたいで骨盤と脛骨《けいこつ》および腓骨《ひこつ》をつないでいる二関節筋。

ヒザの裏側で両手を組む
太もも裏と一緒にお尻も伸ばせる
背すじを伸ばして腰を軽く反らせる

① 片脚を上げてヒザの裏をつかむ

あおむけに寝てヒザを立てる。片方の脚だけ上げてヒザを胸に近づけ、ヒザの裏を両手でつかむ。脚から手が離れないように両手でつかむ。ハムストリングが硬い人はこの体勢でも太ももの付け根が伸びる。

太もも裏をほぐして脚の可動域を広げる

寝た体勢で太もも裏のハムストリングを伸ばす。ふくらはぎも伸ばせる。ハムストリングが硬いと骨盤も前傾しにくくなるのでしっかりほぐす。

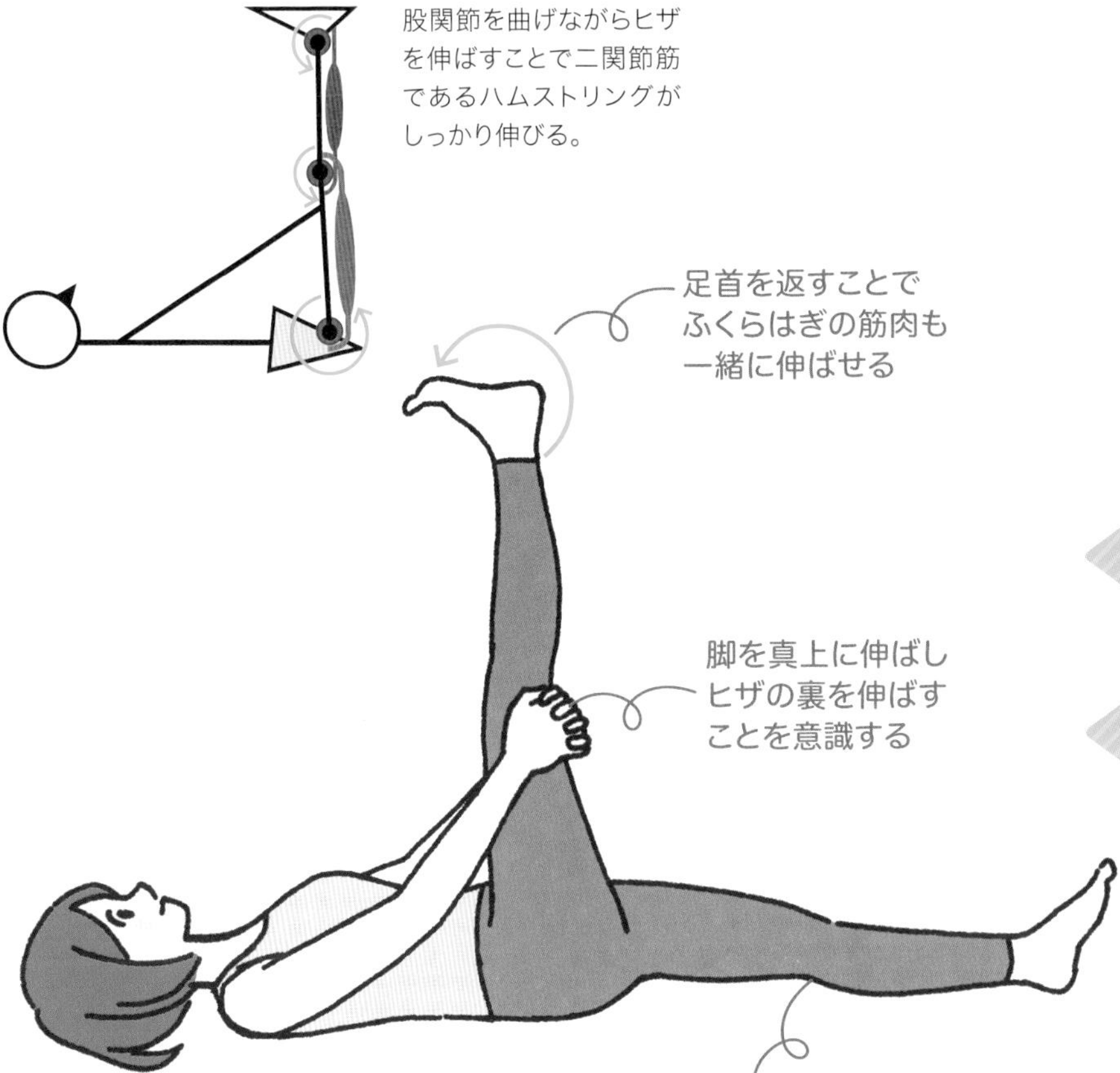
股関節を曲げながらヒザを伸ばすことで二関節筋であるハムストリングがしっかり伸びる。
足首を返すことでふくらはぎの筋肉も一緒に伸ばせる
脚を真上に伸ばしヒザの裏を伸ばすことを意識する
つかんでいない方の脚は床から浮かないようにする

② つかんでいる脚のヒザを伸ばす

背すじを伸ばして片脚を両手でつかんだまま、両脚を伸ばしていく。
つかんでいる方の脚はできるところまでヒザを伸ばしていけばOK。
つかんでいない方の脚は真っすぐ伸ばす。同様に脚を左右替えて行う。

階段は「上り方（フォーム）」によってターゲットとなる筋肉が変わります。
さらにターゲットが同じであっても筋肉にかかる負荷強度が異なります。
下記の早見表を見れば、自分の体力や目的に合ったフォームを選べます。

太もも裏（ハムストリング）	下腹部（※深部）（腸腰筋《ちょうようきん》）	お尻側部（中殿筋《ちゅうでんきん》）	ふくらはぎ（腓腹筋《ひふくきん》・ヒラメ筋）
	●フォーム❿（P.94）	●フォーム❾（P.92）	●番外編（P.96）
●フォーム❻（P.86）	●フォーム❹（P.82） ●フォーム❺（P.84） ●フォーム❻（P.86） ●フォーム❾（P.92）	●フォーム❽（P.90）	
●フォーム❹（P.82） ●フォーム❺（P.84） ●フォーム❾（P.92）	●フォーム❶（P.76） ●フォーム❷（P.78） ●フォーム❸（P.80） ●フォーム❼（P.88） ●フォーム❽（P.90）	●フォーム❹（P.82） ●フォーム❺（P.84） ●フォーム❻（P.86） ●フォーム❼（P.88）	●フォーム❶（P.76） ●フォーム❹（P.82） ●フォーム❾（P.92）
●フォーム❸（P.80）		●フォーム❶（P.76） ●フォーム❷（P.78） ●フォーム❸（P.80） ●フォーム❿（P.94）	●フォーム❸（P.80） ●フォーム❺（P.84） ●フォーム❻（P.86） ●フォーム❼（P.88） ●フォーム❽（P.90）
●フォーム❶（P.76） ●フォーム❷（P.78） ●フォーム❼（P.88） ●フォーム❽（P.90） ●フォーム❿（P.94）			●フォーム❷（P.78） ●フォーム❿（P.94）

負荷強度&部位別

「階段上り」のフォーム早見表

部位(筋肉) 負荷強度	お尻 (大殿筋《だいでんきん》)	太もも前面 (大腿四頭筋《だいたいしとうきん》)	内もも (内転筋群《ないてんきんぐん》)
超ハード	●フォーム❻(P.86)		
かなりハード	●フォーム❺(P.84) ●フォーム❾(P.92)	●フォーム❹(P.82)	●フォーム❾(P.92)
ハード	●フォーム❸(P.80) ●フォーム❽(P.90)	●フォーム❺(P.84) ●フォーム❻(P.86) ●フォーム❾(P.92)	●フォーム❽(P.90)
ややハード	●フォーム❷(P.78) ●フォーム❹(P.82) ●フォーム❼(P.88)	●フォーム❶(P.76) ●フォーム❿(P.94) ●番外編(P.96)	●フォーム❹(P.82) ●フォーム❺(P.84) ●フォーム❻(P.86) ●フォーム❼(P.88)
普通	●フォーム❶(P.76) ●フォーム❿(P.94)	●フォーム❷(P.78) ●フォーム❸(P.80) ●フォーム❼(P.88) ●フォーム❽(P.90)	●フォーム❶(P.76) ●フォーム❷(P.78) ●フォーム❸(P.80) ●フォーム❿(P.94)
やや軽め			

監修者のことば

みなさん、「階段」はお好きですか？　私にとっての階段は大好きを通り越してワクワクしてしまうエリアです。特に長くて急勾配の階段であればあるほどワクワク度は高まります。一段一段を確実に上っていったり、できるだけ速いスピードで上ったり、普段の生活の中でいろいろな上り方にチャレンジしています。

私がなぜこんなに階段にこだわり、階段トレーニングをお勧めするのか？　それには理由があります。今の世の中は確実に100歳時代に突入しようとしています。しかしながら、100歳まで生きられたとしても自分の足で自由に行きたい場所へ行けるかどうかは定かではありません。特に年齢を重ねるごとに階段が苦手になってきている方、階段を上らずエスカレーターばかり利用している方などは注意をしなければいけません。なぜなら階段の上り下りが満足にできなくなると、確実に平地での歩行能力も低下していきます。将来的には横断歩道を青信号の時間内で渡りきれなくなることにもつながっていきます。だからこそ普段の生活から階段を意識して活用することが大切であり、足腰の衰えを防ぐことが明るい未来をつくる一つの手助けとなるのです。

二つ目の理由は、階段を上り下りするだけでいろいろな効果が期待できることです。階段トレーニングでは、立っている時の姿勢と密接に関係している身体の内側の「抗重力筋群」から、ダイナミックでスピーディーかつ、しなやかな動きをつくる身体の外側の「推進筋群」までしっかりと鍛えることが可能です。だからこそ「美しい姿勢」はもちろん、「ダイエット」や「運動能力の向上」も期待できるのです。

最後に三つめの理由は、とても長い階段を自分の足でグングン上り、スイスイ下りることができた時、自己効力感を感じることができて自分に自信がもてるのです。こんなに良いことだらけのトレーニングは他にありませんので、みなさんも普段の生活の中で是非トライしてみてください。階段を好きになった時、あなたの未来の風景は確実に変わります。

ヒップアップ・アーティスト　松尾 タカシ

監修者略歴

松尾 タカシ（まつお たかし）

1968年佐賀県生まれ。ヒップアップ・アーティスト。ACSM EP-C（アメリカスポーツ医学会認定運動生理学士）、NSCA CSCS（ナショナルストレングス&コンディショニング協会認定ストレングス&コンディショニングスペシャリスト）、JCCA MT（日本コアコンディショニング協会認定マスタートレーナー）。長年のフィットネストレーナーとしての経験から、機能解剖学上でも大変重要な意味をもつ「おしり」に着目。おしりの筋肉を鍛えることによって、身体機能を活性化しながら姿勢を正し、身のこなしを美しく変えていく独自のメソッド“Progress Body”を開発。プライベートおよびグループレッスン、企業向けレッスンを行うほか、オリジナルの健康グッズの開発も手がける。著書に『「おしり」を鍛えると一生歩ける!』（池田書店）、『ヤセたければ「おしり」を鍛えなさい。』（講談社 ※共著）など。

編集協力　谷口洋一（株式会社アーク・コミュニケーションズ）
デザイン　小林幸恵（有限会社エルグ）
イラスト・マンガ　クリタミノリ
写真協力　shutterstock
人体イラスト　庄司猛
編集担当　齋藤友里（ナツメ出版企画株式会社）

本書に関するお問い合わせは、書名・発行日・該当ページを明記の上、下記のいずれかの方法にてお送りください。電話でのお問い合わせはお受けしておりません。

- ナツメ社webサイトの問い合わせフォーム
  https://www.natsume.co.jp/contact
- FAX（03-3291-1305）
- 郵送（下記、ナツメ出版企画株式会社宛て）

なお、回答までに日にちをいただく場合があります。正誤のお問い合わせ以外の書籍内容に関する解説・個別の相談は行っておりません。あらかじめご了承ください。

体《からだ》が生《う》まれ変《か》わる! 階《かい》段《だん》筋《きん》トレ

2021年7月1日　初版発行

監修者　**松尾《まつお》タカシ**
発行者　**田村正隆**

発行所　**株式会社ナツメ社**
東京都千代田区神田神保町1-52　ナツメ社ビル1F（〒101-0051）
電話　03（3291）1257（代表）　FAX　03（3291）5761
振替　00130-1-58661

制　作　**ナツメ出版企画株式会社**
東京都千代田区神田神保町1-52　ナツメ社ビル3F（〒101-0051）
電話　03（3295）3921（代表）

印刷所　**ラン印刷社**

ISBN978-4-8163-7049-6